珍藏本
纪念版

汉译世界学术名著丛书

作为思想和行动的历史

〔意〕贝内德托·克罗齐 著

田时纲 译

2017年·北京

Benedetto Croce
LA STORIA COME PENSIERO E COME AZIONE
根据 **Editori Laterza** 1978 年版译出

汉译世界学术名著丛书
（120 年纪念版·珍藏本）
出 版 说 明

2017 年 2 月 11 日，商务印书馆迎来 120 岁的生日。120 年前，商务印书馆前贤怀揣文化救国的理想，抱持“昌明教育，开启民智”的使命，立足本土，放眼寰宇，以出版为津梁，沟通中西，为中国、为世界提供最富智慧的思想文化成果。无论世事白云苍狗，潮流左右激荡，甚至战火硝烟弥漫，始终践行学术报国之志，无改初心。

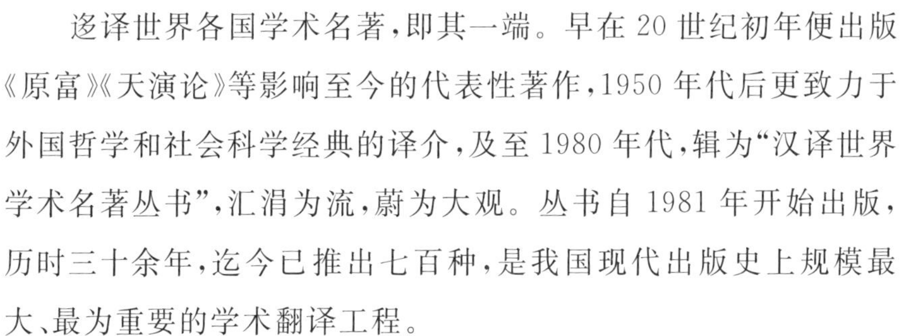

迻译世界各国学术名著，即其一端。早在 20 世纪初年便出版《原富》《天演论》等影响至今的代表性著作，1950 年代后更致力于外国哲学和社会科学经典的译介，及至 1980 年代，辑为“汉译世界学术名著丛书”，汇涓为流，蔚为大观。丛书自 1981 年开始出版，历时三十余年，迄今已推出七百种，是我国现代出版史上规模最大、最为重要的学术翻译工程。

丛书所选之书，立场观点不囿于一派，学科领域不限于一门，皆为文明开启以来，各时代、各国家、各民族的思想与文化精粹，代表着人类已经到达过的精神境界。丛书系统译介世界学术经典，引领时代思想，为本土原创学术的发展提供丰富的文化滋养，为推动中国现代学术和现代化进程做出了突出的贡献。

为纪念商务印书馆成立120周年，我们整体推出“汉译世界学术名著丛书”120年纪念版的珍藏本，寄望既利于文化积累，又便于研读查考，同时向长期支持丛书出版的译者、编者和读者致以敬意。

两甲子后的今天，商务印书馆又站在了一个新的历史时间节点上。我们不仅要铭记先辈的身影和足迹，更须让我们的步伐充满新的时代精神。这是商务人代代相传的事业，更是与国家和民族的命运始终紧密相连的事业。我们责无旁贷，必须做好我们这代人的传承与创造，让我们的努力和成果不仅凝聚成民族文化的记忆，还能成为后来人可以接续的事业。唯此，才能不负前贤，无愧来者。

商务印书馆编辑部

2017年10月

译　　序

一

贝内德托·克罗齐(Benedetto Croce,1866—1952)是20世纪意大利著名哲学家、美学家、文学批评家、政治家,更是享誉西方的历史学家和史学理论家。

1866年2月25日,克罗齐出生在拉奎拉贝斯卡塞罗里的名门望族,从祖父那代起家族迁居那不勒斯。早在少年时代,克罗齐就显露出对历史书籍的兴趣。17岁时,突发的地震夺去其双亲和姐姐的生命,他受了重伤;后移居罗马寄养在叔父、著名自由派政治家斯帕文塔家中。到罗马的最初数月,因失去亲人、病痛折磨、前途未卜,常常夜晚蒙头大睡,清晨不起,甚至萌生自杀的念头。但他很快克服精神危机,到罗马大学法律系注册,他并不专注听课,也不参加考试,而是去图书馆博览群书,研究自己喜欢的题目。

20岁时,克罗齐离开罗马重返那不勒斯并在那里定居,立即开始历史研究。26岁时已完成《1799年的那不勒斯革命》、《那不勒斯的历史与传说》、《巴罗克时代的意大利》等历史学著作。但勇于探索的克罗齐对取得的成绩并不满足,他通过对维科《新科学》的研读,眼界开阔、认识深化,对当时学术界盛行的实证主义思潮特别反感，决心粉碎“实证主义坚冰”。27岁时，他在彭塔亚纳学院宣读《艺术普遍概念下的历史》的论文，这标志其历史理论研究的开始。

从此，克罗齐对历史和史学的研究从未中断。他历史研究的领域十分广泛，既有本国史（那不勒斯王国史、意大利史），又有外国史（西班牙史、欧洲史）；既有当代史，又有近代史（文艺复兴史、巴罗克史、19世纪史）；既有政治－伦理史，又有史学史、美学史、文学史、戏剧史。他广泛深入研究了历史和史学的许多重大问题，诸如历史的当代性，历史著作的历史性、真实性、统一性，史学同哲学、文学、政治、道德的关系。克罗齐在史学理论和历史研究的两个领域均做出独特贡献。

正是在法西斯统治时期，随着将哲学思想同政治史、文学史的不断结合，克罗齐极大地丰富了哲学思想；尤其深化了历史理论问题，他逐渐认清它们就是哲学问题。起初克罗齐把历史学作为其精神哲学的终点，继而把自己的哲学称作历史方法论、绝对历史主义。虽然克罗齐是个书斋学者，但他有着强烈的社会责任感和使命感，在历史的紧要关头从不退缩。1925年5月1日，由克罗齐撰写的《反法西斯知识分子宣言》在《世界报》上发表。这令墨索里尼大为恼火，先是对克罗齐进行诬蔑，继而游说拉拢，最后派匪徒捣乱并监视、跟踪，并把克罗齐排除在学术团体和公众活动之外。但在将近20年中克罗齐始终未向墨索里尼低头，他成为意大利知识界反法西斯的精神领袖，他用自己的历史著作及哲学著作同法西斯作战。在法西斯倒台后，他积极参与意大利共和国创建和宪法起草等政治活动。1947年后，克罗齐把主要精力转向学术研究。他先是在那不勒斯创建意大利历史研究所,后辞去自由党主席职务。1950 年 2 月,他右半边身子麻痹。他预感到所剩时日不多,于是加紧整理未发表的文稿,并决定将他的私人图书馆(意大利藏书最丰富的私人图书馆)捐赠给意大利历史研究所。1952 年 11 月 20 日,克罗齐与世长辞,享年 86 岁。

二

在克罗齐的众多历史理论和史学著作中,以《历史学的理论和历史》、《作为思想和行动的历史》;《那不勒斯王国史》、《1871—1915 年意大利史》和《十九世纪欧洲史》最为著名。

《历史学的理论和历史》是克罗齐历史理论的力作。它最早于 1915 年用德文在图宾根出版。之后,1916 年、1919 年、1927 年、1941 年连出四版意大利文版。其中,第四版为最终修订版。第三版除对文字进行修改外,还在“卷末附上涉及书中讨论的理论要点的札记和评论”,共分 23 个专题。此卷分上下两编。上编探讨史学理论。首先他严格区分历史和编年史:历史是活历史,编年史是死历史;历史是当代史,编年史是过去史;历史主要是思想行动,编年史主要是意志行动;历史中有紧密联系,编年史中无联系;历史有逻辑顺序,编年史有编年顺序;历史深入事件核心,编年史停留事件表面;历史有活文献和深刻思想,编年史有抽象词语记录和空洞叙述;先有历史(先有活人),后有编年史(后有死尸)。进而他划清真历史同形形色色伪历史(语文性历史、诗性历史、演说性历史、实用性历史、倾向性历史)的界限,提出“一切历史都是当代史”的著名论断。他说:“当生活的发展逐渐需要时,死历史就会复活,过去史就变成现在的。罗马人和希腊人躺在墓穴中,直到文艺复兴欧洲精神重新成熟时,才把他们唤醒”;“因此,现在被我们视为编年史的大部分历史,现在对我们沉默不语的文献,将依次被新生活的光辉照耀,将重新开口说话”。这里,克罗齐首先强调历史学家从现实需要出发,应用批判精神从死材料中选择感兴趣的东西;其次,“语文学联合哲学去创造历史”——用具有时代精神的思维去理解和把握过去的文献。因此,克罗齐反对历史学家的所谓“客观性”价值,认为如下思想幼稚可笑:似乎事物在述说,而历史学家在洗耳恭听,并记录下它们的声音。在肯定“一切历史都是当代史”之后,就清除了“历史－哲学同一论”的最大障碍:“但当把编年史降低到其实际的记忆功能,把历史提高到对永恒的现在的认识时,历史就凸显出同哲学一体,而哲学不过是永恒的现在的思想”。这样,历史与哲学就不是两种形式,而是一种形式;它们并不互为条件,而是合为一体。既不是历史在哲学之前,也不是哲学在历史之前,而是共生共存。显然,这是超越观念与事实、理性真理与事实真理、“历史本义是知道,哲学本义是理解”的二元论的结果。界说判断与个别判断的同一成为历史－哲学同一论的逻辑根据:历史学将哲学汲于自身,哲学作为历史学方法论融合到历史中去。此外,克罗齐还深入探讨历史的积极性质、人性、分期等问题。下编回顾史学史,从希腊罗马、中世纪、文艺复兴、启蒙运动、浪漫主义、实证主义史学,直至19世纪“新史学”。

1938年1月,《作为思想和行动的历史》在意大利巴里出版,立即引起轰动。第二年再版两次;后被译成十几种文字出版,并重印至今。此书的出版曾受到巴里警察局的阻挠，只因克罗齐强烈抗议，墨索里尼慑于其国际威望，才不得不放行。当克罗齐被问是否应感谢领袖时，他坚决地回答："我有直言不讳、书其所思的权利，谁要阻止我这样做，就不能期待我感谢。"

《作为思想和行动的历史》可视为《历史学的理论和历史》的续篇，克罗齐按内在逻辑联系，将系列论文重新排序编辑，结合20和30年代特殊历史条件，深化并完善其历史观和史学理论。此书共分八部分：作为思想和作为行动的历史；历史主义及其历史；缺乏历史问题的历史学；历史的确定性与真实性；历史学与政治；历史学与道德；历史学前景；最终考察。克罗齐否定历史哲学的超验必然性和因果必然性，但肯定历史学的逻辑必然性。克罗齐对历史著作的特性进行分析。历史著作的历史性可界定为由实际生活需求激起的理解和领悟行动；实际生活需求的多样性（道德、经济、审美等需求）赋予历史性必要前提。历史著作的真实性在于历史叙述的充实，即在其深层存在实际需求，此种需求将历史叙述同实际生活的多样性相联系；在于历史叙述中进行历史判断。历史著作的统一性寓于历史判断形成的并在形成时解决的问题。历史著作的逻辑统一性存在于一个问题中，而不存在于一个事物和一个形象中。克罗齐认为历史不是"牧歌"，历史也不是"恐怖的悲剧"，历史是一部戏剧：所有时代、一切民族、全部成员登台表演，它们集无罪与有罪、善与恶于一身，但历史的主导思想是善，最终恶促使向善。尤其难能可贵的是，在德意日法西斯横行无忌、第二次世界大战即将全面爆发之际，克罗齐大声疾呼：历史是自由的历史！这不啻声讨法西斯的战斗檄文。克罗齐指出，自由既是历史发展的永

恒动力，又是一切历史的主题；自由既是历史进程的解释原则，又是人类追求的道德理想。克罗齐还强调实际生活同历史学的关系。他说，全部历史文化，都同维护并扩展人类社会积极的文明生活的普遍需求相联系：当缺乏这种推动力时，历史文化就极渺小；当文明进程突然中断或停滞时，历史学近乎完全沉默。为此，他尽管承认德国历史学家兰克和瑞士文化史家布克哈特的贡献，但批评前者缺乏普遍性观念和历史问题，后者割裂生活同思想的联系、用静止眼光观察历史。应当说，如果在《历史学的理论和历史》中，克罗齐特别强调历史的精神性和当代性，那么在《作为思想和行动的历史》中，尤其强调历史的整体性，他指出当说到思想史和哲学史时，是指全部历史整体，也包括文明史、政治史、经济史和道德史，它们既向思想史与哲学史提供养分，又从思想史与哲学史中汲取养分。

1925 年，克罗齐把在《批判》杂志上发表的有关那不勒斯王国史的论文汇集成册，冠以书名《那不勒斯王国史》出版，它是西方少有的研究那不勒斯王国历史的力作。那不勒斯王国是指从 12 世纪初至 1860 年在意大利南部（包括西西里）建立的国家，这个王国历时 800 多年，先后由诺曼人、日耳曼霍亨斯陶芬家族、西班牙阿拉贡王室、奥地利哈布斯堡王朝、西班牙波旁王朝统治。

作为那不勒斯人，克罗齐对南部意大利有着特殊的感情。作为生活在那不勒斯的历史学家，克罗齐对南部意大利在政治史和文化史上的地位把握准确。他指出，南部意大利和西西里注定成为世界历史中主要冲突地点：在古代是迦太基人和罗马人的，在中世纪是伊斯兰、拜占庭和神圣罗马帝国的。在意大利历史中，如果说佛罗伦萨代表艺术和诗的话，那么那不勒斯则代表思想和哲学：这里产生了托马斯·阿奎那、布鲁诺、康帕内拉和维科。克罗齐尤其高度评价1799年那不勒斯革命点燃意大利民族复兴运动的火焰：那不勒斯进步知识分子受法国大革命的影响，把自由理想引入意大利。与此同时，克罗齐对镇压1799年那不勒斯革命的反革命恐怖的残酷性进行无情揭露。正是出于对1799年那不勒斯革命的赞颂，他在这本著作中对法国大革命和雅各宾党人做了正面评价（而在其他著作中更多的是批评）。可以毫不夸大地说，《那不勒斯王国史》不仅对于研究欧洲中世纪史、近代史，而且对于研究“南方问题”（欧洲的和意大利的）都具有重要参考价值。

三年后，1928年，克罗齐的《1871—1915年意大利史》出版，获巨大成功，当年就印行三版（在墨索里尼统治时期共发行七版）。这不是偶然的。克罗齐从意大利民族统一写起，至第一次世界大战前夕为止，对于显赫一时的法西斯运动不屑一顾，以示蔑视与抗议，自然会受到对法西斯暴政不满的广大读者的欢迎。与此同时，也受到法西斯分子的仇视，他们极力主张查禁此书。墨索里尼慑于克罗齐的国际声望，未敢查禁，只命令新闻界对此书不予评论，但法西斯报纸还是怒不可遏地发起攻击——什么“没有历史的历史”、“不合时令的果实”、“一本糟透了的书”等毒焰向克罗齐袭来。

在这一著作中，克罗齐尖锐地指出，英美帝国主义对意大利民族主义和法西斯主义的影响。但他错误地批评，意大利社会主义者在第一次世界大战前夕，把理想置于祖国之上，从而在思想上脱离人民。

在克罗齐的史学著作中最著名的当数《十九世纪欧洲史》。

《十九世纪欧洲史》成书于1931年，题献给他的德国挚友、著名文学家托马斯·曼，卷首献词引用但丁《神曲·地狱篇》第23歌“此时你的思想进入我的思想，带有同样的行动和同样的面貌，使得我把二者构成同一个决定”。《十九世纪欧洲史》叙述并分析了从1815年（拿破仑滑铁卢战败后）至1914年（第一次世界大战爆发前）的欧洲（主要是西欧）百年历史。全书共分10章，前3章可视为导言——“自由的宗教”，“对立的宗教信仰”，“浪漫主义”；在后7章，克罗齐把百年历史分成5个历史时期——1815—1830年，1830—1847年，1848—1851年，1851—1870年，1871—1914年。

时隔70多年，今天的读者仍会饶有兴趣地阅读此书，这不仅因为行文流畅、语言生动（克罗齐是继伽利略之后的另一位意大利科学散文大师），更由于某些精辟见解仍能发人深省。诸如：他把浪漫主义区分为理论与思辨的浪漫主义和实践领域的浪漫主义——情感与道德的浪漫主义，前者闪烁真理光芒，后者表现为“世纪病”。他对共产主义的看法同资产阶级政客相比判若云泥——只要共产主义同私人经济利益作斗争并有利于公共利益，只要它能使排除在政治之外的社会阶级的任何政治理想活跃，唤醒它们并用纪律约束它们，还进行共产主义教育，它就仍能证明自己的优越性，从而摒弃它或希望它在世界上不存在都是愚不可及的。他对罗马天主教会反动本质认识入木三分——文艺复兴和宗教改革标志作为精神力量的罗马天主教的内在衰落，反宗教改革、尤其是19世纪自由主义运动加速这种衰落。即使罗马天主教会肉体得救，灵魂也未得救，它从事的是政治事业而不再是宗教事业。在支持保守和反动政权方面政治天主教起着举足轻重的作用。对平民、尤其对乡村平民它能煽动起暴动。他对自由主义同民主主义的相似性与差异性的独特分析——它们共同反对教权主义和专制主义，共同要求个人自由、公民平等、政治平等和人民主权；但在相似性中隐藏着差异性，自由派和民主派对个人、平等、主权、人民的理解完全不同。他对“自由体制国家”间分歧的看法颇具现实性——它们的分歧是次要的，是策略和方式上的，在根本利益上没有原则分歧。他对建立国家联合体的预见颇具前瞻性——由于更宽泛的民族意识形成，譬如欧洲意识，各个民族国家将建立多民族国家或国家联合体。

作为自由主义思想家，克罗齐对欧洲“自由体制国家”对非洲和亚洲的殖民扩张轻描淡写，一笔带过，因为这是个难以解释的矛盾（以自由标榜的欧洲国家用暴力剥夺非洲和亚洲民族的自由）。但他毕竟承认扩张过程极端残酷，征服者和传教士紧密勾结，征服者惯于用未来福祉进行辩解。而当他称非洲和亚洲被侵略被压迫民族为野蛮或处于低级文明民族时，显现出其阶级局限性。

毋庸讳言，克罗齐的历史观是唯心主义的，他认为归根结底历史是精神的运动、发展过程。他甚至说过“历史是历史判断”，历史的主词是文化、自由、进步等概念。葛兰西正确指出，克罗齐用从具体历史事件中抽象出来的概念代替具体历史事件，就用观念否定了历史，“在恩格斯看来，历史是实践；对于克罗齐来说，历史还只是思辨的概念”（但克罗齐在探讨史学理论时，最终肯定“实际过去”与“认识过去”的区别、理论与实践的区别）。正是从唯心史观出发，克罗齐批评历史唯物主义“经济”范畴是“隐匿的上帝”、新形而上学（用经济解释一切）；历史唯物主义割裂经济基础和上层建筑的关系，是神学二元论。葛兰西一针见血地指出，经济结构本身就是历史过程，不是置于历史之上的抽象、僵死的东西；历史唯物主义强调经济结构在历史发展中的决定作用，但并不排除伦理-政治的历史，它只批判把全部历史归结为伦理-政治史的做法。

然而，作为历史学家，克罗齐毕竟为后人留下浩瀚的社会史、文化史著作。克罗齐以其深刻的思想、渊博的知识、翔实可靠的史料及清新自然的文体，为西方史学的发展做出贡献。作为哲学家和史学理论家，克罗齐对传统史学种种弊端的敏锐洞察，对历史研究中“客观性”、“文献性”、“诗性”、“实用性”、“倾向性”的有力批判，对历史编纂学自身规律及其历史的关注，在西方史学界产生过深远影响。英国历史学家柯林武德受到克罗齐的明显影响，他的“一切历史都是思想史”可视为对克罗齐的“一切历史都是当代史”的引申。美国历史学家帕尔默和科尔顿将19世纪浪漫主义思潮划分为文学艺术的浪漫主义和政治的浪漫主义显然受到克罗齐的启发；他们对19世纪共产主义的认识与评价也同克罗齐的大同小异。20世纪90年代出版的《新编剑桥世界近代史》一再引述克罗齐的观点，比如“克罗齐把1871年到1914年这个时期称作‘自由主义时代’。从这个时期的公众生活以及政治和社会制度充满着自由主义思想这个意义来说，‘自由主义时代’一词是适用的……”

三

他山之石，可以攻玉。中国拥有5000多年悠久的文明史，又有着丰富的历史典籍；但缺乏历史方法论的传统。只是到清代乾嘉年间，微观历史方法论才呈现发展局面。而真正意义的宏观历史方法论，在马克思主义历史唯物论传入中国之前，尚未具有充分发展的理论形态。在20世纪40年代，马克思主义史学在中国已经硕果累累，队伍壮大，成为史坛主流。但毋庸讳言，在随后的年代（尤其在新中国成立至“文革”结束）中国史学受原苏联庸俗决定论和机械唯物论影响，有时偏离历史科学的道路，产生一些伪历史的东西（如“影射史学”）。在历史理论方面，片面强调阶级斗争史，忽视文明史等其他历史形态；片面强调“奴隶”创造历史，忽视所有人类创造历史，诸如此类，不一而足。在20世纪80年代，随着解放思想、实事求是、改革开放的深入人心，在史学界就历史的重大理论问题展开热烈讨论，也包括对“一切历史都是当代史”的讨论，从而引起史学界对克罗齐的历史理论的兴趣，1996年何兆武等主编的《当代西方史学理论》辟专章介绍克罗齐的史学理论，1999年关于克罗齐历史理论的第一部专著《精神、自由与历史》问世。

列宁说过，聪明的唯心主义比愚蠢的唯物主义更接近聪明的唯物主义。19世纪中叶，马克思和恩格斯未因黑格尔哲学的客观唯心主义外壳而拒绝其辩证法的合理内核。20世纪30年代，杰出的马克思主义理论家葛兰西，在批判克罗齐对历史唯物主义曲解的同时，发现克罗齐历史主义中的闪光东西可帮助认识苏联官方哲学的庸俗唯物论和机械唯物论的本质。若认真研究，不难发现克罗齐对某些历史问题的精辟分析，像是针对我们所发。请看，形形色色的伪历史：语文性历史——用空洞的传说和死文献观察的历史；诗性历史——“让美者更美，丑者更丑”；演说性历史——因实际目的而被朗诵的诗性历史；实用性历史——激励自己或驱使他人行动的历史；倾向性历史——介于诗性历史和实用性历史之间的直觉形态的历史。克罗齐还对“谁创造历史”这一问题做出自己的回答。一位思想家在文明史上的地位，不仅看他是否揭示真理，而且看他能否在历史新条件下，发现新问题并提出新问题（即使他对问题的回答不够完美）。克罗齐剖析得是否准确，回答得是否正确，姑且不提；即使错误，也能从反面启发我们开阔思路，从而不断求索，使认识更接近真理。

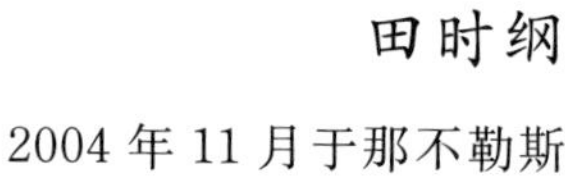

田时纲

2004 年 11 月于那不勒斯

目　录

前言……………………………………………………… 1

作为思想和作为行动的历史……………………………… 3

一　历史著作的历史性……………………………………… 3

二　历史著作的真实性……………………………………… 6

三　历史著作的统一性 …………………………………… 10

四　必然性的历史含义 …………………………………… 14

五　作为全部认识的历史认识 …………………………… 18

六　历史范畴与精神形式 ………………………………… 22

七　行动与思想的区分 …………………………………… 24

八　作为从历史中解放的历史学 ………………………… 26

九　作为价值同反价值斗争前提的历史学 ……………… 29

十　作为行动的历史 ……………………………………… 32

十一　道德活动 …………………………………………… 37

十二　作为自由历史的历史 ……………………………… 40

历史主义及其历史 ………………………………………… 45

一　其特征及其时代开端 ………………………………… 45

二　其或大或小的完整性及同政治生活的关系 ………… 57

没有历史问题的历史学 …… 64
一　兰克 …… 64
二　布克哈特 …… 79
历史的确定性与真实性 …… 90
一　文件与证据 …… 90
二　轶事 …… 97
三　想象、轶事与历史学 …… 105
四　语文学、历史与哲学 …… 110
五　“历史哲学” …… 116
六　作为陈旧观念的哲学或哲学的陈旧观念 …… 122
七　判断事实与认识起源的同一性 …… 125
八　异议 …… 127
历史学与政治 …… 133
一　历史中的所谓非理性 …… 133
二　政治历史学 …… 140
三　历史学家与政治家 …… 144
四　党派历史学与超党派历史学 …… 147
五　相对于行动的历史学准备性与非确定性 …… 154
六　为行动历史认识的必要性 …… 162
七　两个旁注 …… 165
历史学与道德 …… 170
一　历史学中的道德判断 …… 170
二　心理历史学 …… 176
三　宗教历史学 …… 179

四　伦理-政治历史学与经济事实 …………………… 182

五　政党及其历史性………………………………… 185

六　力量与暴力,理性与冲动 ……………………… 192

七　道德生活与经济体制…………………………… 197

八　观念永恒性与历史形态………………………… 201

九　宗教性与宗教…………………………………… 205

十　历史与乌托邦…………………………………… 210

历史学前景……………………………………………… 216

一　不可重复及不能保持完整无损的历史………… 216

二　不可知论、神秘主义、怀疑论的阴影与历史真理的光明 ………………………………………………………… 221

三　残缺的人类与完整的人类……………………… 226

四　指导行动的历史学与不指导行动的历史学…… 229

五　历史学与自然主义……………………………… 234

六　自然,作为人们书写的没有历史的历史 ……… 237

七　史前史与历史…………………………………… 242

八　年代学时代与历史时代………………………… 245

九　自然物种与历史形态…………………………… 249

十　诗歌与历史学…………………………………… 253

十一　历史主义与人文主义………………………… 257

最终考察………………………………………………… 263

附录　关于意大利历史“统一性”的最新辩论……… 271

语义学札记……………………………………………… 283

人名对照表……………………………………………… 285

克罗齐生平著作年表…………………………………………… 291
初版译后记……………………………………………………… 302
修订版附记……………………………………………………… 304

前　　言

我想在此书中重新开始我于1912年至1913年撰写的《历史学的理论和历史》(《19世纪意大利史学史》及数篇短文是对它的继续展开)的题目,此书并不想代替以前完成的著作,只想用生活新经验促使的不断研究产生的新认识深化它。由于这一原因,此书由一系列论文构成,贯穿它们的思想的统一性不明显,我还竭力使它们同前一著作有明显的统一性,那一著作可作为本书的导论。要着重指出的是,为采用论文合适的行文形式,这儿或那儿出现轻微重复和对教学顺序的违反。

在此书中,我特别强调历史学同实践活动的关系:完全不是为了反击(通常由为使冒险理由充分,而把道德置于历史之外,并束之高阁的人们发起)对历史主义的抗议,这种抗议打着抽象道德绝对主义的旗号;他们的这种立场有利于对它敬而远之;因为辩证过程确实复杂和微妙,从而历史思想从实际激情的痛苦中产生,它在对真理的纯粹判断中超越痛苦,从痛苦中解脱出来;凭借这种判断,那种激情转化为果敢的行动。困难问题(正如历史思想的一切问题都困难)被严肃地理解为认识的唯一形式;这样写的人,在其沉思过程中,有时感觉似乎面对着深奥的、艰辛的"根由

的王国”。

1938 年 1 月于那不勒斯

此书第三版对文字做些微修改，并补充了五节（在《历史学前景》中五至九节）和一个简短注释（第 293 页）。

贝・克[①]

1939 年 2 月 25 日

① 贝内德托・克罗齐的简称。——译者

作为思想和作为行动的历史

一 历史著作的历史性

人们对历史著作的评论同对诗歌作品的评论遇到的困难相同或相似。有人面对历史著作就像面对诗歌作品，甚至不知应从哪部分把握它们，不能抓住贯穿它们的思想主线；也有人用外在的、随意的、多重的、折中主义的和不一致的标准攻击它们；只有少数人用符合它们性质的唯一标准正确地判断它们。无疑，最近数年此种少数人的人数在意大利不断扩大；而我追忆自己的青年时代、1880年代和1890年代，我觉得那时关于历史学的历史和评论的著作比关于诗歌的历史和评论的著作都少。围绕历史著作家，大家都做着外在性和材料性的工作，涉及来源、传记、可信性及类似内容。德·桑克蒂斯的《意大利文学史》是唯一或近乎唯一的一部作品，其各个部分都触及此主题，能作为有益的榜样并指明正确的方向；但当时它不被人理解，遭到恶评——完全不可信。

不能像对文学或“雄辩”那样判断历史著作，正如在旧时代人文主义学者所为，当时他们无其他事可做，或翻译贺拉斯[1]的诗

① 贺拉斯（公元前65—前8年），古罗马著名诗人。——译者

篇，或把关于某事件的历史回忆录和他们完全不感兴趣的某段历史润色加工，但他们认为那种身段适合穿华装丽服。有人把一些文件交给韦尔托神甫，让他改写成一篇流畅的围攻故事，他回答说："我的围攻已完成"，我的故事已写完。库里埃[1]确信："所有被称作历史的蠢话，只有加上一些有趣的装饰才能有意义"，让庞培获得法萨里亚战役大捷是合法的，"若这能够稍微修饰一下句子"。确实，用讲究的方式撰写历史作品值得祝贺并应做到，但正如文学价值通常同历史思想脱节，于是，即使历史思想得以表达的文字形式粗陋或全然不顾，但仍保持其思想的品格。

我们也不应根据提供消息的数量多少及准确性大小进行判断，因为我们明显地观察到：那些十分丰富并非常准确的消息汇集，人们立即感觉到它们不是历史；相反那些历史智慧深邃的著作却缺乏消息，甚至充满不确实的、传说的和寓言式的消息，提及维科的《新科学》足矣。消息的汇集可称作编年史、记录、回忆录、年鉴，但不是历史；即使这些消息汇集被批判地引导，即是说每个消息都要指出来源，即精心筛选的证据，尽管在它们活动的层面上竭尽全力，它们仍不能战胜来源和证据的外在性，总保持着"人们说"和"这样写"的特征，尚未成为我们的真理，即是说尚未成为根据我们的内在经验产生的真理。自然，人们渴望历史著作采用的消息被精心地证实，不仅为了粉碎学究们手中的武器，他们诡计多端地使用这种武器去除真正历史巨著的权威性，并非没有效果；而且，

① 库里埃(1772—1825年)，法国经典研究者和小册子作者，以优美文体著称。——译者

无论如何，精确性总是一种道德责任。但是，在观念上和实际上，这两件事截然不同，无论编年史家的黄铜，还是语文学家更加耀眼的黄铜，都不能代替历史学家的黄金，即使它被熔渣所包裹。

最后，判断一部历史著作，不能根据其形象震撼力大小，能否打动人、激励人、警戒人，或是否奇异、有趣。因为从戏剧和小说中同样可获得这些效果，但不能从历史著作中获得；相比较，历史著作显现出冷静、艰难和困苦，甚至首先并主要（正如谈及真正伟大的诗篇）是乏味。从爱国的和宗教的圣火的卫士开始，这些人撰写德国、法国及其他任何民族“家庭阅读”的历史，也撰写“天主教和新教家庭阅读”的历史，这类历史充斥着英雄壮举或虔诚信仰行为和有益的习俗，直至趣闻轶事的爱好者和撰写者，这类趣闻轶事恰好适应冒险梦想家和色情狂的精神水平，他们都在创作某种文学作品，却被称作或通常错认为历史，而它们是些形形色色动人和刺激的东西，真理的天才探索者绝不喜欢这类货色（波利比奥斯嘲讽历史的悲剧性演说家）。我们还要把这些东西同论文严格区分开，在论文中不是哀婉动人的形象或规劝性意图，而是严肃的思想占主导地位。

因此，判断一部历史著作只应根据其历史性，正如判断一部诗歌作品只应根据其诗性一样。历史性可界定为由实际生活需求激起的理解和领悟行为；若这种需求反对的幻觉、疑惑和晦涩，未能依靠理论问题的提出和解决，即被思维活动驱散，它就不能转化为行动而得以满足。实际生活需求的多样性赋予历史性必要前提：它是道德需求，即认识人们处于什么条件，才能产生善的启示、善行和向善的生活；或是纯粹经济需求，以认真考察自己的利益；或是审美需求，正如澄清一个词、一个隐语、一种精神状态的意义，以便使之同一首诗紧密相连并鉴赏此诗；或许是智力需求，正如首先纠正、接着再补充缺乏术语的信息（这是犹豫和疑惑的原因所在），以解决科学问题。那种称作“实在形势”的认识涉及实在发展至今的进程，因此也是历史的认识。一切民族、所有时代的历史，过去和现在都是这样产生，总在出现的新需求和相关的新晦涩的推动下产生。若已往满足的需求未在我们之中再现和复活，我们就不能理解其他时代、其他民族的历史；我们的后人若不实现这一条件，也不能理解我们的历史。多数情况下，对我们来说，一部作品的历史性是惰性的和死亡的，这本书只停留在纯粹文学考察、博学咨询或动人心弦的娱乐材料的水平上。但事物进程带给我们的新经验、我们心中燃起的新需求，多少紧密地同过去的需求相比较并相联系，从而使过去生机勃勃，这颇像现在人们叙述的基督和圣母的某些形象，这类形象受到渎神者和罪人的伤害，淌着殷红的鲜血。全部科学、全部历史文化，尤其是精心构建和名副其实的历史文化，都同维护并扩展人类社会的积极的文明生活的普遍需求相联系；当缺少这种推动力时，历史文化就极渺小，正如人们在东方各民族那里所观察的那样；当文明进程突然中断或停滞，就像在中世纪前期的欧洲一样，历史学近乎完全沉默，并同它所属的社会一起衰落。

二　历史著作的真实性

在一切历史判断的深层存在的实际需求，赋予一切历史“当代史”的性质，因为从年代学上看，不管进入历史的事实多么悠远，实际上它总是涉及现今需求和形势的历史，那些事实在当前形势下不断震颤。于是，若我为了解或拒绝一个赎罪行动，就会聚精会神地理解它是什么，即此种制度或此种情感如何形成和变化，直至具有纯粹的道德意义；还有犹太人的替罪羊和原始民族的多种巫术仪式，都是我的心灵在此时表演的戏剧角色和内容，我撰写我置身其中的形势的历史，同时明确或含蓄地撰写它们的历史。

同样，我心灵的现今条件，作为材料，自身就是历史判断文件，是我随身携带的活文件。那些在历史学中采用，称作文字的、雕刻的、描绘的、固定在唱片上的文件，甚至存在于自然物、骨架或化石中的文件，若它们未促使并保障我记录我现在的精神状态，它们就不能作为文件起作用，并且不是文件，在所有其他方面，它们仍然是鲜艳颜色、纸张、石头、金属盘或塑料盘之类，但缺乏心理效能。若我心中不存在（即使我睡着）基督之爱或拯救信仰的情感，骑士荣誉、雅各宾激进主义或尊崇旧传统的情感，则福音书、保罗书信、加洛林王朝史诗、国民大会上所做演说，那些表现 19 世纪对中世纪怀念的歌剧、话剧和小说，都会徒劳无益地从我眼皮底下通过。人是个小宇宙、普遍史的纲要，不是在自然主义意义上、而是在历史意义上如此。被研究者称作的特殊文件，我们觉得只占全部文件的极小部分，当想到我们继续依靠的所有其他文件，比如我们所说的语言，我们熟悉的习俗，我们近乎本能的直觉和推理，可以说我们带给机体的经验。若缺少那些特殊文件，我们对历史的回顾将十分困难，甚至被阻止；若缺少后种文件，则完全不可能，正如人们在某些反常过程中观察得那样，有人从这种过程中出来，成了健

忘的异类、仿佛脱胎换骨的外星人。人们立即发现，这种隐约可见的历史真理，不是从外部提供，而是活在我们身上。这种历史真理成为使浪漫主义时代哲学家（费希特等人）误入先天建构历史的理论歧途的动因之一，他们借助纯粹、抽象的逻辑，并且不用任何文献资料；尽管后来他们相互冲突（黑格尔等人），他们把综合外在化，要求从西走来的所谓先天同从东突至的所谓后天或文件携手合作。

若实际需求和它得以表达的精神状态是必要材料，只是历史学的原材料，则历史认识，正如任何认识，不能存在于那种精神状态的假设再生产或复制，原因非常简单：这种再生产是完全无用的复制，因此外在于精神活动，在精神活动的生产中没有无用的生产。于是，那些想在生活的直接性中展现经历的生活的历史学家纲领的空洞（在纲领中，而不是在事实中，自然，事实会不同）清晰可见。相反，历史学应当超越经历的生活，以便在认识的形式中再现经历的生活。至多，由于错误地表示了他们的意图，那些著作家自认为像历史学家那样工作，却倾向于将激情材料转化为诗歌作品。虽然，实际上那种激情材料总要或快或慢穿过幻想和诗歌的领域（当滞留其中并充分发挥，就产生人们所说的真正诗歌、特殊意义的诗歌），但历史学不是幻想而是思想。历史学不仅像诗歌那样，赋予形象普遍的印记，而且在知性上将形象同普遍相连，在判断中同时区分和统一。

现在，抽象地分析，虽然判断分为主词和谓词、直觉和概念范畴两个要素，但具体地看，这两个要素合为一体，历史学的真理只存在于它不可分割的真理中。因此，一种虚假的、至少是想象的和

逻辑上不准确的批判方法，再次提出一部历史著作的成功与否，在于自为的这一要素或那一要素及随后二者的统一是否完美，形象生动还是苍白，标准精确还是不精确。似乎在历史上可以形象生动，而解释标准却错误；或标准无比正确，而形象却苍白、僵死。实际上，标准的不准确和混乱导致形象的不准确和混乱，反之亦然。

人们惯于赞美某些历史著作叙述事实的生动和真实，同时抱怨它们缺乏深思熟虑和坚不可摧的主导标准，批评它们将思想范畴同阶级的一般表现或概念混为一谈，引入这些概念用来形容事实，即解释事实，然而它们本身也是有待形容和解释的一组组事实。但是，那些事实的叙述若真正具有人们归于它们的真理的力量，则仅凭这点就会纠正并代替错误的标准，驱除虚假的范畴。当感觉在同一本书中精彩的叙述和错误的概念并存，请认真观察，就会发现这是两种截然不同的历史、相关的两种截然不同的哲学的共存，或不如说是它们的接续或交织：一种旧的、传统的，另一种新的、公正的；一种是不成功的直觉的、思维的，另一种是成功的直觉的、思维的。相反，当标准清楚固定却抽象片面时，同牵强的解释相一致的是同样牵强的形象，它们就像被线绳牵动的木偶或弹簧弹起的玩偶；正如所谓历史唯物主义的历史学能提供的例证一样。这种历史学所介绍的人类，正如它的理论，是反人类的，该理论错在反对精神的丰富和尊严。

但在历史陈述中，解释标准符合有待解释的事实，只有生活畅通无阻，形象清晰并具有说服力，正如概念清晰并令人信服那样。事实证明理论，而理论也证明事实。

对历史著作的评论在于：辨别历史叙述充实还是空洞，即在其深层是否有实际需求，这种需求将历史叙述同实际生活的多样性相连，在历史叙述中辨别知性要素何处向直觉要素渗透，何处不渗透，即何处真正进行历史判断，何处不进行。

三　历史著作的统一性

历史著作的统一性寓于历史判断形成的并在形成时解决的问题。因此，这是一种完全逻辑性质的统一性。一个问题可以同许多特殊问题相连；但由于它们都论及并统一于已经开始研究的唯一问题，逻辑统一性持续存在。

一种新的、非逻辑的要素肯定进入历史学具有的文学形式中，此要素同实际需求、即历史思想的动力相关，并由于变形和体现为一种倾向或行动的理想，必然这样确定，它反映在语言或如常言所说反映在风格上。但由于这一情感要素紧随前一要素出现，为了保持行文风格的统一（这恰是文学的统一性），它应当服从前一要素（正如在逻辑的统一性中特殊问题服从一般问题）；因此，要历史著作适应高谈阔论、规劝、嘲讽或其他演说术形式，而不是遵循批判—叙述的行文风格，应一致判断为文学趣味低劣；后种风格占上风时抑制激情演说的语调，它受压制时就让人听到这种语调。于是，成为伟大文学作品的伟大历史著作，在整体上和谐地、水乳交融地表达其作者的精神与心灵、思想的坚定，任何东西都不能动摇他们探究真理的决心和炽热的情感。

不少被称作“历史”的作品也反对历史著作的逻辑统一性，它们的逻辑统一性不存在于一个问题中，而存在于一个事物中，或不如说存在于一个形象中。民族史、人民史、国家史、城市史、湖泊史、海洋史或个人史和人群史就是这样的“历史”作品：显而易见，不是说这些形象仅用以提供书名，并单纯地给研究的学科以外在的说明；而是说这些形象实际构成作品的主题。鉴于这类主题的性质，那些作品若前后一致地展开，则不是历史；但可能是一个形象的按序排列的编年史，或者将诗性赋予这些作品材料，则成了诗歌，从历史回归史诗（这可看作“愉快的过失”），人们通常说历史从史诗中走出。然而，正如在多数情况下，这些作品不是前后一致的，它们成了不同主题、历史思想同幻想的混合与交替，正如（在无数例证中，只限于提及一个，但就其性质来说最典型）米什莱①的《法国史》。在这本书中，由于幻想的偶像崇拜，法国成了有血有肉、有思想有道德的人，她有着自己的天赋和在世界上的使命，人们询问她的现在和过去以预卜其未来，当然不能否定书中穿插的敏锐和独特的历史判断，这是米什莱终生以强烈和崇高的兴趣研究道德和政治问题时做出的。

当那些作品保持不一致时却想变成一致，错误就真正开始了；因为这样它们触犯逻辑，在前种情况下它们进行抒情漫游时一次次地远离逻辑，并未硬拉逻辑到自己身旁，进而强迫它唱歌跳舞。于是，开始无益的歪曲，以便把逻辑统一性赋予不能具有这种统一性的东西；天才的演说家和诡辩家不仅继承严肃的天才历史学家、

① 米什莱（1798—1874 年），法国最早的民族主义和浪漫主义历史学家之一。代表作有《法国史》和《法国革命史》。——译者

至少继承天才的诗人，他们苦思冥想出法国、德国、西班牙、英国、俄罗斯、瑞士和比利时的概念，并加以理论化：若它们是特殊的暂时的事实，显然不是有待界定的概念，而是有待根据永恒的概念范畴来辨别和解释的材料。在这方面展开毫无意义，因为就是在现今的意大利，我们仍受着外在地理解的“意大利史的统一性”无头无尾的论战的折磨。*

但这若是错误，还不是谬误，因为谬误产生于事物的实体化，将只属于精神完成的行动，即把精神的政治的道德的科学的艺术的活动的实在性和价值归于事物；事物是抽象，因此它们不展开，不需要或不探究历史。事物被实体化后，精神就在事物中被物质化，从而精神就失去飞翔的翅膀；而事物也必然被类似地误解，适宜作为充斥病态的和怪异的东西，像蛇一样在人的灵魂深处蠕动；淫欲和贪婪本能，强暴、凶恶和残忍，其后是生活的乏味、冷漠和渴望解脱；当人们高扬精神活动时被弃之于地并被践踏的东西，在这里却被自由放任、任其扩张并被病态地欣赏和宠爱。

根据人们考察的是一组事物还是单个事物，这种病态的怪异东西的病态的怪异历史，在今天表现为“民族主义的”或“种族主义的”历史和“传记”，鉴于对它们性质的某种认识，人们说它们“小说化”了，即自己承认它们是非历史的。民族主义历史不是所谓民族史，民族史（正如人们已发现那样，当作为真正严肃历史的简单标题时一钱不值）沦为一个民族的消息汇集、其生活的编年史或教育规劝的作品，有时成为诗歌。相反，它们恰恰是阴郁而愚蠢的赞

---

* 参阅本书“附录”。——原注

歌，正如我们的卡尔洛·特罗亚[①]在论及意大利的伦巴族人时通常称作“伦巴族人的直觉力”（或相应的“日耳曼的”、“雅利安人的”、“闪米特人的”或其他族人的）的东西，这是些嗅觉上“好闻”却无其他长处的东西，但仅此优点似乎非常伟大和无与伦比，在野蛮与神圣之间它标志着狂热的激情和神秘的崇拜。众所周知，在今天的德国产生了多少这种独一无二的特殊文学啊！

还有传记，按其可接受的含义，可能属于在上文区分和界定的下列四种作品之一：个人生平回忆录，即编年史；信仰、说教、赞颂、诅咒的文本，即广义的演说术；诗歌；历史，个人在历史中被思维和判断，仅限于他本人的、同时非本人的活动，他从事的、但超越他的活动：在这种情况下，传记同任何其他历史毫无区别，即使文学形式风格突出的传记也是如此。但小说化的传记不是也不想成为四种作品中任何一种；它们也不是过去的温和的历史小说，在这类小说中一个历史判断被改写成多篇想象情景故事，这些故事必然或多或少反映并传播此历史判断。它们的职责是描绘确定个体的“本质”：仿佛在说不是但丁的诗歌和思想，而是“但丁性”；不是路德的宗教的和政治的活动，而是“路德性”；不是世界史中的拿破仑，而是他那里枯竭和腐败的世界，即“拿破仑性”。诸如此类，不一而足；这类东西若不从偶像崇拜、崇拜自己等反常的心理迂回的病态趣味中获得根据，若脱离它们同生产过程的关系，正是在这种过程中它们才能被理解，因此若脱离它们的真理中心，它们将一钱

① 卡尔洛·特罗亚（1784—1858年），意大利历史学家，代表作为《中世纪意大利史》。——译者

不值。创造这类传记杰作并赋予它们独特性的文思如此不纯，此外，由于它们大多枯燥无味。

四 必然性的历史含义

判断在于思考一个事实时，思考其实际状态，而不思考它若不那样则会怎样：正如旧逻辑术语所说，按同一律和矛盾律思考它，因此逻辑上是必然的。这就是历史必然性的含义，而不是其他；反对此种含义，人们会产生疑惑，甚至试图造反、想象否定人类自由，然而未否定，仅否定逻辑的无结论。为了证实，人们发现断言此种必然性，就提出并反复重复反对将禁止的“若”引入历史：不是语法上的小品词“若”，使用它完全合法；也不是根据历史情况推断超越它得出的警告或训诫时使用的“若”，这种警告和训诫具有一般的和抽象的性质，正如人们所说，在1914年7月，若德国国务家和其他民族控制住自己的神经，则战争不会爆发，有时这用来认识某些突发行为的严重性并激起责任感；而恰恰是历史的和逻辑的“若”，即为反历史的和非逻辑的“若”。这种“若”随意地把唯一历史进程区分为必然事实和偶然事实（若设想一切事实都是偶然的，因历史严密性完好无损，这样区分，“一切偶然”等于“一切必然”）；人们在其叙述中推断区分一个事实是必然的，另一个事实是偶然的，在思想上远离第二个事实，以确定第一个事实若未受第二个事实干扰、按其本性如何发展。这是我们在懒散或怠惰的时刻在自身上玩的游戏，若我们未遇到那个已经遇到的人，若我们未犯已经犯过的错误，则对我们生活已走过的进程想入非非吧！这样做时，我们非常

轻率地把自己按不变的必然的要素对待，也未想到在精神上改变我们自己，即在此刻的自己，有着经验、痛惜和幻想的自己，恰恰由于在那一时刻遇到那个人，犯了那个错：但当恢复事实的实在性时，无疑游戏中断并消逝。反对基于游戏的虚假信仰，形成“事后诸葛亮好当”的民谚。但因游戏在历史中绝不适宜，当它在那儿出现，很快疲劳并很快终止。需要一位哲学家、相当抽象的哲学家，撰写整本著作（勒努维耶[①]，《历史的逻辑重构》）以叙述“尚未存在但可能存在的欧洲文明的发展”，这是基于确信基督教在西方的政治胜利纯属偶然事实，若引入一个小小的变化，对马可·奥勒留帝国的终结和孔德茂、佩提纳克斯、阿尔比诺斯的命运[②]产生影响，则那一事实可能不会发生！

在已确定的逻辑含义上，在思想感到其责任的重大并不想步游戏后尘而不负责的意义上，必须让历史必然性远离同一词汇的另外两种含义，那是两个错误的概念。一种含义是：历史是必然的，因为以前系列事实决定以后处于因果链条的事实。原因概念（这里，我们声明理解为“概念”而不是“词汇”，词汇属于日常用语）在并应在历史之外，因为它诞生于自然科学领域并在那一领域发挥作用：很难坚持这一平凡又基本的真理，同样很难让笼罩着自然主义和实证主义迷雾的头脑接受它。实际上无人能够按因果关系叙述任何一段历史，仅仅能够应用不同方法，即历史自身本能的方法，对构建的叙述添加不恰当的因果性术语，用以夸耀科学主义。

① 勒努维耶（1815—1903年），法国新批判唯心主义哲学家。——译者

② 公元180年罗马皇帝马可·奥勒留去世后，三人相继担任罗马皇帝，但难逃厄运——均被诛戮。——译者

此外，或作为决定论先入之见的情感结果，人们以不信任和悲观主义的方式叙述历史，人们自然决定以这种方式叙述，当他们发现历史不是由自己创造，不是因自己的行动演进和变化，而是像山崩时从高处滚下的碎石砸到并挤压他们。

另一概念出现在宣判的强辩形式中：在历史中还存在逻辑；这一点毫无疑义，因为若逻辑存在于人之中，也存在于历史之中；若人们的思维思考历史，正如人们所见，是在逻辑上思考。但词汇“逻辑”在上述宣判中表示同逻辑性截然不同的东西，即意味着历史据以开始、发展和终结的蓝图或纲领，而历史学家的任务就是要发现在表面事实下隐藏的这些事实的动因，并对它们做出最终的真正的解释。哲学家们一次次地从理念、精神或物质的概念出发，推断出这样的蓝图；但理念、精神和物质以不同方式伪装成超验上帝，他只能被想象并被强加于人类，人类只能期待跟随他。因此，不断地改变上帝并主要以这种形式考察上帝，有益于这种朴素单纯的形式；康帕内拉在其十四行诗中说这是“宿命喜剧作品”的形式、“剧本”形式，他看到当时喜剧团长常用这种脚本策划喜剧动作、分派演员角色并进行表演，他这样说不带丝毫嘲讽的意图；加里亚尼修士把它比作骗子用“有暗记的纸牌”和“带暗记的骰子”常玩的把戏。似乎，实际上无人能叙述这类历史；人们早在其倡导者和捍卫者的方法论中发现他们的尴尬状态，因为他们附带的要求自相矛盾：研究应获得一个超越证据和文件的蓝图，但沿着这条路走，不能到达目的地；事实上，证据有时用作论断的象征，有时用作论断的多余装饰，即他们对自己政治、宗教、哲学及构成历史并为历史洗礼的其他方面的信仰、倾向、希望、恐惧所做的论断。超验

上帝同因果性一样，外在于人类历史，若上帝存在，人类历史就不存在：人类历史本身就是神秘酒神和原罪、赎救的“坚毅基督”。

同这种双重虚假的必然性形式一起，历史预见概念消逝，此概念从那种形式派生；因为，若神圣戏剧的最后一幕通常被揭示（譬如，反基督者的到来，世界的末日和最后的审判），则介于现在和最后一幕的其余一切也会写在天意之书上，因神的恩惠某些剧情会揭示给个别虔诚者；另一方面，在因果观中因果链条不断延续，在计算时可确定其未来环节。然而，实际上人们供认不可能预见：在前者情况下，人们对奥妙的神意顶礼膜拜；在后种情况下，人们面对起作用的原因的巨大复杂性感到迷惑不解。于是，最忠诚的自然主义者，就像自然主义小说家左拉对鲁贡玛卡家族[①]所为，在构建家族家谱嫡系和大小旁系之后，根据遗传规律，要为即将降生的新生儿准备一个位置，但又不知放在何处，只能嘲弄地问而不答：“他将是什么呢？”但进行预见仿佛一直是多数历史读者期待的习惯，似乎成为许多著作家的庄严职责，它满足于大量无实体的想象，正如人们所说，这种想象脱离其建构者的个人恐惧和希望。

人类自由的捍卫者应坚决反对因果必然性和超验必然性，二者都显现出多种骗人的形式；他们不应发动反对历史学的逻辑必然性的战役，然而却经常这样做；正好相反，历史学的逻辑必然性是人类自由的前提。

① 法国作家左拉的20部小说的总称。小说描述遗传和环境对同一家族的5代人产生的破坏性影响及后人难逃的厄运。——译者

五　作为全部认识的历史认识

说历史是历史判断仍不够，还应补充说：无疑，一切判断都是历史判断或历史。若判断是主词和谓词的关系，主词，即被判断如何的事实，总是一件历史事实、一个生成物、一个演变中的过程，因为在实在世界中找不到也不能设想静止不动的事实。历史判断还是最明显的判断性感知（若不判断，则不会有感知，只有盲目与沉默的感觉）：譬如，我看到我脚前的东西是块石头，它不会像小鸟一样听到我的脚步声就飞走，于是我最好用脚或木棍移动它；因为石头是真正演进中的过程，它抗拒瓦解的力量或逐渐地屈服，而我的判断涉及其历史的一个方面。

但不能到此止步，而放弃展开进一步的结论：历史判断已不仅是一种认识，而无疑就是认识，是充满并穷尽认识领域的形式，它未给其他留有空间。

实际上，一切具体认识，同历史判断一样，不能不同生活或行动相连，正如已说过的那样，当生活发现应从中涌出的形势的确定性和独特性不清晰时，生活暂停和等待的时刻就用以克服遇到的障碍。为认识而认识，不同于某些人想象的认识，不仅无丝毫贵族气和崇高性，而且实际模拟白痴们的愚蠢娱乐和我们每人的愚笨时刻，但事实上从未发生，因为内在地受实践推动，不能缺少材料本身和认识目的。而那些构想艺术家或思想家脱离周围的世界是拯救之路的知识分子，故意不介入庸俗的实际对立（因其实际才庸俗），他们并未发现只构想了知性的死亡。在一种天堂般的生活中,无劳作无痛苦,也遇不到有待克服的障碍,还无需思考,因缺少任何思维的动因,恰恰无需沉思,因为积极并富有诗意的沉思把实际斗争和情感的世界封闭于自身。

无需费力就可证明以数学作为工具和补充的自然科学以生活的实际需要为基础,并用以满足这些需要;因为在新时代前夜这种信念由伟大的弗兰西斯·培根宣传而深入人心。自然科学在成为真正、确实的认识过程中的哪一点行使有用功能?肯定不是当它完成抽象、构建种类并确定称作规律的种类间的关系,把数学公式或类似东西赋予这些规律时。所有这些都是相互接近的工作,旨在保存已获认识或获取新认识,但不是认识活动。全部医学、所有类型疾病及其特征都会汇集在著作中或记录在笔记中;这样,正如蒙田所说,“拥有很好的加林,但绝不是病人”,谁掌握了已撰写的众多普遍史中一种,或准备了它的论文,只要那一时刻未来临(在种种事件的推动下,那些认识摆脱固定的僵硬性,思考政治的或其他形势),他就会承认自己对历史的认识微乎其微或等于零。医学专家也与此类似,只要病人未站在面前,未直觉和认识那位病人身患何病,而病人在那种条件下怎样痛苦,就不能说那是一种疾病模式,只能说是一种疾病的具体、个别的现实。自然科学从个别情况产生,而头脑尚未理解或未充分理解这些情况,这就要求自然科学从事长期、艰难的工作,让头脑在那些情况前有所准备,并让头脑同它们直接交流,以便形成对它们的特有判断。

因此,自然科学并未真正反对一切纯粹认识都是历史认识的理论,同历史一样,自然科学在世界和尘世中劳作,而哲学或不如说哲学的传统观念两眼望天,从上天汲取或期待最高真理。这种

天国与人间的划分，这种超越实在的实在、置于物理学之上的形而上学的二元论观念，这种缺乏或脱离判断的概念沉思，赋予哲学特有的性质，无论称作超验实在、上帝、物质、理念或意志，其性质总相同，并总设想一种低级实在或纯现象实在置于其下或在其对面。

但历史思想对这种令人尊敬的超验哲学搞了恶作剧，正如对待它的姐姐超验宗教一样，超验哲学是超验宗教的理性和神学形式：将超验哲学历史化的恶作剧，历史思想把超验哲学的所有概念、学说、争论及令人沮丧的怀疑论放弃都解释为历史事实和历史论断，它们都产生于某些需求，超验哲学满足部分需求，未满足其他部分需求；这样就赋予这种哲学长期统治（同时也是对人类社会的服务）的正当权利，也撰写了这种哲学的评价得当的讣告。

可以说，通过批判超验哲学，哲学本身在其自主性中死亡，因为它自诩的自主性恰恰基于形而上学性。取而代之的不再是哲学，而是历史，或同样可以说是作为历史的哲学和作为哲学的历史：哲学—历史，它的原则是普遍与个别的统一，知性与直觉的统一，并声明任何将两要素分开的做法都是随意的和不合法的，两个要素实际上是一个。历史的个别事件长期被看作最卑微的认识形式并被研究，相反哲学被视为最高的认识形式，但现在仿佛不仅要超越哲学，而且还要驱逐哲学。但同末位相连的所谓历史，根本不是历史，而是编年史或博学，并且涉及外部，对证据进行加工；另一种高扬的历史是历史思想，是唯一的完整的认识形式。当旧形而上学哲学想向历史伸出救援之手以提升它，那只手不是伸向历史而是伸向编年史，并且不能把编年史提高到历史，因为其形而上学性阻碍这样做，一种“历史哲学”，即关于历史演出的神圣戏剧的苦思冥想或推测的方式（上文已讨论过这种方式）置于其上，就像人们用以或好或坏复制的模型。“历史哲学”是精神衰弱的结果，或用维科的话说，同神话一样，是“头脑贫乏”的产物。

当然，在形形色色教育式文学形式中，人们发现可以看作哲学的著作，而不是历史著作，因为它们仿佛围绕清除任何直觉要素的抽象概念徘徊。但是，那些作品若不在虚无中游荡，若具有判断的具体性和充实性，则它们总拥有直觉要素，虽然在平民眼中还是潜在的，仅当显现为专栏体或博学式的“镶嵌画”时，他们才承认发现直觉要素。直觉要素存在，由于如下事实：在那些作品中提出的三段论法符合阐明特殊历史条件的要求，对特殊历史条件的认识使三段论法更清晰，绝不亚于三段论法使特殊历史条件认识更清晰。我要举出生动的例子说明，即使这里一再提出的方法论解释，若未能在思想上清晰表达（通常我只是含蓄地表达）涉及当前政治、道德和智力的条件，它们竞相描绘和判断这些条件，它们就不能真正被理解。

至于哲学专家与教授，似乎他们的职责是作为语文学家的平衡力，或作为假扮历史学家的博学者的平衡力，这些自诩的历史盟友将一排抽象观念置于粗糙事实之旁，这样凭借另一个无知完善了一个无知；这样做，他们不会走远。他们是超验哲学的自然保守派，尤其当他们口头上赞成哲学和历史统一，而实际上否定这种统一，或至多不时地从他们的超验世界降下宣布禁止某些普遍性和历史虚假性。历史感越增强，思维的历史方式越深入人心，语文性历史学家将要退守纯粹、简单、实用的语文学领域，而职业哲学家被彬彬有礼地感谢和辞别，因为哲学在高级历史学中发现了勤奋生活的条件，而在哲学家那里未能找到。他们冷静地进行哲学思维，没有激起激情和兴趣 ，“没有动因”；然而任何严肃的历史学和哲学都应是“动因”的历史学和哲学，正如歌德提及纯粹诗歌时所说：它在情感上是有动因的，而历史学和哲学在实践和道德上也是有动因的。

六 历史范畴与精神形式

反对超验性的论战越过了界限，导致否定区分判断的各个范畴，这些范畴也被视为超验，因为已经说过，各个范畴同判断合为一体，随着不断更新的判断，它们不断变化并日益丰富：无限的判断，无限的范畴。

但范畴的区分同设想的反对判断的范畴超验性毫无关系，因为范畴的区分在判断本身中进行，由于判断，实现范畴的区分，同时若不区分则不能进行判断，根据 A 的性质和 B 的性质加以区分，即根据不同范畴加以区分。若在不断区分时，不去界定活动 A 是真理活动，活动 B 是审美活动，活动 C 是政治策略活动，活动 D 是道德牺牲活动，只限于直觉地提出不同的 A、B、C 等，那会是什么判断呢？这种判断若对想象足矣，对思维还够用吗？各个范畴不变化，即使称作丰富的变化的范畴也不变化，它们是变化的原动力：因为，若变化原则本身变化，则运动就停止了。那些不断变化和丰富的东西不是永恒的范畴，而是我们关于范畴的概念，这些概念逐渐包括全部思想新经验，鉴于我们提出逻辑活动概念的方式，我们的概念远比苏格拉底或亚里士多德的概念更狡诈更富战斗性，若“逻辑性”范畴不是不变的，若它不存在于他们所有概念中，则无论他们的概念是丰富还是贫乏，都不是逻辑活动的概念。

但那种论战公开表明越过界限，它无能力将理性赋予有待探索的真理动因，这种动因也在超验错误中揭示，鉴于大家认同在一切错误的深层总有一类似动因。这种同超验哲学相连的动因，恰恰在于需要在实在的变动中维护精神价值（善、真、正义等）标准的稳固性，每一价值都存在于自己的特性中，每一价值都反对对立价值（假、恶、非正义等），这种动因恰恰在于需要捍卫这些精神价值，反对人们根据感觉轻率地对它们的混淆与否定。相反，超验哲学深陷其中的错误源于奢望精神价值脱离变动的实在，并通过超越实在，在一个高级区域保存它们：这等于用幻想解决逻辑问题。但一般健康的智力与精神生活要求反对感觉论和享乐主义，尽管超验哲学犯有自己的错误，但它在思想史的各个时期一直有益地工作，从苏格拉底反对诡辩论者而确立的定义，柏拉图导入理念世界的“理念”开始。说到近代，19 世纪德国严肃的教育学家赫尔巴特，为反对对辩证法和历史主义的败坏，也曾运用类似方法，这种败坏部分由黑格尔造成，更多地由黑格尔学派造成，他们对道德生活损害的严重程度不亚于对科学生活的损害，对后者的损害用概念的流动性与灵活性，对前者通过妥协和从一个党派轻易转向对立党派。这是一种反动，作为反动，因把概念同表象分开并重描概念轮廓，以致一切概念都自我封闭并不可推断，它们之间没有关系；由于所有这些，最好做那种区分，它因价值超越事实而付出相当昂贵的代价，但已不是表象与概念、纯粹概念与经验概念的混

杂，今天有人想在哲学思维中恢复这种混杂，他们可能未清晰认识自己的要求，并不了解通过革命与保守永远共存的哲学批判将丧失在这方面艰难获取的东西。

由此可见，若某种表面严密推理坚持这样的要求，由于致力于叙述各种人类活动的历史，统一抽象哲学的命题经受不住特殊事实的考验，即特殊、确切判断和具体思维的考验；在这样的考验中，它们迅速悲惨地分崩离析。那些被迫撰写历史著作的普通天才似乎方便些、谨慎些，他们偷偷摸摸地把被否定的区分导入自己的方法论，或运用这些区分、同时声明它们是经验的：这颇像一位穆斯林特使所为，他受苏丹王派遣，在 18 世纪波旁王朝卡尔洛国王时代来到那不勒斯，我偶然读到的一份外交报告提到他，他在那不勒斯人举办的宴会上饮了大量香槟酒，却称作“柠檬汁”，还强迫别人也这样叫。请原谅我的回忆，显然它同哲学重要性无关，但同我们提及的情况有关。

七　行动与思想的区分

由于人们奇异地想过，为保障内在性的完整和纯洁，需不断吹熄所有烛光，似乎适合它的地方是“黑暗王国”；所以当认识与意志、思想与行动的原始、基本的区分被批判并在想象中被战胜，就不会大惊小怪了；即使这是人类共识提出并遵循的、各种哲学尊重的区分。

人们致力于的题目成了一切诡辩的源泉，诡辩是把同一词汇理解为两种不同含义，在证明一种含义后，再转到另一种好像证明的不同含义。思想作为行动才是积极的;思想既不是对实在的模仿也不是装实在的容器(人们说实在以这种方式被认识);思想活动在提出和解决问题中,而不是在被动接受实在片段中展开;因此思想不在生活之外,甚至就是生活职能;这些看法都应视为从笛卡儿和维科到康德、黑格尔和当代思想家的全部近代哲学的成果。然而,思想未同意志区分开,思想同意志一样积极,这正是上文批判的诡辩,并假装相信现在提出的区分同过去错误地提出的意志的能动性和思想的被动性的区分完全相同;由此可见,提出的题目因是诡辩的而毫无价值,并且认识与意志、思想与行动的古老区分也未经触动。

虽然从区分的实质看未经触动,但同以前理解为灵魂的两种功能的并列、平行、分歧的方式相比,同通常确立认识绝对优于意志和实践活动或者相反的关系相比,其大部分已纠正和深化。因为,若认识为实践所必需,同样实践为认识所必需,正如上文所证明那样,没有实践,认识就不会产生。精神的循环性使前者绝对、使后者从属的问题空洞无物,因为前者不断地变为后者,后者不断地变为前者。这种循环性是精神同自身、精神靠自身滋养和成长的真正统一性和同一性。任何其他统一性都是静止的和死亡的、机械的而非有机的、数学的而非思辨和辩证的。

若取消区分精神两环节的企图并非幼稚天真,其效果将是通过整体摧毁思想和行动、摧毁精神生活。思想若同意志及其目的同一,它就不再是真理的创造者,变得带有倾向性,堕落成谎言;而意志和行动不再被真理指引,降低为渴望、情欲与反常的狂热。这一切没有发生,因为这是违反事物本性的,是反对精神生活的,精神不断地抵抗实际利益用以阻碍和偏离真理逻辑的诱惑，不断地劳作将盲目的激情变成自觉的意志和行动：于是，人们根本不用惧怕事物的秩序混乱，世界将终结。

然而，若不惧怕这一切，也无需相信认识与行动既区分又统一的破坏性理论总是精心炮制的东西和学究式的闲谈；相反，当这种理论被当代或不如说一切时代的典型精神病推动和拥护时，只要环视四周并倾听从知识界、艺术界、宗教界、政治界的社团，即从社会各方传来的声音，足以发现对批判和真理的冷漠及无礼的种种表现和缺乏理想却粗暴专横的能动性。若在某些情况下确实产生没有导致后果的平庸文学，在其他大部分情况下能轻易发现认识同行动静态同一的主张者，他们在自己身上侮辱了内在区分在公众生活中的警觉力量和清晰性，为使自己方便，他们都转向诡辩术和修辞学，从而壮大了“学者”叛徒的队伍。几年前，一位法国作家为反对这些叛徒曾感到需发起一场特殊的诉讼活动。坏理论和坏意识互为起源、相互支持，最后相继倒台。

八　作为从历史中解放的历史学

当看到如下情况会感到非常奇怪：人们并未把刚才提及的那种社会精神病和其他类似或不同的社会精神病作为认真、深入分析的对象，并未在了解病因和病程后着手治疗，或至少让病人在理想疗养院隔离（从而仅有损于不可治愈者的健康），反而奋起控告历史思想或“历史主义”，（人们说）它是造成这些精神病的罪魁祸首，因为它促进宿命论，否定绝对价值，把过去神圣化，接受事实作为事实的粗暴，赞美暴力，指挥寂静教派[①]，总而言之，它是去除对创造力的冲动和信任、损毁责任感、孕育懒惰及贪图安逸的罪人。然而，所有这些罪名在道德领域都有自己的名称，称作精神软弱、意志瓦解、道德感缺失、迷信过去、多疑的保守主义、故意误解以怯懦地为自己寻找借口，当决心按道德必然性行动时求助历史必然性，诸如此类，不一而足。虽然上述这种或那种表现有时在某些历史著作家那里（我们指出在黑格尔那里，其社会保守主义和政治从属主义的罪过或小过错，因其哲学家和历史学家的伟大形象而突出）出现，正如在任何其他人那里出现一样，但是真正意义的历史思想同上述精神病没有丝毫关系，何况有的整部作品同那些倾向与悬案相左。

我们是过去的产物，并沉浸在过去中生活，周围一切压迫我们。若我们未从过去中走出，若未将自己置于过去之上，我们如何走向新生活，如何创造我们的新行动？若我们置于过去之中，我们自己就是过去，如何将自己置于过去之上呢？只有一条出路，即思想的出路，思想既未切断同过去的联系又在它之上，从而在理念上提高它并将它转化为认识。需要面对面地审视过去，或在比喻之外审视过去，将它转化为思想问题并在真理命题中加以解答，这一真理命题是我们新行动和新生活的理想前提。我们通常这样表现，当我们考察发生的事情时，探究其起源，追溯其历史，并遵循隐

① 西班牙天主教司铎莫利诺斯（1628—1696 年）创立神秘学说，宣称精神生活的目的在于完全寂静和灵魂在上帝面前的被动性，因此反对人的意志和所有活动；17 世纪根据此学说形成寂静教派。——译者

秘启示、用与时俱进的意识，设计我们适合做或应该做、我们自觉自愿准备立即去做的事情；而不是遭受灾难打击就自怨自艾，一犯错误就羞愧难当。同样，人类总是面对其伟大、丰富的过去这样表现。以前歌德指出：书写历史是从肩上卸下过去的方法。历史思想把过去降低为其材料，把过去变为其对象，历史学把我们从历史中解放出来。

只有观念极端幽暗才能视而不见历史学具有的净化作用，正如诗歌一样，诗歌使我们摆脱情欲的奴役，历史学使我们摆脱事实和过去的奴役；只有智力极端紊乱才能把打开监狱之门（否则我们永远囚禁其中）的人看作并称作狱卒。天才历史学家不仅要同致力于撰写大事记和编年史的教士区分开，不仅要同孜孜不倦收集叙述和证据并从中挖掘出期待的消息的博学者区分开，而且要同历史教科书编写新手区分开；他们总是表现不同的勤奋的人们，致力于沉思形成的形势以超越这种形势，并且靠新勤奋帮助他人超越这种形势：撰写政治史的政治家，撰写哲学史的哲学家，想通过艺术史智慧欣赏艺术品的艺术心灵，满怀对文明与道德的巨大热忱、严肃探索人类文明史的人们。孕育改革与剧变的时代关注过去，即那种人们想要剪断其思绪、再接续思绪以继续构思它们的过去。通常缓慢而沉重的时代更喜欢寓言和小说而不是历史，或喜欢把历史改写成寓言和小说。与此相类似，封闭在私人情感和私人经济生活的自私者，对广袤世界发生过和正在发生的事情不感兴趣，只承认自己小圈子苟延残喘的历史，而不承认其他历史。

九　作为价值同反价值斗争前提的历史学

历史学的反对者、或光荣地自称的“反历史主义者”，不仅指责它通过回忆过去保存过去的分量，把他们的理想置于无历史或忘却历史的民族的至福中，并主要指责它满足于叙述事实、但未对事实做出义不容辞的判断。

若历史断言是出色的判断，甚至是人们了解的唯一判断，若一部历史著作中交织着叙述和判断，当不区分性质和不判断就不能叙述政治性的确定事实、宗教性的事实、智力性的事实等时，怎能这样指责呢？根据兰克①的著名公式，“按本来状态陈述事物”是历史的唯一目的：根据存在谓词同判断性质谓词不可分割的逻辑原则，那些不能陈述的事物被忽略或省略，是因为它们未被确定性质、因此未做出判断。*

由此可见，人们指责它忘却的判断不是真正的判断，唯一真正判断是思维活动，而是对人们想捍卫、支持并使其胜利的某些理想目的的赞成或谴责，人们面对这些目的，仿佛面对法庭，人们引证过去的人物，为使他们适应自己的行为，给他们授勋或打上恶毒言行、恶习、愚蠢、笨拙及类似的烙印。人们关注他们这些方面，但未想到两个法庭间的巨大差别：我们的法庭（无论是司法的还是道德的）是现在的法庭，是为活着的、能动的和危险的人开设的；而那些

① 兰克（1795—1886年），德国历史学家。——译者

* 关于这点可参阅《逻辑学》第1编第2部分第5章的证明，同兰克的论述进行广泛比较。——原注

曾经支持当时法庭的人不可能两次赦免或判刑。在任何新法庭面前，过去的人都不负责任，恰恰因为他们已进入过去的和平之中，他们只作为历史的对象，只承受渗透到他们活动的精神中并在此精神中理解他们的判断。理解他们，与此同时，并不像格言“完全理解即完全宽恕”所希望那样，宽恕他们，因为他们已经超脱于严酷与宽容，就像超脱责骂与赞美一样。负责叙述历史的人们不知疲倦地执法、判决或赦免，因为他们认为这是历史的任务，他们还将寓意上的法庭按实际含义理解，一致公认他们缺乏历史感，但他们却自称曼佐尼①。人们感到这种判断有点麻烦，感到它的不适宜和空洞，仿佛看到有人用拳头猛击石像，但石像纹丝未动或未变形。恺撒有罪，因为他使罗马失去自由：尽管法官用严酷、高傲的神态宣读判词，并让宣判声在法庭回荡，但对恺撒没有丝毫力量，对我们毫无意义，因为我们处于历史学层面上，在这里个人不再以应选择自己事业的人出现，而是作为事物进程和肩负的使命所分派他的角色出现，我们竭力理解这种角色。戴着手铐的恺撒对我们无关紧要，他被拖到伪历史学家的法庭上，等待宣判、不知怎样和何处服刑而声名狼藉；若历史学家只判断不宣判，来到我们中间解释：在罗马如何从动荡的寡头共和国、内战和政治自由意识的消失过渡到帝国，帝国持续好几个世纪，完成自己的事业，并传于未来的世纪；我们思维的兴趣才能醒悟，这样帝国生活在我们思维之中，并且活在我们大部分制度中。

---

① 曼佐尼（1785—1873年），意大利历史小说家，代表作是《约婚夫妇》。——译者

只有历史判断把精神从过去的峡谷中解放出来，作为纯粹判断，它超越对立各方、小心谨慎地抵抗它们的冲击、诱惑和陷阱，自己保持中立，它只致力于提供向它要求的光明，只有它能使实际意志形成，并开拓通向行动展开的道路，伴随行动进程、通向善反抗恶、益反抗害、美反抗丑、真反抗假、总之价值反抗反价值的道路；于是，在自己的领域里，不合法地回响起接受与拒绝、赞美与斥责之声，它们被称作判断但不是判断，由于它们不是判断，人们感到需要在哲学中不把事物存在以及其价值同其存在统一的判断界定为判断，而无疑把同无价值事物对立中有效的判断界定为判断，因此被命名为"价值判断"，然而在此情况下，应直截了当地称作"情感表现"。在情感表现中还存在历史材料表现，后种表现是通过把过去的人物和行为提高到现代人爱或憎的象征形成的，即自由与暴政、慷慨与自私、神圣与魔鬼般的背叛、有力与衰弱、智慧与愚蠢等象征：对苏格拉底和耶稣的爱，对亚历山大大帝和拿破仑的赞赏，对犹大的憎恶，对亚历山大六世①和腓力二世②的仇恨，以及拥护恺撒或庞培的各种争论都源于此。它们纯粹是自然情感，即使在我们的历史著作中，它们受到逻辑统一性和高雅文学趣味责任的控制与调节，仍以某种方式使我们的语言绘声绘色，因此当我们暴露灵魂中不可隐藏的东西时没有过错，仅当爱的对象低劣、恨的对象不配时才感到脸红。然而，它们不是历史判断，更不像法官

① 亚历山大六世（1431—1503年），西班牙籍教皇，善用权术，野心勃勃。——译者

② 腓力二世（1527—1598年），西班牙国王、米兰大公、那不勒斯和西西里国王、葡萄牙国王。——译者

式历史学家、风格上的塔西陀主义者、无奥古斯丁灵魂的奥古斯丁主义者想象那样，是历史学的目的。它们在行动领域是不可缺少的，在说或写时准备行动的人的语音语调中不可避免，但同历史学的逻辑不相容，历史学不接受纯而又纯或绝对不纯的活动或人物，历史学摒弃这种不可解决的问题，因为其基础不正确。此外，这种人若对节操并不陌生，当听到对自己人品和成就的事业的赞美判断，却未立即感到心中有愧，当真理的神圣性被如此冒犯，他竟然未表示反对和抗议、未感到犯有过错？

人们若探寻如此无用之物的原因，似乎“价值判断”从现在事物（这里价值判断完成了自己的功能）转移到过去表象（这里价值判断不仅妨碍、而且去除研究的对象）非常惬意，可能这里正是考察爱慕虚荣的软弱之地，为逃避实际斗争危险和付出的努力，乐于自欺欺人地用语言的巨大冲力激励不能战胜危险的人们，因为他们被关在过去的地下墓里。旧时代的蹩脚文人、今日强者的献媚者，时刻准备乐此不疲地布道和宣判历史人物，他们披着历史学家庄严、严肃、廉洁的外衣；除非那些历史人物现在未找到关注他们的声誉以保护自己名誉的更强者，否则这些人准备改换门庭。需要阻止适宜奴隶社会的旧历史学家类型在当今时代（可渴望不是奴隶制的）重新出现；然而，人们向往恢复的法庭式历史学预告，或肯定有利于他们的重现。

十　作为行动的历史

以这样的方式，摆脱过去生活的历史学过渡到活历史、新历史；在这里构成判断的范畴不再作为主词的谓词起作用，而是作为行动的力量起作用。我们是在最宽泛的含义上、即有益、道德、艺术或诗及其他含义上理解行动的，包括哲学的或历史学的活动，即哲学—历史，这是过去思想、新形势、新哲学思维的整体史，它反过来又超越历史学的对象。

如下是行动的、人类活动的领域，历史学的基本和原初的形式适应哲学活动：政治或经济活动；称作文明的或道德的或宗教的活动；艺术的活动；思维的或哲学的活动。虽然通常人们对这四种历史形式的划分表示出某种不信任，它们也从未被一位哲学家发现和区分，尽管他能围绕它们推理，并很好形成区分它们的公式，但人类意识从未提及它们之外的其他形式，从未承认不隶属它们或在它们中化解的其他形式，正如人类意识（人们知道）从未宣布在美、真、益、善之外的其他价值或含义清晰的同义词。

若有人成功发现或想提出其他形式，也请讲出并尝试一下；但除已提到的人类权威外（反对人类权威当然合法，但轻率反对不合法），还存在另一个困难：补充一个或多个其他范畴不够，四种形式的种类似乎是列举，可以间断地继续列举，但需要以新的体系的辩证的联系、以一种观念连续性（观念连续性，但不是抽象的，是观念的，但不是时间的和编年体的，正如有时人们愚笨地误解和批判它）所必需的新种类重新思考它们，并把它们结合起来。回答说范畴不可胜数和无限多，正如个别行动和判断一样，这不是哲学的回答（正如人们所见），而是放弃思想的判断，是放弃活动、放弃质上永远独特的活动。

无论如何，这些活动领域千差万别，一切心灵是自由的原则，成为活动或精神性的同义词，若活动不是不断地创造生活，则不是如此。无人试验过勉强的创造、机械的创造、受统治和制约的创造，也无人能在观念上设想它；实际上，它是一种毫无意义的词汇组合。

不断丰富自己、关于自身精神性的不断成长，是相同活动的另一同义词，从而创造的东西丝毫未失，也从未止步不前：连续不断的进步。相反，人们可以谈论衰落并实际谈论衰落，恰恰因提及我们珍视的某些事业或理想的方式（多次引起对“不祥之鸟”、“无价值”和“错误”的平淡无奇的哭泣）；但在绝对意义上，在历史中，从未存在那种衰落——同时不是新生活形成或准备的，因此也不是进步的衰落。

然而，进步的概念多次、尤其在今天引起怀疑并成为讽刺嘲笑的对象；但实际上，在此名称下被嘲讽和怀疑的那种进步，已不再是进步的精神法则，它高高在上、坚不可摧，足以经受住那些冷嘲热讽和怀疑主义的冲击；而是某些人对舒适的种种幻想和信仰，这些人喜欢舒适、便利和幻想，他们爱在风平浪静中甜蜜地泛舟，不爱在大风大浪中勇往直前：想象人们已进入一个所谓进步的时代，这个时代将延续下去，不会中断和出现骚乱，直至永恒；即在一个独特时代、独特社会、独特习俗中枯萎，从而把永恒的精神进步物质化并让它停滞不前。精神的永恒进步同庸俗追求快乐和幸福无丝毫共同之处；以致，人们若高兴，同样可把它界定为在越来越崇高和复杂的人类痛苦中的进步。这种人的立场同前一立场颇相似，尽管从表面看正相反，他们为使自己和人类免除冲突的痛苦和损害，磨去冲突的棱角，靠妥协和相互让步调和冲突，在生活的这部分或那部分或普遍生活中确立永久和平。然而，目前列昂十世和路德是比爱拉斯谟更具历史性的人物。爱拉斯谟戒除神学争论、理智和纯朴美德的牧歌般的理想，似乎仅在两个世纪后才得到部分承认，当他那时代开始的伟大宗教斗争已结束和穷尽，人们能在人道与宽容中呼吸时，进而在斗争取得的坚不可摧的优势上，已经逐渐准备投入同样伟大、尖锐的新斗争。

某些超验的和宗教的观念，观察世界和历史就像观察一种恶和痛苦的状态，认为只有在另一个世界才能治愈并根除，那么它们否定进步就顺理成章了，因为它们否定生活。但人们通常在某些哲学（它们强烈地感受到宗教神话和神学的影响）中把进步概念同终极天国概念、把理解为活动的生活同理解为静止（即非生活）的生活结合起来就不那么顺理成章了。黑格尔哲学比其他任何哲学更致力于把实在解释为历史性、生活解释为对立的综合、存在解释为生成，在这种哲学中可发现最重要的同类结合，即众多其他结合的高峰；黑格尔哲学反对并危害其自身原则，从而描述思维的进步过程和阶段，以便在理念哲学中阻止思维的生成，它不可能超越理念哲学；同样描述宗教和艺术的进程，以便把这一进程引入理念哲学，在这种哲学中宗教和艺术都平息了；这种哲学经历普遍史，以便让日耳曼世界（是充分自由的世界）和普鲁士国家（是普鲁士世界最高、最终的政治形式）宣告普遍史的终结。其后，历史唯物主义哲学成为今天传播最广的哲学，这要归功于黑格尔的一个追随者马克思，他用从古代或奴隶制经济到中世纪或奴役经济、现代资本主义或雇佣经济的进步来解释人类历史，人类历史沿着这些经济形态总受到铁的必然性桎梏的重压；他还描述通过否定之否定、

新的最终的辩证进步，他看到人类历史即将进入共产主义经济的终极的完美国家，它将在地球上建立自由王国。黑格尔观念不仅在哲学上受到批评家的反驳，而且被实际历史完全摧毁和粉碎，实际历史在一个世纪的进程中超越其所有终结点；因为思维已提出黑格尔未曾怀疑的问题，诗歌在继续产生杰作，普鲁士类型的国家未能抗拒它鄙视的自由国家，现在前类国家已不复存在，即使在普鲁士本国、在痛惜怀旧的形式中也不存在。马克思主义观念用其粗俗的经济绝对（它肩负过去由理念肩负的任务）理出事件的主线，以后整个经济、历史、哲学批评界明确或含蓄地反驳这种观念；实际上它被共产主义制度实现的状况所否定（若它实现的状况越广泛或越普遍，对它的否定越显著），因为人们未看到在何地出现许诺的自由王国的影子，相反却发现在持续不断的旧冲突之旁，换成其他新冲突和对智力的、审美的、政治的等一切生活形式的粗暴压制，在这种压制下，其他冲突正在交锋或孕育。对这方面的极度绝望，以致不得不急于求助幻想：现在不能实现的东西，将来一定能实现；因此，（正如人们敏锐地发现）在俄罗斯动词变位总是将来时。

所以，无限精神的无限进步观念正确地反对停滞于心满意足的进步观念，前种观念不断产生新冲突并不断超越它们。然而，拥有如下意识受益匪浅：进步丝毫不使人类完成的事业无用，也不艰难地奔向不可实现的东西：在进步中一切通过，一切保存；人类若不知疲倦，总会有事要做；若每次完成时都产生疑问、不满足并要求新的完成，则一次次地总能完成，人类拥有并享用；表面的急剧下降，实际上是在不满足中的休息和满足的连续，是在欢乐中停下沉思的瞬间的连续。艺术和诗歌提供了最明显的证明，艺术或诗歌从不对自己满意，它们总是新形式的创造者，它们创造的作品就在那里，好像在晴朗的奥林匹斯山上的诸神，精力充沛、美妙绝伦、神采奕奕。历史学家受面向未来的推动，用艺术家的眼光审视过去生活的一切方面，用同样的眼光发现人类事业总是既不完美又完美，总是集暂时性与永恒性于一身。

十一　道德活动

若有人问道德活动的目的是什么，请把由上帝的化身强加的服从戒律的神学学说搁置一旁，而转向同其对立的、生活否定者和悲观主义者的学说，他们把目的置于改变生活的意志，直至在苦修中消除此意志或劝说意志普遍自杀，则应当回答说，道德的目的是促进生活。“生活创造者万岁！”歌德赞颂道。

但一切形式的精神活动用它们的事业，真的、美的、实际效用的事业促进生活。通过它们，人们沉思并理解实在，使地球布满耕田和工矿，组成家庭，建立国家，投入战斗，洒下鲜血，取胜并奋勇直前。道德能给这些美的、真的和真正益的事业添加什么呢？人们会说：善的事业。具体地说，善的事业不能不是美的、真的、益的事业。而道德本身为实际实施，变成激情、意志和功利，靠哲学家思维，靠艺术家塑造，靠农民和工人劳作，生儿育女，从事政治与军事，使用劳力与剑。人们会说：在这一切事业中，道德提出自己的意图，恰恰是道德的而非功利的意图。然而，这是一个恶性循环，把道德界定为意图和把意图界定为道德，使一切都未确定：耶稣会士极好地利用了这类未确定性，从中得出其极不道德的“意图的引导”；正如在另一极端，功利主义者利用道德事业外在地离不开功利事业，以否定道德的独特性并把道德同功利混为一谈。

道德只是反对恶的斗争，因为若恶不存在，道德将找不到任何位置。恶是对生活统一性因而也是对精神自由的持续隐患；正如善是对统一性的持续恢复与保障一样，因此也是对自由的持续恢复与保障。

善与恶以及它们的冲突，善的胜利，隐患和危险的再生，不是外在于生活的力量干预的结果，不像在魔鬼诱惑者的神秘形象中显现那样，而是在生活本身，甚至就是生活本身，用自然主义语言说，生活想在唯一机体中阐明各功能，或用哲学语言重复，生活在其形式中不断地被区分，生活在其形式的循环中统一。但是，正如在任何机体中都存在解体的倾向，健康是不平衡的平衡，因为制约并锁住疾病；同样一切特殊形式，凭借其特殊性，即个体性，凭借其行动的冲击（没有冲击就不会有行动），竭力面向一切，当它为实现自己目的应让出地盘时毫不退缩；在这种努力和进取中，若不能用代替它们并具有相同尺度的其他形式制约，它将破坏精神统一性和自身，精神整个死亡。人们会问，为什么进程从未这样进行，或想到能够进行，否则无斗争、无艰难过渡、无危险、无停滞、未向恶低头和同流合污，这样提问和思考毫无意义，正如提问：为什么“是”有相关的“否”，苦思冥想：无“否”的纯“是”或不含死亡并不应在每一瞬间战胜死亡的生命一样毫无意义。现在，一种行为使各个行为各就各位，激励它们统一地履行自己的职责，从而反对瓦解保障自由的精神统一性；这种行为同一切形式、等级的恶对抗并同

它们斗争,它称作道德行为。

通过这条道路,可理解道德活动一方面不从事任何特殊事业,另一方面又从事一切事业,它支持并修正艺术家和哲学家的事业,农场主和企业家、一家之主和政治家及士兵的事业,尊重它们的自主权,由于维护每一事业的界限,确证所有事业的自主权。由此可见,当道德主义者奢望把诗歌、科学和经济道德化时,就改变了它们的性质,显现出自己的无能和自负,然而只有通过让它们自由解释特性,道德才能把它们道德化。由于相同原因,同一个东西,具有审美取向的人感到丑,探究真理的人感到假,实践家感到同目的不一致,因而无用而有害,在他们的意识中反映为恶,它们称作恶的过错并感到道德上的内疚;从而把理论错误和艺术丑陋的根源用哲学的深刻性移至道德的恶。

另一点也清楚了:因为人们在历史学的诸种形式中只关注一种形式,似乎它是卓越的历史、凌驾于其他历史的历史;把艺术史、哲学史和各种经济活动史视为特殊史,把国家史或文明史视为凌驾于其他历史的历史、真正的历史;国家被理解为伦理状态和生活准则,而文明被不完美地确定为道德生活,它从国家概念的政治忧伤中产生。还有所谓的历史哲学,从某方面看是关注道德历史;本书的作者把道德史命名为"伦理—政治史",这一称谓运气不错并被采用,正是为了在相同的名称下,理解道德不是政治或功利,正如不是其他形式的人类活动一样,但它包含所有其他活动并转化为所有其他活动,因为后者只有在伦理活动中才能实现自己独特的目的。

由此可见,伦理—政治史并未凌驾于其他历史之上,也未在自身中消解它们，但由于所有历史都渗透到伦理—政治史中，它从所有历史中获取自己的具体性：正如每种历史都从所有其他历史中获取自己的具体性。人类生活的团结不赞成思想家或艺术家切断同其他形式活动的联系，思想家或艺术家正是从其他活动汲取营养，当他凌驾于其他活动或脱离或代替它们时；若神性不想变得无所事事也不想发现利己主义的面目，则圣徒也不会在超越世俗教化的领域活动。有时艺术家鄙视从事实际活动的人们，或者实践的人们鄙视艺术家，悲天悯人的人鄙视在政治竞争中拼命厮杀的人，这种鄙视态度一点也不高超卓然，而是心胸狭窄，至多是一种难以避免的“工匠的疾病”。历史学的团结是生活团结的结果，每种历史学一次次地从其他历史学中突现，以便再一次地深入其中。

十二　作为自由历史的历史

历史是自由历史，是黑格尔一句耳熟能详的著名格言，被库辛[①]、米什莱和其他法国著作家传遍整个欧洲，但在黑格尔和他的重复者那里具有一种我们在上文批判过的历史含义，即自由产生、发展、成熟并在其最终实现时代巩固、不能进一步发展（东方世界，古典世界，日耳曼世界 = 一人自由，一些人自由，一切人自由）的历史。我们用不同目的和不同内容重提这句格言，不是为了赋予历史一个以前没有后来形成的自由的题目，而是为了断言自由是历史的永恒创造者、一切历史的主题本身。

① 库辛（1792—1867 年），法国哲学家和历史学家。——译者

正是如此，自由一方面是历史进程的解释原则，另一方面又是人类的道德理想。

今天，我们不是接连不断地听到兴高采烈的呼喊、顺从的赞同或绝望的抱怨吗？自由终于舍弃世界，自由理想的晚霞(未许诺黎明将来临)消逝在历史的地平线上。这样述说、书写和印刷的人们，值得用耶稣的话充分谅解：因为他们不知道自己说的什么。他们若知道，他们若反思，则会发现：断言自由死亡，就等于断言生活死亡，自由的原动力断绝。由于他们遵循理想，当被邀宣布已代替和能代替自由理想的理想时，就会感到非常尴尬；这里还会发现：任何东西都不能同自由理想相比，任何东西都不能像它那样撞击人(真正作为人)心、比它更符合生活本身的规律，因为生活即历史，因此一种理想应符合历史，在此理想中历史性被接受、受到尊重并成为产生越来越伟大事业的条件。

当然，在反对对这些具有必然真理的命题做不同思考和解释的军团时，应清晰地意识到，这些恰恰是能使哲学家面带微笑并加以嘲笑的命题，他似乎从另一个世界来到世上，对现实的一切一无所知，对其严峻的面庞视而不见，对其声音或呼喊充耳不闻。即使未局限于当代事件和条件，在许多国家自由秩序被破坏了，在其他许多国家破坏自由秩序的愿望扩展了，要知道自由秩序似乎是19世纪伟大成果、永恒的成果；全部历史表明，虽说有短暂平静间歇，自由毫无保障并绝少秩序，与其说有不如说隐约可见的幸福极少闪现，更多的是压迫、野蛮入侵、劫掠、世俗与教会的暴政、各民族间的战争和民族内部的战争、迫害、流放、绞刑架。由于眼前的这幅图景，历史是自由的历史这句格言仿佛讽刺的话语，或严肃地断言,好像一句蠢话。

然而,哲学来到世上不是为屈服于现实,即在痛苦和迷惑的想象中体现的现实,而是要克服种种想象,解释现实。由于它这样探究和解释,因此它清楚地知道,使另一人沦为奴隶的人,如何在另一人中唤醒自我意识、使另一人向往自由;它清晰地发现,在自由充分时期之后是自由微弱时期,因为自由体制越稳固和无争议,就越因习惯而衰落,警觉的自我意识和自卫的准备也在习惯中减弱,从而产生维科的循环,他认为不可能在世界上重现进程,反过来将开始新进程。譬如,他看到,民主和共和国好像公元前 4 世纪的希腊和公元前 1 世纪的罗马,在古希腊和罗马,自由只停留在制度形式上,而未存在于精神和习俗中,而当时的民主和共和国连那种形式都丧失了,正如一个不会自助的人,徒劳无益地企图靠他人的好建议改正,结果被抛弃给生活,接受其苦涩的纠正。他看到,筋疲力尽和腐败透顶的意大利被蛮族葬于坟墓,她还穿着皇后的华丽盛装,正如一位诗人所说,后来在第勒尼安海和亚得里亚海的各共和国中,她像个敏捷的女海员复活。他看到,专制的国王粉碎了男爵和教士的自由,把自由变为特权,国王凌驾于一切政府之上,这种政府靠其官僚运转、靠其军队维持,看到各民族为更广泛更有效地参与政治自由做准备;一位拿破仑,外表和徒有虚名的自由的破坏者,连自由的外表和虚名都去除了,拿破仑在其统治下使各民族平等,在身后留下渴望自由的相同民族,它们成为真正迅速建立自由制度的专家,正如不久后它们在整个欧洲所做的那样。在幽暗、严峻的时代,他看到自由在诗人的诗篇中怒吼,在思想家的巨著中慷慨陈词,自由之火在同周围世界格格不入的人们心中孤独、高傲

地点燃着，正如18世纪阿尔菲艾里[①]在锡耶纳大公国发现的那位朋友那样，“最自由的精神”从囚禁“睡狮”的“严酷牢房”诞生，为这位朋友他写了对话集《不为人知的美德》。他在一切时代，无论吉祥还是险恶，发现自由朴实健壮；自由只被少数人的头脑所意识，只有他们是历史上有价值的人，正如大哲学家、大诗人、伟人、丰功伟绩只向少数人述说一样，即使当人群向他们欢呼并把他们神化，但随时准备抛弃他们而崇拜其他偶像，以便在自己周围引起轰动，并准备在任何口号和旗帜下发挥献媚和屈从的天性；由于这点，通过经验和沉思，人想到并对自己说，若在自由时代有令人愉快的幻想——有财富陪伴，若在非自由时代相反有不愉快的幻想——处于孤独或近乎孤独的状态，肯定前种乐观主义的信仰是骗人的，但后种悲观主义的信仰或许也是骗人的。他看到这些以及大量类似事情，从中得出结论，历史若根本不是牧歌，同样也不是“恐怖的悲剧”，而是一部戏剧，在剧中一切行为、一切民族、合唱队的一切成员，在亚里士多德的含义上是“普通的”，它们集有罪与无罪、善与恶于一身，但历史中的主导思想总是善，恶最终促进向善，作品是自由的，自由总要努力确立并能确立更加自由的社会与政治条件。谁要想迅速确信，自由能够同它在历史中经历并将经历的充满危险和斗争的生活脱离，就请瞬间思考一个无冲突、无威胁、无任何类型压迫的自由世界；立即就会毛骨悚然地从中退出，正如从无限厌烦的想象中退出一样，那种厌烦比死亡都可怕。

综上所述，在历史的某些时代某些时刻，人们从胸中迸发出丧

① 阿尔菲艾里（1749—1803年），意大利作家、剧作家。——译者

失自由的苦闷、呼叫、渺茫希望、爱与恨的话语是什么呢？上文在类似情况下已指出：不是哲学真理，也不是历史真理，但也不是错误或梦想；而是道德意识的运动、演进的历史。

历史主义及其历史

一　其特征及其时代开端

“历史主义”，在此词汇的科学用法上，是断言生活和实在是历史并仅是历史。与此相关的断言否定把实在分为超历史和历史的理论，这种理论还把实在分为理念或价值的世界和反映理念或价值的低等世界，迄今它或是短暂并不完美地反映它们，最好一次将它们强加给它，不完美历史就这样发生，或是反映理性和完美的实在，无疑历史就这样发生。由于第二种观念以“抽象理性主义”或“启蒙运动”著称，历史主义奋起反对“启蒙运动”并同它论战，因此历史主义是在它之上崛起的。

这场论战最大贡献在于证明用作历史模式和尺度的理念或价值，不是普遍的理念和价值，而是被错误地抬高为普遍东西的特殊的和历史的事实本身。于是，在学院派批评中用作判断艺术品尺度的美的理念，是从维吉尔或拉斐尔的特殊美中汲取的抽象样态；自然法理念说到底是17和18世纪实行或为将来设计、呼吁、预言的司法制度；道德理念是在古代文明、古代基督教文明和近代文明中形成的准则和美德。封闭凝固的哲学体系本身、成为普遍共识的哲学体系，在其有生命力和真实的内容中，涉及某些确定的现实问题和历史上的特殊问题，因此不能对过去和将来的一切问题都有效。相反，带普遍性的真理念、真价值，具有理解艺术、道德、司法、智力等生活的千差万别的作品的能力，从视为最粗陋、原始的作品到最完整和精湛的作品，这些理念和价值之间显得对立或实际如此；因此真正的理念和价值不是经验主义的模式和概括，而是不断创造、判断一切历史的真概念和真范畴。

迈内克[①]让历史主义坚持承认非理性主义的东西就在人类生活之中，坚持抓住个体，但又不忽视与它相连的典型和普遍，在宗教信仰和宗教神秘的背景中表述个体观[*]。这种思想立场正如兰克的已为人熟知，表明迈内克是兰克的忠实、热忱的追随者，他高度赞赏兰克，甚至把兰克奉为历史主义的天才，称颂历史主义在兰克那里得到最完美的表现。但真正的历史主义，由于批判并战胜启蒙运动的抽象理性主义，从而是启蒙运动的最深刻理性主义，它纠正了启蒙运动的抽象性，通过用经验的绝对范畴和先天综合代替启蒙运动的伪绝对理念，集中并实施了启蒙运动的要求。于是，历史主义不必被迫同通常被称作“非理性的”东西达成协议，启蒙运动似乎鄙视它们，还想根除并抛弃它们；因为历史主义通过接受它并在它起的作用中理解它，以自己的方式发现它是理性的，并界定为理性的独特形式，以前人们未理解或未深刻理解这些独特形

---

① 迈内克(1862—1954 年)，德国历史学家。——译者

* 迈内克，《历史主义的产生》，Ⅰ.《前阶段和启蒙运动历史学》，Ⅱ.《德意志运动》(慕尼黑、柏林、奥尔登堡，1936 年)。鉴于我在书中陈述的理由，由于我考察此问题的方式大部或全部异于迈内克的方式，在本文开头我不得不说，他的书很值得研究这一艰难题目的人们学习，说作者的学说敏锐坚实也当之无愧。——原注

式。历史主义不能把宗教启示、崇拜神秘事物、不可知论置于身旁或自身之上，这些东西同它不相容，它只了解思维通过批判对自己的启示，它只了解因思维实现对神秘的不断超越，它只了解否定无知可变有知所有不可知论，实在皆历史，一切皆(绝对内在性)一无所知。迈内克坚持并强调对个体的认识是历史主义的特征，这种个体认识当然不是在历史中对诗人个体的非历史的看法，在此种看法中情感变为纯粹的想象，而是断言这种或那种个体形式的实在和性质；因此，是理性化的个体，只有借助普遍的东西，才是历史地个体的。启蒙运动旧理性主义，由于把个别与一般割裂，并把它们变为两个抽象和两个不接果实的经验主义，不可能达到历史地个体，具体理性主义或历史主义能达到，显然它的个体化力量强于启蒙运动旧理性主义，然而恰恰因为这种个体化力量是普遍东西的逻辑力量。克服这种不适当的割裂后，普遍在实在中跳动，同个体跳动方式相同，目光越专注个别，就越能深入洞察普遍。

我们给定的定义使人们所说的历史主义的起源或诞生完全一致，历史主义起源或诞生不可能因外在事物的活动，而只能在逻辑头脑中，正如诗歌的起源只能在诗歌想象中。实际上，历史主义是由于克服启蒙运动解答历史问题时遇到的困难而诞生的；尽管情况千差万别，实质上总是表现为这种解答，通过反对和纠正，通过反题和合题，从解答内部诞生历史主义。

因此，在这方面似乎用不着再说什么；只要不想认为：思维不是思维，而是思维、情感、印象的种种组合，只要对这些事实及其组合进行心理描述，历史主义的起源就清楚了。可作进一步研究的，不是逻辑起源的历史，而是在历史主义命名的个别时代中、历史主义产生、发展和传播的历史。实际上迈内克的著作关注类似历史，此书假设或仅偶然（正如人们所见并非令人满意地）涉及逻辑起源问题，而是既广泛又具体地探究并陈述历史主义意识的形成史，称此种意识是一场深刻的"革命"，这同阿克顿[①]的著名判断一致，他说吉本[②]时代的历史学同新历史学之间差别如同哥白尼前后的天文学。当然，严格地说，在历史学中从不缺少历史主义环节，因为在人类精神中从不缺少；那一时代以前书写的历史不能视为历史，反思、修正和发展的历史，它们若不或多或少包含历史主义环节，有时不言而喻，有时支离破碎地表达。然而，历史主义在以它冠名的时代获得的强度、持续性和首要性，是如此巨大和强烈，以致不得不把它形而上学化，仿佛它是崭新事件、第一次获得人类精神力量的意识。这一切的标志是，我们日常对话中引入关于"历史即历史"、其"客观性和必然性"、"对发生事实徒劳争论"等格言，它们似乎在否定历史的不可抹煞的存在；与此相关，另一格言"历史是生活的导师"被废弃或被嘲笑地提及，而过去被普遍接受和不断重复，此格言使历史具有教导并举例说明政治计谋和道德准则的目的，即一个在自身之外的目的；与之相反的是，历史的目的在于"只叙述并使理解发生的东西"，以其发生的方式，即以自身为目的。

但从哪点开始这种精神革命，即何时开始历史主义时代呢？历史主义若是对启蒙运动的批判，则接续启蒙运动光辉时代的历

① 阿克顿（1834—1902年），英国历史学家。——译者

② 吉本（1737—1794年），英国历史学家，代表作为《罗马帝国衰亡史》。——译者

史主义时代只能从那点开始,在此点启蒙运动使自身达到极致,从而激烈撞击自己的局限,并将它同现实的冲突、自身的矛盾暴露无遗。正如人们所知,在法国大革命之后正是这样发生的,这使得19世纪同18世纪相比,不仅具有年代学的而且具有观念的特征。但这种完全符合批判地确证和推理的真理的直觉的普通的判断,现在却经常遭到反对,因为人们忘却或误解恰是历史进程赋予不同时代不同特征。一个历史时代并不同同一概念的两个同义词赋予的特性一致,由于时代生活是人类生活,它包含人类生活的一切形式和一切表现,在这方面只需引证《传道记》作者关于“现在存在、将来存在的东西”和“阳光下面无新奇事”的反思,这种反思自然缺乏历史学。根据历史学家的精神兴趣赋予时代特征,历史学家重视那些同自己的特殊研究及自己的问题相连的东西,因此求助于分类性概念,它们称作范畴或功能性概念,依靠这些概念的帮助,历史学家区分并确定,在不同时代某些质活动对于其他质活动的优势大小或绝对优势。衰弱的推理知性,由于想反驳如此艰难形成的时代特征,轻而易举地陷入诡辩术的泥沼,引证在一切时代都引人注目的事实,而这些事实同确立优势的事实性质不同,并认为这样捍卫了另一种解释标准的真理性;另外,对这种标准的辩护只能在纯哲学和哲学逻辑的领域进行。于是,现在意大利也出现了关于中世纪的惊人理论,说中世纪比文艺复兴文明多了;关于文艺复兴的奇谈怪论,说是基督教的文艺复兴;以及其他种种奇谈怪论,说人文主义是对早期教父的重新研究,说反宗教改革可能是新生活的开端,说马基雅维利变为道德主义者,说马志尼变成反动派;在这些蠢话背后有时并不缺少教会的和政治的阴谋诡计。为

抓住历史主义的历史并限于学说领域，此时提及卡西勒[①]因毫无反思陷入类似错误*，他奋起捍卫启蒙运动时代，洗刷其反历史主义的恶名，即其本性及其名称具有的恶名；即使他未把博学和对证据的批判错当成（正如他已经错当成了）“历史主义”，博学和对证据的批判根本不是历史主义**，即使他仅限于研究18世纪文献中为数不多的真正历史主义环节，仍不能使启蒙运动摆脱那一恶名，只能表明（另外，事情显而易见）在同启蒙运动相伴的18世纪持续存在归因于过去的反启蒙运动的动因，或出现其他动因预告未来——19世纪。迈内克警惕性更高，他未陷入这类混乱，他叙述历史主义的诞生结束于18世纪，恰恰为了探寻历史主义的分散要素和在哲学家，诸如沙夫茨伯里[②]、莱布尼茨、维科及其他小哲学家那里的联系；在法国历史学家和政治家（伏尔泰、孟德斯鸠、杜尔哥[③]、孔多塞、卢梭等）那里的联系；在英国启蒙运动历史学家（休谟、吉本、罗伯逊）那里的联系；在英国前期浪漫主义者（布莱克韦

① 卡西勒（1874—1945年），德国哲学家。——译者

* 《启蒙运动的哲学》（图宾根、莫尔，1932年）——原注

** 其他人也犯了相同的错误。譬如，哈扎尔德，《欧洲意识的危机，1680—1715年》（巴黎，1935年）第1章第63节，说到那一时代的皮浪主义：“然而，有一种重新创造历史的方法：通过博学”；并且描写了博学者们的大量工作，第65—66页：“那么这项工作何时会完成呢？还需要几年、几十年、几百年？人们要知道这点，不通过假设，也不说谎，就能肯定这一点，这近乎重新发现某些巨大无比的镶嵌画，这是近乎无望的工作。”为了理解那一世纪精神的实际条件，这样认为将受益匪浅：不仅反历史主义同博学和平相处，而且当博学者尝试思维时，追随当时的观念，像反历史主义者那样思维。——原注

② 沙夫茨伯里（1671—1713年），英国哲学家。——译者

③ 杜尔哥（1727—1781年），法国哲学家。——译者

尔、伍德、珀西[1]、弗格森[2]、伯克[3]等)那里的联系;其后在莱辛和文克尔曼[4],尤其在默泽尔、赫尔德、歌德三人那里的联系,他认为在这方面后三人最重要;在18世纪末和19世纪初,由于歌德,历史主义已得到最丰富的表达。道德上真正的革命表现在对过去崇拜的新情感,在文字上表现为采用历史学的新风格,在学说上表现为如同黑格尔哲学的高级历史主义。黑格尔恰恰未简单地抛弃启蒙运动,他自己也源于这一运动,而是在更深刻更完整的理性主义中消解启蒙运动。上述一切都在黑格尔叙述之外,它只提供这一历史运动的序言,即实际上(虽然他未感到如此)一切都围绕"先驱"运行。但这先驱和先兆的概念需要精确确定,因为它能在两种含义上理解,一种是一般和不确切含义,另一种是特殊和确切含义。在前种含义上,由于以前一切历史都发生在以后历史之前并汇集于后者之中,可以说(将是一种同语反复的说法)一切思想家甚至一切人都是先驱,他们在一个确定事件之前,于是立即上溯到一个又一个世纪;然而在后种含义上,只有那些在条件尚未成熟或不利时,提出前瞻思想或采取超前行动的人才是先驱,以后人们才广泛接受、实施那些思想和行动,并形成一个时代;在我们的情况下,批判启蒙运动理性主义抽象性,并在历史进程的理性主义中消解抽象理性主义的人才是先驱。在这种严格、批判的含义上,历史主义尚未在18世纪出现,只有一位真正的先驱维科;迈内克(同卡西勒

① 珀西(1729—1811年),英国文学家。——译者

② 弗格森(1723—1816年),英国哲学家、历史学家。——译者

③ 伯克(1729—1797年),英国政治家和作家。——译者

④ 文克尔曼(1798—1874年),德国考古学家和艺术史家。——译者

相反，后者随意地把维科排除在外，因为维科对他那时代没有影响*）在精心撰写的一段中论述维科的孤独形象**，尽管未给予他当之无愧的唯一地位。我近乎痛苦地应坚持这一点，因为最近我在一本英国哲学杂志上读到意大利批评家和历史学家对维科的判断，从近期一篇英国论文中我抄到"他是在民族主义情感的作用下诞生的"***，我怀疑这不是人身攻击，就是令人厌恶，除不公正外，对于能在其精神中清晰区分科学与民族、科学与政治，能分析概念并从不给情感开门的人来说；那些在政治上可视为崇高的情感，被导入另一领域，突然变得滑稽可笑，还不如应受斥责。证据确凿、无可争辩的事实是，在维科的思想中可明显地发现反对自己理解的启蒙运动的意识，正如他所能做和应当做的那样，即在其自然法理论与笛卡儿主义、基于近代欧洲社会理想和清晰分明观念的论战性历史等原初形式上；在他那里可看到拯救了唯智论理性主义厌恶的所有东西（此种理性主义认为它们都是非理性的），它们被抬高到理性的独特形式，同其他通常认可的理性形式（对哲学的幻想，对法律的力量）既区分、对立又相联系；与此同时，为社会的原

* 迈内克，《历史主义的产生》第 1 卷，第 379—380 页。——原注

** 同上书，第 1 卷，第 56—74 页。此外，请允许我指出，维科赋予历史认识"或然性"（原书页码第 59 页），仅限于其认识论的第一种形式、即《论远古》的形式；但在第二种成熟的形式、即《新科学》形式中，他肯定了历史认识的绝对真理性，因为在书中充分实现事实向真理的转化；这是其认识论的重大发现。我也不认为能把维科的历史循环论归于自然法理论残余（第 70 页）；同一位迈内克（第 71 页）确实强调维科的规律同自然法的"巨大差异"，因为他的规律不是存在和不变的规律，而是发展的规律。维科从未根据物理学为自然界革命构想的伟大规律塑造历史循环说。——原注

*** 杰索普，关于阿达姆斯的著作，刊于伦敦的《哲学》，第 11 卷（1936 年），第 42 期，第 216—218 页。——原注

始、野蛮形式辩解，它们是历史的必然和积极的度，因此也是文明的度，若从这些形式中产生特指的文明。在他那里(我只记得几段和几句)回响着极具历史主义的警句;“人类共和国起源”已不是由柏拉图的头脑构建，而是“由于人类利益需要的各种基本原则，或者甚至因事物自身原因而出现的机遇”。维科对他那时代和18世纪大部分时间未产生文化影响或影响很小，证明他的批判和理论的深刻性，在最初的论文中，他发现并批驳自然法理论和笛卡儿主义的引申的极端结论，他用新概念反对这些结论，其后这些新概念几乎到处出现，并在19世纪获得活力和权威性。然而，这种超前天才同时证实其不合时宜和对他那时代无效，因为(正如德·桑克蒂斯机智地说道*)那时年轻的世代想要打倒过去残余，即维科解释、理解和历史地为之辩护的过去;在完全打倒过去之后，即使年轻的世代也如此解释、理解和辩护过去：即是说，在法国大革命后，当它们像启蒙运动斗士、百科全书派、雅各宾派、浪漫派、历史主义者和自由主义者那样做时。

迈内尔考察的其他历史主义先兆不能同维科这一先驱相比，因为它们或是折中主义地结合种种对立观念的瞬间即逝的微光;或是各种保守主义的表现，当时是政治与社会的温情主义表现，这

* 《意大利文学史》，克罗齐出版社，第2卷第301页:“对于那些满怀仇恨与信仰的人们来说，类似议论显得荒诞不经。有人可能这样回答他:请站在你的云雾之中，在那儿劳作，不要来到人世间，因为你不理解人世，你根据书本研究过过去，这是你的博学。但对我们来说，过去是实在事物，我们每走一步都能感受到过去的阵痛。火把我们烁伤，你想向我们证明，因为它存在，就有它存在的理由。首先让我们把火熄灭，然后你再向我们讲述它的性质。当我们卸掉肩负的过去、我们的烈士和我们的先辈，那时我们或许也能正确，并能鉴赏你的评论。”——原注

不是纯粹的历史主义；或存在于务实政府和国家理性的计谋，这也不是纯粹的历史主义。当然，就某些方面说，这些理论接触到历史主义，其后又在历史主义中更新，变得更为真实；但在承认这些交织和关系时，需要运用警觉和敏锐的洞察力，记住甚至仇恨理性和忠于传统宗教信仰的著作家的思想和学说中也有某些类似东西，诸如迈斯特尔*和哈勒。由于已说过的根本原因，二人都不配称作历史主义者：历史主义汲取启蒙运动精华并转化为自己的血液（正如维科通过同笛卡儿战斗，把他深化并吸纳于身），然而那些著作家或从未以任何方式接受它，或很快又把它抛弃；于是，若他们观察的事实和他们的某些个别概念同历史主义的事实和概念趋同，则他们对这些事实和概念所作的解释和分类截然不同并是外在的，正如他们遵循的标准截然不同和外在一样。

然而，迈内克在18世纪的某些著作家那里清晰地注意到，历史主义雏形闪现，有些是不纯和落后的，有些是纯粹和进步的，他谈论过这些著作家（在默泽尔那里，对人的崇高与低下的联系、政治体制的有机发展、随上述变化的确定历史时期的强烈感受和未超越编年体的、外在的观察方法；在赫尔德那里，关于原始诗歌、民间诗歌、东方诗歌、外国诗歌的精湛高论；诸如此类）。但他更多地把为提高到生活是历史的观念、思维必须经过的阶段视为历史主义，还把需由历史主义纠正、改造并在历史主义中定位的思想看作历史主义。为什么（我举一例）莱布尼茨不能称作历史主义的“先

* 关于迈斯特尔，还有这部分，请阅奥莫德欧的论文，刊于《批判》第34—35期（1936—1937年）。——原注

驱”？他以传统方式考察历史，把历史视为反思和道德、政治准则的纯粹材料，他像个单纯的博学者那样撰写历史著作。当然不是（至少在某些方面，正如迈内克所认为那样）由于他在单子的计谋中断言个体性的原初价值，而是因为他的单子恰恰是反对历史个体性的，历史个体性是行动个体性而不再是灵魂实体的个体性，从而需要继续远离甚至消灭单子概念，以便历史地思考个体化与非个体化和生、死、新生的过程，即历史的进程。因此，应当限制以术语表达的断言：没有莱布尼茨的动力学，没有其“连续性”，没有其“力求获得理解”，没有“除非自己被理解”，可能不会发生在前康德、康德和后康德的，尤其是黑格尔的思想进程中发生的那些情况，黑格尔思想最终体现为发展的和历史的哲学。在 18 世纪和 19 世纪不可能思考思想史，当查禁莱布尼茨著作时，此事千真万确；不仅在 18 世纪，而且在以前各个世纪和悠远的古代，当查禁任何其他思想家的著作时，同样不可能思考思想史。有待观察柏拉图和新柏拉图观念的相同情况，迈内克在历史主义中强调它，它也在哲学众多其他形式之列，每种形式都以某种方式对目前思想产生影响。在历史主义观念中贯穿始终的这种考察历史主义的方法，引导迈内克把论文的大部分，甚至结论性的最后部分献给歌德；即献给这样一个人：由于共识，他总被认为是寥若晨星的历史学家，他致力于沉思人类永恒，他关于人类永恒的格言闻名遐迩，他常常把这些格言轻蔑地抛向历史及其毫无价值的奢望。通过证明那些格言通常具有正确动因、不读出声音会理解得更好，并通过赋予对同一历史方法论至关重要的歌德其他看法和格言价值，正

如迈内克所作那样，这一普通判断可能在这儿或那儿被削弱和制约。然而，无论人们多么努力，总之，歌德不会改变天生面貌，从而变成启蒙运动的批判者和破坏者、历史的宗教沉思者，从这方面看，确实不能说他超过黑格尔*。但以这种方式理解、以这种方式完整连贯地叙述18世纪后半叶和随后数世纪的精神的运动以及精神向历史观和人生理想的迈进，作为不断提高的坚持不懈的工作，能否忽略大诗人和大散文家歌德的思想和情感，难道不是歌德根据自己的思维和感受接受生活历史观并确定它在其体系中的位置吗？迈内克有理：他不愿意人们忘记，我们作为现代人和现代历史学家应归功于歌德；但他只在一般意义上而不在特殊意义上有理，大约仿佛坚持说，不应忘记柏拉图和亚里士多德、荷马和莎士比亚、波利比奥斯和马基雅维利，他们全都活在我们心中。若想提出自己理解的这一或那一体系的作用大小和远近的问题，不能回避如下考察：从科学真理过渡到个人偏好，由于个人偏好，一个要素从要素整体中分离出并比其他要素优越：这至多有助于引起对某些不了解的或估价不足的要素的注意。在这方面，我喜欢回忆从16世纪到18世纪，一方面诗学或美学、另一方面政治学的缓慢形成对发展和历史主义理论所起的作用**，它们都有助于唤醒头脑从抽象转向具体，并提供战胜价值超验性的手段。

---

* 引述作品，第1卷，第631页。——原注

** 参阅我的论文《两种世俗科学》对此问题的论证（见《近期论文集》第3版，巴里，1963年，第44—60页）。——原注

二　其或大或小的完整性及同政治生活的关系

我觉得围绕贯穿迈内克全书、另外在其他著作家那里也存在的一个问题进行考察十分重要：在哪位著作家那里和哪部著作中历史主义获得完美和最终形式。正如我们已指出那样，迈内克被迫回答这个问题时，说出歌德的名字；随后又提到兰克，仿佛他是更透彻更清晰的歌德，同历史主义相连。我们已经谈过歌德，我们将不论证如下断言极少说服力：由维科强健头脑开拓、又由黑格尔高超头脑推进的思想在兰克那个哲学上冷漠、缺乏经验的狭隘头脑中获得完美形式；然而我们将论证关于历史主义的完美和最终形式的问题本身就犯有反历史主义的错误。历史主义是一个逻辑原则，甚至是逻辑的自身范畴，恰当地理解的逻辑性，即具体的普遍东西的逻辑性，因此正如我们已指出那样，它总在精神中多少积极地活着，并在历史主义时代产生广泛影响。然而，正如任何人和任何时代不可能完全缺乏历史主义，同样任何天才，无论他为此付出多少艰辛，无论他达到多高的高度，都不可能接受最终、确定的形式；因为正如经常发生那样，在相同人们、相同著作、相同时代，都存在同不承认和否定历史主义的命题的混合：甚至在历史主义时代创始人那里也是如此。维科不接受人类共和国之外的其他实在，它们的历史按从感觉到知性、从强力到道德的精神的永恒循环展开，其后这样的历史把观念循环物质化，于是历史在他那里丧失其行动的个体性，这是历史行动，因为不可重复，在他那里历史学

也黯然失色，沦为静态的社会学，在他那里缺乏进步概念和历史进程独特性的概念。黑格尔用清晰的术语提出“凡是合理的东西都是现实的，凡是现实的东西都是合理的”伟大原则，我不知道他本人面对他天才地说出的这句话何等恐惧，以致思绪紊乱、迷失方向，并重新区分真正、必要合理的东西和恶的偶然的现实的东西*；另一方面，把其形而上学的逻辑的范畴在历史时代中暂时化，他未像维科那样，把历史设想为在时代循环中不断重复，而是让历史停滞在最终时代，在体系中封闭过去、阻挡未来；他像维科一样，保持了历史和自然的二元论**。无疑，兰克未曾冒险陷入维科和黑格尔的这些错误，但也未拥有两位伟人思考过的真理，这些真理包含纠正他们陷入的大错的优点，而兰克甚至不能陷入这类错误，这里采用路德信徒的话向“大胆犯错”致敬。通过并战胜那些错误，正如一般哲学一样，历史主义得以发展并提高到越来越高的高度：即通过那些错误，它们是起初未很好解决、因此竭力找到自己确切位置并解决的问题的标志。我们做什么呢？在每一瞬间生活既完美又不完美，哲学和相连的历史学也是如此。

迈内克颂扬称作“历史主义革命”的革命，是继宗教改革革命之后，归功于德国的近代第二次伟大革命。确实，宗教改革在以它

* 黑格尔关于合理与现实公式的摇摆，请阅《论黑格尔》（第 4 版，巴里，1948 年，第 157—159 页）和《近期论文集》第 243—244 页。——原注

** 其后，事实上这种二元论受到自然科学开始并以达尔文标志顶峰的新起点的冲击，当此起点初显端倪时，黑格尔就坚决反对。显然断言事实是不够的，应从哲学上对二元论进行批判，需要抛弃哲学的旧的经院式的三分法和对黑格尔逻辑学的批判性修正，这种分法仍被黑格尔接受（逻辑—自然—精神）。我在其他地方陈述由我所作的这种批判和重构，因不属于本书的计划，故这里只提一下。——原注

命名的时代，与其说是一次精神革命，不如说是一场强烈骚动，因为精神革命终究靠理性指引，正如普通格言所说，理性是人的本性，因此是人的进步和革命的唯一原则。不是幻想、情感、神秘主义、盲目冲动、暴力等指导并自己完成精神和心灵的深刻变化。无论如何，在他宣布的两次革命之间，自然法、自然宗教观念、启蒙运动置于其中，正如大家所见，是启蒙运动而不是宗教改革运动提供历史主义的逻辑前提；迈内克清楚地知道，他在其历史中详细地描述过，启蒙运动不是起源于德国（其悠远起源在意大利，具体说是索齐尼派①），而主要起源于法国和英国，在变为欧洲的时，也波及德国，德国参加启蒙运动并形成自己的新教，新教只有同启蒙运动一起才能使孕育自由思想的萌芽成长。迈内克在了解历史主义前兆时，他在英国的、法国的和意大利的文献中浮想联翩，他甚至能够做得更充分。在做了这些限定和说明后，他关于历史主义革命主要是德国事业的判断可以接受；但不是由于默泽尔、赫尔德、歌德（同歌德一起的兰克）实施这一革命，而是因为那时德国哲学达到极高水平，超越其他民族的哲学，奠定仍在建设中的历史哲学大厦的主要基础。革命主将是康德、费希特和谢林，更直接地并比他人更自觉地是黑格尔，所有其他次要斗士都围绕着他们，在这些人那里（譬如，在施莱格尔那里）闪烁着相同的思想。

另一方面，有待记住：一场真正充分、活跃的思想革命总同相应的道德革命相连，同对待实际生活问题的新方向和新立场相连；在两类革命之间确立一种循环，凭借这种循环，它们交替地变得生

① 索齐尼派，16 世纪兴起的天主教教派，否定三位一体的教义。——译者

机勃勃和不断扩展。同历史主义(启蒙运动的继续)相关的自由新方向在积极的实际的生活中,不再是抽象的和原子的自由,正如在启蒙运动中一样,而是同社会的历史的生活统一的具体的自由。现在,在德国,由于其特殊政治条件比英国、法国落后(在某种方式上甚至比不上意大利,意大利经历众多政治经验,它并未全部忘记),进程朝着理论损害实践方向不平衡地发展;似乎这只是一场纯理论性的革命,虽然不能全是或不全是如此。思维同行动的割裂,同真正革命相对立的观念革命,在法国大革命爆发和发展进程中,被德国人自己、巴格森、沙乌曼、费希特注意到;并在黑格尔的哲学史中,被铭刻上如下话语:"在德国新原则作为精神和概念闯入,在法国作为实现的现实"*。这两次相关但分离的革命的相同冲突被海涅宣扬得尽人皆知,被我国的卡尔杜齐[①]在其诗篇中提起:康德和罗伯斯庇尔"渴望真理,反对信仰,不知不觉",一位将上帝斩首,另一位砍了国王的头**。然而,正如对知性模糊意识到、而想象乐于戏剧性地渲染的冲突发生的一样,他的术语并未确切说明,因为伴随法国大革命,启蒙运动哲学已在实践中枯竭,历史主义唯心论在它对面涌现,不是作为法国大革命的理论和哲学的表现,而是作为新思想和新需求、新时代的标志。默泽尔生活在18世纪中叶,他比较了法、英、德三国的历史,得出结论:在法国君

---

* 《哲学史》,第2卷,第485页。——原注

① 卡尔杜齐(1835—1907年),意大利诗人和文学批评家。——译者

** 我在《评论对话集》(第2卷,第292—294页)中描述过这种既接近又对立的历史。——原注

王获胜，在英国贵族和自由民获胜，在德国是王室的仆从获胜*。在德国，历史主义思想被国王和根据虔诚的顺民、仆从的头脑颂扬，它们尽最大可能地注意区分和分离——思辨与政治；警惕不从思辨中得出运用于政治的实际结论。

他们的历史主义哲学没有或很少起过世俗的和实际的作用的根源就在这里，这种哲学逐渐丧失人道的启蒙主义的博大精神，这种精神曾经鼓舞过赫尔德和上世纪其他思想家，但它并未激励欧洲自由运动精神，尽管在德国相当晚才出现欧洲自由运动精神。历史主义哲学的影响受到国家压力的干扰，事实上它为国家和旧制度服务，就扰乱并败坏自己的某些概念。不用说由费希特起草的日耳曼的理论，对他来说，爱国者的苦闷，奋起反抗外族入侵的冲动，构成借口；在黑格尔那里可观察到这种思想混乱，在普遍史中赋予日耳曼人最高职责，在法哲学中赋予国家形式永恒典范性，他看到拿破仑战争之后日耳曼人正是在这样的国家形式中形成。而意大利人维科却被循环观念压制，它似乎成了强加于历史的自然法则，只有在循环中历史才能生机勃勃地和辩证地运动，因此他封锁通往进步观念的道路；但无论如何，那位在贫困中度日的可怜人，内心是独立的，在哲学上是有尊严的，他未像黑格尔那样，犯下对自己国家和民族屈从的错误。然而，在黑格尔历史学说中，日耳曼人总代表一个理想要素——自由；当他们最终只代表自己，不再是上帝启示的使者，而是凶残的人种和种族时，正如其后所发生

* 由迈内克引述，第 2 卷，第 353 页。——原注

的那样，尤其今天发生在我们眼前的情况，就相当糟糕。另外，不应忘记马克思是属于德国黑格尔学派左翼的德国人，处于那种身份和那种学派，当他的兴趣从政治冲突转向经济冲突时，就构想了神学的唯物主义的历史主义，这种历史主义没有人道和自由的气息。马克思同普鲁士主义相比显得和崇拜暴力更接近。

由此可见，在德国没有产生，对历史主义同自由与人道情感的紧密关系的洞察，确立唯一运动的理论与实践两方面的和谐和统一，日耳曼主义同拉丁传统的合作（人们若想这样说），生活的自由—历史观；它们仅在1848年前后数年，在德国有过短暂运气和反映。完成上述融合的国家和时代是复辟与七月王朝时的法国*。新思潮从法国传遍全世界，还更新了英国的旧自由，并使加富尔①的意大利崛起。那时，被历史主义充实、完整的启蒙运动注入并实际再生为自由主义。

因此，要恢复或保持历史主义真正意义的活力，不仅需要哲学和历史学，而且需要欧洲道德、政治生活或远或近的改善。人们不止一次地听到反对“历史主义”的声讨与抗议的声音，迈内克记起一些。然而，我们若洗耳恭听那些要求理性的呼声，将会听到它们根本不反对历史主义，说真的，而是反对截然不同并理应反对的东西。譬如，门格尔②并不同“历史主义”战斗，他的一本书以此命名**，但

---

* 在《十九世纪欧洲史》，尤其在第4章，我竭力想在欧洲精神史中描述这种极其重要的环节。——原注

① 加富尔（1810—1861年），致力于意大利民族统一的政治家，曾任意大利王国首相。——译者

② 门格尔（1840—1921年），奥地利经济学家、奥地利学派创始人。——译者

** 《德国国民经济中的历史主义错误》（维也纳，1884年）。——原注

他发起一场类似理应反对法律历史学派的论战(边沁[①]说过,这一学派的所作所为就像一个人,不是下令让厨师准备午餐,而是把管家经年的午餐账目交给厨师),他反对时缺乏才智,以致所谓经济学历史学派奢望用事实和经济制度的历史比较代替演绎和计算,而演绎和计算恰恰是经济学的理性与力量所在。在德国,把在其他地方称作“缺乏思想的博学”[*]的东西称为“历史主义”的人们,也不反对“历史主义”;特勒尔奇[②]确实不反对历史主义[**],他想超越历史主义以要求道德意识权利,然而也确实无需要求这种权利,因为道德意识正是历史主义的基础。非道德主义或无道德主义,不仅过去是历史主义的真正对手,而且今天是历史主义的敌人;非道德主义或无道德主义,以伪造的历史主义的形式,被德国伟大哲学的腐朽部分不断地发展,现在已具有魔鬼般的形象和规模。道德卑劣行径还戴着历史主义的假面同非道德主义同流合污,道德卑劣行径愿意把自己的恶名变为接受或屈从“历史必然性”,即接受或屈从宿命论和怠惰,这是对作为活动的历史和作为活动源泉的历史学的否定[***]。

① 边沁(1748—1832 年),英国功利主义哲学家、经济学家、法学家。——译者

* 请参阅豪斯的论文《历史主义的危机》(图宾根、莫尔,1932 年);我在《批判》第 31 卷(1933 年)第 210—211 页的看法(现在收在《评论对话集》中)。——原注

② 特勒尔奇(1865—1923 年),德国学者,其著作涉及神学、社会历史和理论等。——译者

** 《历史主义及其对它的克服》(柏林,1924 年)。——原注

*** 迈内克这样表述信心(引述作品,第 1 卷,第 5 页),“历史主义将医治好因使价值相对化而造成的创伤,鉴于有人将它转化为纯朴生活”,他抓住了真理,但错在假设历史主义以某种方式破坏价值的稳固性,它若从抽象天空去除价值,则牢固地将它们植根于历史现实中,从而保障历史主义的永不枯竭的生命力。人们若未从历史学中获取道德力量,(迈内克说得好)过错只是未能把历史学转化成纯朴生活的人们的。——原注

没有历史问题的历史学

一 兰克

具有确实真理性的格言——为叙述历史需要超越激情并远离观念和预想判断，极易转向另一格言——叙述历史应摆脱任何对生活斗争的共同参与和避免一切哲学损害。在这两个格言中的句子结构和词汇发音极其相似，很容易使人上当；但这两个格言所描述的立场截然不同，它们的内容同历史学的本性格格不入。

在第二个格言含义上理解的历史学，现在和过去都被赞誉为“纯粹的”：这个形容词也具有两种不同含义，一种情况意味着“纯粹同完成活动性质不一致并外在”，即肯定那一活动的最大力量和完美；在另一种情况下，意味着“自身纯粹”，即其本质、因此是缺少其存在的纯粹。今天人们经常议论的“纯粹诗歌”正是如此，它已不是在摆脱概念和意图的纯粹想象中化解的激情，由于在任何时代纯粹诗歌创造中都涌流冲动和奔放，而是某种没有激情、没有想象的行动，这是虚无，无论如何充斥着根本不是诗歌的东西。同样，“纯粹历史学”在第二种低劣的含义上，就是那种没有行动参与、没有附加思维阵痛的东西，因此不是历史学，而是任何其他东西——编年史、史诗、演讲术，因为它恰恰缺乏自己的灵魂——历史问题。

兰克是最著名的“纯粹历史学家”和上述方向的学派领袖，他仿佛成了历史学最高和完整的理想的化身。人们称他“历史学之王”；此人抵达此领域并“就此止步”，在这之后，除特殊工作外，再无其他工作可做*；说他是近代历史著作家中最客观的；是“德国从未有过的最伟大的历史著作家”；是审视历史实在的“开阔目光”**；是“客观地和普遍地观察历史的大师”***；诸如此类，不一而足。然而，他的最大功绩是把历史学从哲学中解放出来，响亮地提出历史学应依靠自己的手段自力更生，最终驱逐“历史哲学”，正是“历史哲学”将哲学有害地插入历史。

但是，这一点应很好理解。当然，“历史哲学”作为逻辑建构不能成立，因为它奢望超越把握特殊事实来思考历史进程，从而不是由于思维（总是对事实和经验的思维）的价值获得这一进程，而是由于某种启示或高于思维的能力，换言之，或由于抽象地和先天综合地思维。但是，若需要在历史哲学所具有的错误学说形式中（它在这种病态形式中挣扎并最终死亡）摒弃历史哲学，则有待探寻历史哲学得以产生的动因、能使自身具有某些未得满足并有待合法地满足的合法要求的动因。在历史哲学的深层实际存在这样一个要求，它恰恰就是史学观——历史学既不是事实数据的汇编（因偏好收集数据或因一个外在目的），也不是这种或那种超验宗教的神话，还不是对近乎噩梦和疯狂的过去的拒斥，而是在事实的实际进

* 在洛佩兹的《历史科学的主要方向和任务》（柏林，1886—1891年）第2卷，第3—5页及多处正是这样说的。——原注

** 古里亚，《兰克的生平与著作》（莱比锡，1893年）第2、364页。——原注

*** 狄尔泰，《全集》第11卷，第216—217页。——原注

程中真正思考过去的事实，从而发现每一事实在此进程中所起的积极作用；作为真正的思维，它不是外在的而是内在的，不是对并列事实或消息的沉思，而是将这些材料上溯最高来源——在历史上生机勃勃和积极向上的人类意识的权威。人们厌烦了充满人名和轶事的哲学史，根据哲学家的观点是否符合他们已接受的教条赞颂或贬斥哲学家，或因其观点不符合新的真理而嘲笑哲学家；人们要求那些历史由哲学家本人撰写，即使走过头，也要运用必要的尊严和怜爱之心，并要让人理解困扰前人又试图或实际解决的问题，仿佛那些问题因自己的作用创造现在。人们不能忍受诗歌史和艺术史，那是古文献汇编或随意判断集；人们要求艺术批评家撰写别种诗歌史和艺术史，它们能够感受并思考诗歌和艺术。人们尤其厌烦通常称作的历史，它们是一系列政治与军事消息、谈判与战役的编年史；人们也不十分满意那些“文明史”（开始代替并充实历史），因为它们未以思维的公正接受过去，而是同过去决裂，并让事物进程服从个别人物的决断。这里人们还要求一种理想与制度的历史（它想证明自己存在的理由和必要性），道德生活的历史或人们所说的宗教生活的历史，同新时代的道德、宗教问题相联系，这些新问题同它们得以产生并受其制约的过去的问题既相似又相异。现在，突然出现一种最为真实的历史观念，因其美而吸引人，但又困难重重，从而缜密思维、精湛方法论探寻、对文献的长期研究不仅必需而且要加强，人们若不想长期围困只想迅速攻占，就占领历史学，能不感到惊愕吗？由于这种鲁莽的冲动，人们或多或少重陷已抛弃的旧观念之中，尤其是神学观念之中，其后无论如何深谋远虑和主宰一切的上帝被加以伪装，结果未能满足出现的新需求，不是只能提供这种需求的象征、以这种需求构成的想象和神话？起初哲学史不是同丰富多彩生活经验密不可分的思维发展史，而是根据范畴的理想顺序或类似方式图解的发展史；而诗歌和艺术史根据“理想主义”和“现实主义”、“古典的”和“浪漫的”及类似概念陈述，这些概念从思辨的或道德的领域移至诗歌或艺术史；而道德和宗教史根据自由和道德生活的抽象环节、根据特殊的宗教观和宗教信仰陈述。无需费力就可发现类似历史叙述牵强附会，仿佛从四面八方传来呼声：它们违背事实。在做出这种观察和简易批判之后，为了抓住被已往哲学和历史学搞得一团糟的主线，为了以充分逻辑性证明并在新历史学中实现哲学与历史的预感到的统一，还需要其他东西，即头脑的天才活力。这样的机遇被错失，因为那时德国思想的创造力开始降低，追随者和背叛者的时代开始；即使在1820年至1848年的辉煌年代，正是在那些年代伟大的德国历史科学形成*，这种赞誉主要由于史料出版和评论达到高水平，从国家史到社会的所有方面、制度及文化的研究的丰富性。不是让历史同哲学的联系更紧密，最好割裂这种联系，并承认二者在唯一认识活动中的同一性；于是，割裂二者联系成了标语口号；那些渊博的历史学家，即使有人不时地显现出未完全忘却高超哲学的教导，然而大部分人已经沦为伟大的语文学家或倾向性历史学家或身兼二职。1821年，威廉·洪堡在普鲁士学院宣读论历史学家职责的报告**，在报告中他摒弃“历史哲学”，主张“历史观

* 狄尔泰，《全集》第11卷，第94页。——原注

** 请参阅我的《批判对话集》第4卷“附录”中的译文和评论（第2版，巴里，1951年）第365—383页。——原注

念应完全来自事件本身”（正如其反题一样正确），声称“没有世界政府就不能理解世界历史”（这就想得太不着边际了）；然而，他幸免于难，正如他属于终结的伟大时代，他渴望观念同事实的融合，这类似于艺术家在诗歌想象中所做的融合，他认识并感受到这其中有无数困难要克服。他的追随者把他的即兴的、试探性的和犹豫不决的命题变为终极命题，把他的谨慎开端变为终点。

兰克就是这样的追随者，若洪堡指派历史学的职责是“陈述发生的事件，历史学越充实、完整，它越成功、越能完美完成自己的任务”；兰克就重复说历史的唯一目的是“简单陈述事实本身如何”*：他未精心证明断言历史事实是何物、源自何处。若洪堡在历史中提出观念问题，但未在观念的和精神的哲学中进一步界定和整理观念；而兰克只简单地提及这些观念或不同时代的倾向，却禁止自己和所有人在概念上深入界定并建构它们，只限于在事实中发现并直觉到它们**。若洪堡在历史中假设一个神祇政府；而兰克却满足于路德教会的宗教观，他对这种宗教观忠贞不渝。他缺少普遍性的意识，他在历史中探寻并享用自为的个体，没有其他目的，（他说）正如享用一朵鲜花，无需提及它属于林奈的还是奥肯的分类；其后，他探寻他称作“普遍”的东西、这些个别事实之间的关系及其整体***，即仍是自为的个体，即使是一种更宽泛更庞大的个体；在他看来，历史联系不是精神统一

* 见《拉丁民族与日耳曼民族的历史》序言。——原注

** 请阅《关于近代史的时代》报告，载《德意志史》第 1 卷，第 59 页，以及其他全部著作；同古里亚引述的论《大政权》的文章之处相比较。——原注

*** 请阅多维在《时代》导言中引述的文章（第 3—4 页）。——原注

性，而是民族间的相互作用，普遍史是一些民族同其他民族相互作用的历史*。即使当他似乎在哲学上进行适当批判，并抓住一个未被承认的真理时，若认真观察，则会发现他是以经验的狭隘的方式理解它的；譬如，任何历史时代（他还可以说任何事业和个别活动）都不是它物的阶梯，而因自身价值自为自立的格言**。其后，这是半截真理，因为任何活动既自为又他为，既是休止又是阶梯，因为若不如此，则不能设想基于自身的历史发展，即缺乏进步概念，则不能思考任何历史，也不能解释历史向我们和我们的事业展示对过去事业的兴趣。然而，进步概念被兰克否定，他在字面上理解进步概念，并用类似题目批判它***。另一幸福瞬间他观察到历史是国家与教会的永恒斗争****，然而人们很快失望，当看到他使这种斗争在两种妄图战胜对方、但又不能成功，或"至少在西方民族中如此"的体制的争斗中枯竭，而不是深入研究这种斗争，并从中发现力量（或功利）和道德生活的两个永恒环节的反题和合题*****。他倾向于将观念的确定自然化，他虽未听任种族主义想象的摆布，却自然主义地理解各个民族的历史性，当他反对大受欢迎的自由体制时，说每个民族都应具有符合其本性的体制，他以轻蔑的态度嘲讽那些改革家，说他们想"精心设计祖国"，把他们比作想用语法创造语言、用美学创造

* 在多处之中，请阅《普遍史》序言。——原注

** 《时代》第 1 卷及其他著作的多处。——原注

*** 《时代》第 1 卷。——原注

**** 《宗教改革时期的德国史》导言。——原注

***** 关于对兰克见解的深入研究，请阅我收入《伦理与政治》（第 4 版，巴里，1956 年）的一篇文章，第 347—352 页。——原注

诗歌*的人们：似乎道德理想成了如同语法的抽象、如同美学的理论，而不是情感的活动和伦理意志的取向及决定。他还倾向于在世代中将自己的"观念"自然化**；正如后来他的追随者洛佩兹公开所为，后者是位世代历史的理论家***，似乎不考察在历史中观念构成并限定世代，而不是相反。另外，他从未彻底摆脱反历史主义思想，认为若这一或那一行为未完成，这一或那一事件未发生，事物进程截然不同；若路易十六未犯将第三等级代表人数扩大一倍的致命错误，法国大革命在一开始就会终止其进程，拿破仑若不固执己见导致在俄国严冬毁灭****，欧洲将是另一种格局。他在《普遍史》中奇怪地提出原始世界的奥秘存在于人同上帝及自然的关系之中，并且把相关问题交给"自然科学和宗教观"*****。

历史观的深刻性具有伦理和政治兴趣的深刻性，它被后者促进，又促进后者。然而，虽说兰克青少年时代生活在拿破仑战争的大变动之中，他却供认他对历史的研究受教师职责而不受当时事件的推动******，起初限于古典语文学。这种政治兴趣的缺乏造成

---

* 请阅《政治谈话》，麦内克出版社（慕尼黑和莱比锡，1924年）：对照古里亚的《兰克的生平与著作》第167页。一位意大利人不能不注意到兰克热烈赞成（同上书，第175页）《关于流行学科的对话》（1831年）作者、即莫纳尔多·莱奥帕尔迪伯爵的思想。他是个狂热的反动派，是加科莫·莱奥帕尔迪的父亲。——原注

** 在《拉丁民族与日耳曼民族的历史》（第3版，莱比锡，1885年）第323页提及"世代"的重要性。——原注

*** 在引述作品和《全部科学谱系学教科书》（柏林，1898年）中。——原注

**** 古里亚，《兰克的生平与著作》第63、138页；对照《时代》第19卷。——原注

***** 请阅序言。——原注

****** 古里亚，《兰克的生平与著作》，第42—43页。——原注

他的和平主义和寂静主义的立场，在《宗教改革时期的德国史》中可见他对未能在1541年同天主教会（几乎达成）达成协议感到痛惜*。他是胆怯的保守派、普鲁士政府的忠诚臣民，为了捍卫并宣传普鲁士政府过时的政策，在1832年他受命主编《政治历史杂志》。他的历史学家的声名日益显赫，他被尊为未来奥秘的拥有者，像神明一样被询问现在应做什么，因为好人相信历史学能够以答案方式提供只在行动自发性中创造的东西，从而人们执意要求给诗歌、哲学和实践活动预先指明道路并描述未来，对此严肃的头脑用“做你的事”加以回答。兰克的答案总是一般的并适应发生的情况，正如他对腓特烈·威廉四世[①]在1848年和1849年间慷慨施与宪法的必要性及其在德国事务中的行为方式做出的回答**，对巴伐利亚国王马克西米连做出的回答，1854年他为国王主办历史讲座，结束时一致赞同认识世界、向往善、听从良心之声、协调当今世界集权制和共和制的两种对立倾向。1870年11月战火正熊熊燃烧时，他在维也纳遇到负有使命的梯也尔和其他政治家，（梯也尔说）“在众多政治家中的一位历史学家”认为，战争不再反对拿破仑三世，他已战败并沦为囚徒，也不反对自在作为的法国，而是反对路易十四，后者想利用帝国衰弱时刻掠夺斯特拉斯堡：一位在场的政治家正确地观察到，这样就倒退到交织的事实，“现存

* 该书第240页。——原注

① 腓特烈·威廉四世（1795—1861年），普鲁士国王。——译者

** 这些回忆录被古里亚在《兰克的生平与著作》（第254—270页）中全面概述。——原注

世界体制所剩无几”*。在那次会议上他应用其历史诊断学，主张德国要求割地仅限于阿尔萨斯，因为洛林从民族和语言上看从来就是法兰西的；但就在几星期前他曾宣称吞并洛林是“历史正义的要求”**。当他撰写《普遍史》时，曾说若未建立新德意志帝国，若俾斯麦未使革命力量遭受军事失败，则不能开始那项工作，因为两大世界力量尚无结果的冲突阻碍他公正地观察过去的时代***。

兰克的著作符合这些理论概念和实际立场，都是没有历史问题的历史或只具问题外观的历史，到处充溢着外在的和一般的反思，它们竭尽全力占领缺失历史问题的地盘。在《从1494年至1514年的拉丁民族和日耳曼民族的历史》中，奠定其声誉的第1卷，想要证明六个民族——法兰西、西班牙、意大利三个拉丁民族和德意志、英格兰、斯堪的纳维亚三个日耳曼民族构成一个非国家的统一体，因为作为国家，它们之间不断争斗，而是体现在血统上或多或少亲和性、习俗上相似性、许多制度上的共同性、外交行动的一致性，诸如蛮族入侵、十字军东征、新大陆殖民化。然而，发展的统一性是实在的，就在于它是精神的、即确定观念和理想的统一性；纯粹事实的统一性只是外在一致的或这种外在一致未转化为内在关系的统一性，正如兰克津津乐道的那些共时现象：大约在同一时间在相距遥远的国度方式截然不同的事件；譬如，书中提到14世纪中叶，罗马的科拉·迪·利恩佐①、威尼斯的马利诺·

* 《关于自己的生平史》(多维出版社，莱比锡，1890年)。——原注

** 同上书，第263—265页。——原注

*** 古里亚，《兰克的生平与著作》，第330页。——原注

① 科拉·迪·利恩佐(1313—1354年)，平民，1347年宣布自任大法官，消除贵族特权，后被教皇拥护者驱逐，以异端罪名被捕并被杀。——译者

法列尔[①]、巴黎的马赛[②]、阿拉贡的正义、查理四世[③]在帝国的昙花一现、爱德华三世[④]时代英国议会不断强大，诸如此类，不一而足。当他用马志尼提出欧洲各民族大联合（已不再是享用国民政府并保留各自美德和天赋的拉丁和日耳曼民族的联合）的理想，并启示欧洲生活进程更隐秘更深刻的看法，这些考察微不足道。他对事实的解释方法也是牵强附会的和外在的，比如16世纪意大利丧失独立地位，他同鸡奸、梅毒、浮夸的言谈举止、乐手和歌手的浮华习俗、外族服饰和时尚的渗透，同浦尔契[⑤]、博亚尔多、阿里奥斯托史诗的非民族性相联系，因为他们主要颂扬法兰西英雄和西班牙反抗摩尔人的战争[*]。《16世纪和17世纪教皇国历史》叙述罗马教廷在什么情况下和以何种方式，先衰落并受到新教改革的沉重打击，后在自卫斗争中东山再起并更为强大，不仅保住摇摇欲坠的地位，而且重新夺回前期冲突中丧失的东西。在这里兰克未忘记声明他“以纯历史学家的观点观察”；而实际上由于反宗教改革和耶稣会士，天主教会真正变成什么，同中世纪教会相比发生什么深

① 马利诺·法列尔（1274—1355年），威尼斯大公，被热那亚人击败，后因被控阴谋复辟独裁政权而被砍头。——译者

② 马赛（1316—1358年），法国中产阶级领袖，布商。曾积极投入政治活动，在失败后被刺杀。——译者

③ 查理四世（1316—1378年），德意志国王和波希米亚国王，神圣罗马帝国皇帝。——译者

④ 爱德华三世（1312—1377年），英格兰国王。——译者

兰克，《从1494年至1514年的拉丁民族和日耳曼民族的历史》，第19页。——原注

⑤ 浦尔契（1432—1484年），意大利诗人。——译者

* 兰克，《从1494年至1514年的拉丁民族和日耳曼民族的历史》，第263—265页。——原注

刻变化；在三十年战争之后，17 世纪后半叶和为对抗法国大革命的整个 18 世纪，在其精神衰落中它变成什么，直至它再一次从上层阶级（过去耶稣会士曾对它们做过工作）中撤退，主要依靠乡村平民和幸免于难的专制政府；其内部发生冲突的特点与意义，现在它仍具有多大力量并发生什么作用：这一切兰克都没有研究，仿佛他面对一具尸体，有待他用高超的技术制成木乃伊。在此书的最后一版序言中他兴高采烈地写到，在近代世界教皇国不再具有重要性，不代表任何威胁，引起恐惧的时代已经过去，反对教皇国的人们不再担惊受怕；当德国即将开始“文化斗争”①时，他更是欣喜若狂，但这场斗争未以俾斯麦的胜利告终。这部著作的结构本身存在缺陷，因为它包括两个截然不同的本体和进程：作为普遍权力的罗马教廷和作为罗马主权国家的教皇国，这两种历史不容混淆，只能交替地或平行地发展。若有一种兴趣促使他撰写这部著作，那也不是历史的而是心理学的兴趣：“在他们之中有些崇高的人、伟大的人”，他说*“在反宗教改革的教皇中有些杰出人物、伟大人物，比如庇护五世”；他喜欢在这本书中为这些人士画像，正如在前一本书和其全部著作中一样。我们将不详细论述这些著作——《宗教改革时期的德国史》、《法国史》、《英国史》、《普鲁士史》，因为这无助于我们界定其方法的意图，只能证实我们已经讲过的东西。我们将讨论片刻其最后一部呕心沥血之作《普遍史》，以便发现这本书同样缺乏历史问题；由于一切时代、一切民族的历史或一些民

---

① 指 1871—1887 年间俾斯麦同天主教会的斗争。——译者

* 兰克，《16 世纪和 17 世纪教皇国历史》，第 62 页。——原注

族(根据兰克确定的任务)对另一些民族作用的历史,都囊括在同一叙述中,它们在数世纪中构成链条,但不是历史问题的链条,而是文学写作的链条。所谓"普遍史"若是生机勃勃的东西,总是特殊史,正如所有其他历史一样,或者集中于一个特殊问题*,正如在奥古斯丁、波舒哀、伏尔泰和黑格尔那里所见,但在兰克那里看不到。兰克试图徒劳无益地依靠通常外在的反思提升他的叙述;比如,通过讨论马其顿的腓力和亚历山大大帝同威廉一世和普鲁士的腓特烈二世的异同点**;或者观察到亚历山大大帝对亚细亚的征伐更新了希腊人反抗特洛伊的功业,并有意识地同荷马时代联系起来***;或者当亚历山大大帝具有波斯君王的形象,在描述其将领不满并反对前者后,他提出一个"世纪问题",即以何种方式才能做到效忠合法君主同个人自由和谐一致****。

兰克对近代历史学家所作的著名批判******,也未涉及他们理解历史的方式,未涉及他们对人类事务解释中隐含的哲学及这方面取得的逐一进步。他只根据史料价值考察那些历史学家,以便搞清他们出示的是直接证据还是间接证据,使用原始材料还是二手材料,什么兴趣驱使他们陈述或沉默、缓和或改变自己所知的东西;总之,考察的不是他们的历史学家的头脑,而是他们作为证人

* 为了证明这一点,请阅《历史学的理论和历史》(第8版,巴里,1963年),第48—51页。——原注

** 为方便起见,我引述《普遍史》意大利文版第1卷(佛罗伦萨,1932年)。——原注

*** 同上书,第377页。——原注

**** 同上书,第393页。——原注

****** 《近代史历史学家批判》(第3版,莱比锡,1884年)。——原注

的权威和形象。根据流行的看法，这样他就把尼布尔[①]研究罗马史的精湛方法引入近代史研究；其他人反对他这样做，指出他过于相信某类原始材料，比如外交原始材料。无论如何，这是语文学技术的精湛，另外这种技术已被18世纪的博学者和批评家，比如培尔[②]和穆拉托利提高到先进程度；一点也不是导引概念的精湛。在这方面兰克未取得精神进步，尤其未取得思想进步，他讲过在哲学上柏拉图和亚里士多德对他来说足够了[*]；换言之，公元前4世纪以后的思想家全都虚度光阴。这个判断不能不使人惊愕，尤其当它从职业历史学家口中说出。

兰克历史思维的缺陷很快被其同代的几位批评家发现，他们未完全忘却德国古典时代构思和尝试的具有伟大风格的历史。于是，1828年的《哈雷文献报》的一篇评论指责《拉丁民族和日耳曼民族的历史》缺少可靠性，指出它们仿佛传流“沉闷”感，因为“在这里一切都盲目地取决于偶然、兴趣、激情和罪行”[**]，列奥把作者界定为“花瓶画家”，毫不留情地批评他呼唤“上帝手指”的幼稚可笑，哭哭啼啼的博爱“不是在历史中而是在供贵妇阅读的历书中找到自己的位置”，并告诫他“历史真理就是精神进程”[***]。1830年后不久，海涅在某些赏心悦目的篇章中把他放在那些人之列：普鲁士政府“通常让他们去意大利悲哀的废墟中漫游，以便形成情感上平

① 尼布尔（1776—1831年），德国出生的丹麦历史学家，代表作为《罗马史》。——译者

② 培尔（1647—1706年），法国哲学家，代表作为《历史批判词典》。——译者

* 《时代》，第21页。——原注

** 古里亚，《兰克的生平与著作》，第87页。——原注

*** 同上书，第89—91页。——原注

静的命定思想。而后同劝说屈从基督教的布道者合伙，通过冷静地使用报纸，给人民对自由的狂热降温”；海涅把他描述成“一位割裂历史形象的杰出天才，然后他又把一片片碎片粘成图画，多么善良的好人”，并继续嘲讽*。人们时常把“道德冷漠主义”的恶名加于他，但实际上他身上并不存在犬儒主义，而只是其内心生活的节奏过慢。

然而，这些判断，比如海涅的判断，被视为仿佛带有恶意的判断，从而被轻蔑地拒绝，从未被严肃地对待（但判断是严肃的，因为它们切中要害），“纯粹历史学家”的合唱压过那些批评的声音，我们听到他们赞美和欣赏的和声。“纯粹历史学家”大部分是教授，他们更喜欢在档案馆和图书馆里从事持之以恒的研究工作，他们不遗余力地考察语文学细致入微的精确性，有时为追求效果，关注精彩的文字表达；但尽可能地逃避艰难困苦的努力，通过这种努力可让思维逐渐把握世界观，即世界的哲学；同样逃避那种责任重大的努力，即在危险的斗争中致力于实际解决。“纯粹历史学家”（尤其当同为俾斯麦的或种族主义的政府的政治服务的其他历史学家相比，更显“纯粹”）主要在德国享有盛名，他们在全世界形成德国学派**。兰克学派在其前期就让人想起吉泽布雷赫、科普克、维尔曼斯、希尔施和其他许多能人；这一学派帮助完成集体著作，比如《德国年鉴》；从1859年创办期刊《历史杂志》，该刊灌输并捍卫学

* 这些文章在《批判对话集》（第384—387页）的附录中被译出。——原注

** 关于1848年后和1870年后在意大利出现的第一代和第二代“纯粹历史学家”的详细评论，见《19世纪意大利史学史》（第4版，巴里，1965年），第2卷，第1—122页。——原注

派的方法，此时它已脱离堪称代表学派传统的人们，而转到种族主义者手中*。由于兰克追随者队伍壮大并优秀，他受到他的人民的崇敬，接受他的政府的荣誉，被凌驾于所有历史学家之上，被置于历史学殿堂的顶峰。

人们被迫把他从极高位置移动，当然不是为了打倒他，正如人们对待被推翻政权的偶像那样，而是要把他放到属于他的位置，这个位置依然显赫优雅。因为我们不想搞错我们正在进行的批判的意义，对于强调历史学同生活、思维的统一的目的，对于让头脑摆脱冠于“纯粹”名称的无问题无哲学、极易被接受的惬意的历史学观念的目的，这种批判必不可缺又责无旁贷。我们的批判针对兰克的“思维形式”，而不是针对他完成的工作和著作，它们都建立在对文献的精心研究之上，充满颇有眼光的判断，并使用一种在德国少见的洗练、优雅的风格，这正是它们走运的最终原因。关于这方面，有一次他说过，只有行文优美的历史著作才能经久不衰**。在其著作中若不是“讲故事的兴趣”、也是“讲述”占据压倒优势，尤其是他善于描绘人类性格的丰富画卷，他偏爱为灵巧、审慎、高雅的人们画肖像。即使在对他的大量溢美之词中，也出现对这种为叙述而叙述、叙述优美的突出特点的赞同。属于他的狂热赞颂者的狄尔泰，也不得不赠给他一句不敬的话，说他不是一位思想家，而

---

* 《历史杂志》(1936 年)的新纲领如此响亮：“《历史杂志》的任务，是在一个大转变时期这样进行研究，以便它能同时满足严肃的科学和德意志人民及国家的活跃力量。它的看法是自觉的和全德意志的。”——原注

** 引自瓦特佐尔德的《德国艺术史学家》(莱比锡，1924 年)，第 2 卷，第 206 页。——原注

是一位接近希罗多德的“叙事诗人”* 。说他是“叙事诗人”可能太过分，因为兰克缺少武功歌诗人的崇高，而希罗多德截然不同，他是独创的和精神焕发的；但兰克毕竟是一位行云流水、使人赏心悦目的叙事者。

二　布克哈特

布克哈特是位在青年时代就对兰克声称的中立、人的软弱性、缺乏艺术家情感、相当乏味感到强烈反感的著作家，他是作为“上流社会人士”** 发现兰克的缺陷的；沿着截然相反的道路，他来研究历史并撰写历史著作，尽管这些著作在其他所有方面同兰克的著作大相径庭，但是同样缺乏历史问题。布克哈特不想也不能了解哲学：他在柏林大学听过老谢林的课，他被吓坏了，其诺替斯教式的“流畅哲学思维”给他留下妖魔鬼怪般的印象，以致他感到长着三头六臂的亚细亚神随时可能闯入教室，在屋里走来走去，并打碎一切*** 。最终他朝着哲学笑一笑，他否定哲学在世界上的任何作用，在世界上哲学一般同个体和个性相比，形象相当干瘪。至多，他交给哲学一件揭示伟大“人生之谜”的西西弗式的徒劳无益的工作**** 。

布克哈特不是由于追求平静的学者心态，而是由于狂热激情

* 狄尔泰，《全集》，第 11 卷，第 216—217 页。——原注

** 舒伦堡，《青年布克哈特》(斯图加特—苏黎世，1926 年)，第 32—33 页。——原注

*** 1842 年的信函(见舒伦堡的《青年布克哈特》第 129 页)。——原注

**** 《世界史研究》，克罗纳出版社，第 4 页。——原注

才脱离周围世界及其实际斗争；这种激情对他已构成不可忍受的折磨，在 1840 年至 1844 年间他在瑞士从政的短暂经历，更因他惊慌失措地看到 1830 年 7 月欧洲毅然开始的政治革命的巨大变动。在某种世界末日中，出现趾高气扬的野兽，不断增长的民主以不可遏止的冲力，造成欧洲的毁灭和新野蛮时代的开始。随 1789 年革命成长，他左右摇摆，在那次革命经历的两个词汇——革命激进主义和恺撒政体中思考；他越来越把权力集中于国家，是国家给整个社会打上经济烙印，使公共债务达到令人头晕的程度，是它孕育军国主义、民族主义、民族间的战争，是它丑恶地诽谤文化是资本主义的盟友，牺牲优雅习俗、宗教、科学；直至第二个词汇——恺撒政体获得胜利。于是，新恺撒政体出现了，不再是那种具有仁爱之心的旧君主专制主义，而是荡平一切的残暴军阀的专制主义，不再是民主制，像他梦想那样，而是沦为奴隶制。在 1830 年形成的君主立宪制，不像他原先认为那样，幸福地化解悲剧，而是艰难地续演第二幕，而 1848 年以前的年代，成了调整和准备的时代。未来统治者、“可怕的简化者”，践踏了法律、福利、人民主权和科学本身。社会主义者要求工人从资本奴役下解放出来，却意想不到地得到满足，可以讽刺地说：通过“让工人的衣食陷入一定警戒程度的贫困，每天劳动靠吹号开始和结束”*。

人们不能不同意，恐惧和憎恶使布克哈特的目光犀利，使他

* 我这里引用之处的大部分在勒维特收集并整理的《布克哈特——处于历史中的人》（卢塞恩，1936 年）中可见：于是我几乎可以完全省略对布克哈特作品和信函的专门引述。勒维特的著作既精心写就又充满智慧；但由于阐明者本人也陷入其作者的迷惑和悲观主义的情感中，需要按相反方向理解这里所做的解释和判断。——原注

在民主未被其他力量抑制和削弱时不断产生后果的过程中，发现民主隐秘趋向和逻辑，恐惧和憎恶向他启示描绘未来恐怖画面的栩栩如生的轮廓，从而现在几乎赋予他先知的面貌，一位宣示格言的先知："在可爱的20世纪权威重新抬起头，那是颗令人生畏的头"。

类似恐惧也令那时其他人的灵魂发抖，比如尼布尔，他被1830年革命搞得心烦意乱，革命数月后就离开人世，当他看到福利、文化、自由、科学即刻要被毁坏，感到痛心疾首，他仿佛进入类似3世纪中叶（最后一位塞维鲁皇帝死后）的罗马帝国时代，处于无数妄想者的战争和蛮族的入侵之中。罗马衰落和重返野蛮的观念总在欧洲各民族的思维中，好像不会过时，正如新的类似事件的威胁从不过时一样；根据想象使人感动的程度，这种噩梦的严重程度或大或小，归根结底，因为是想象，作为想象，完全没有效果。批判头脑考察民主制度，并不掩饰民主给自由带来的危险；但它未把尚未发生的危险转化为事实危险，并且正直意志以力抗力、竭力避免危险；它知道，即使发生最不幸的事情，也需要勇敢地对付和承受它，它寄希望于人类不断焕发活力的永不枯竭的美德。布克哈特在其生动想象刚一闪现，立即放弃作战，并拥抱一位不值得拥抱的人物——悲观主义先生；这位不爱好哲学的人却喜欢叔本华的悲观主义形而上学，他把叔本华称作"他的哲学家"，甚至喜欢爱德华·哈特曼[①]拼凑的折中主义哲学。他说过民主的"根本罪恶"是乐观主义，即相信一种完美和幸福的社会条件，为追求这种不可实

① 爱德华·哈特曼（1842—1906年），德国哲学家。——译者

现的、荒谬的条件，摧毁现存的东西。他捍卫中世纪：五彩缤纷，享有充分纯粹自由，形式多种多样，没有民族间战争，没有大工业，没有你死我活的竞争，没有银行和资本主义，没有阶级仇恨，接受不可避免的贫困，由于这一切，它会自娱自乐，比其他时代更会享受。正如在所有悲观主义者那里一样，布克哈特也有一种未得满足的幸福论背景。

由于这样感受和推理，布克哈特想竭力逃离世界，这个已经开始并预告更糟的丑陋世界；他选择历史作为避风港，历史向他提供“大医学坐标”，让他冷静沉思人类事务戏剧演出。然而，在脱离世界的大医学坐标上不能思考历史，因为恰好相反，只有在世界中、在世界的冲突之中，才产生历史的需要，并由于这种需要，才产生研究和智慧。克尔恺郭尔是一位可能因哲学与历史的完全愚钝才在当代赢得荣誉的著作家，他否定生活能被认识，正如他所说，因为在时间中，即在历史生活本身中，找不到完全平静时刻以往后看：我不明白，若找不到那一时刻，也不存在往后看的理由，并且缺少意欲与理解的能力。布克哈特从他这方面，想通过否定作为常新的活动进程的历史观，幻想挣脱思维同生活的必然联系，并断言典型、不变和永恒的重复用以代替那一进程；但因这种代替，他就否定历史本身，恰恰因为不重复并且其每一活动都具有各自个性，才成其为历史。精心构建典型、不变和重复，从本质上看是反历史的，甚至它在世界之外也没有大医学坐标，因为要在世界一隅实施心理的和社会学的乏味的概括。受反历史本身的推动，布克哈特想要用文化史和文明史代替事件的历史：不是在可接受的含义上——文化和文明史接受并在自身中转化事件历史，从而提高事

件历史，而是在经验主义的静止的“文化史”含义上，即依据当时里尔[①]的一篇论文的含义。由此可见，布克哈特的历史著作不倾向于“叙述”，即不倾向于戏剧效果和行动辩证法，而倾向于“画面”，即倾向于描绘一个固定不变的实在。在他看来伟大人物并不伟大，因为他们履行超个体的历史使命，并因此受到赞誉、真正成为自身，但心理上是自为的；伯里克利在雅典并超越雅典，亚历山大大帝超越并远离希腊和亚细亚，恺撒超越并远离罗马。在他看来，历史的主体不是不断创造新形式并遭他嘲讽的精神，而是“永远如此痛苦、渴望并活动的人”，他不仅不摒弃，反而喜欢“病理学”确定性质的历史。他的历史反思丰富多彩，有时精辟犀利，正如人们常说，总是十分有趣，因为是其独具个性的表现；但他本人清楚了解不能将它们梳理并按一条主线展开，因此不能不让它们保持散乱和互不连贯[*]。在其理论著作中加以区分的力量三要素——国家、宗教和文化，不是思辨的三要素，而是给其散乱观察定位的简单模式。

因此，很好理解布克哈特的著作——《君士坦丁大帝时代》、《意大利文艺复兴时期的文化》、《希腊文化》在近代历史学著作中的尴尬地位；能够理解，因为即使他的一位欣赏者也认为他“比兰克更少科学性”[**]，因为人们提到他时嘴边浮现“业余爱好者”这个词。那些著作的内在动因总是布克哈特的平和和悲观主义的心态，使他总转向同自己感觉一致的东西，或由于带给他某些安慰和

① 里尔(1844—1929年)，德国哲学家。——译者

* 尤其参阅《世界史研究》。——原注

** 舒伦堡，《青年布克哈特》，第34页。——原注

陶醉使他轻松并分心。《意大利文艺复兴时期的文化》渗透着他对意大利人民，对他想象的其忍受、享受和激活人生的方式的司汤达[①]式的挚爱：从而强调个人主义，无论它是暴君的、佣兵队长的、强盗的，还是共和国公民的、艺术家的、探险家的，甚至是通奸者的——“把他的爱转向另一个发展的个性、其近邻的妻子”*。不是说布克哈特是个非道德主义者，因为当他看到文艺复兴暴力和背信弃义因尼采而上升为理想提出抗议；而是由于他对文艺复兴冲击、繁荣的活力感到非常亲切，从而形成文艺复兴的形象并钟爱这一形象。推动他的那种个人主义，部分是从事实中观察到的，部分是想象出的，自然他对个人主义概念理解错误或模糊不清，不得不在同中世纪禁欲主义和超验对立的世俗概念中限定并修正它，他未发现也未感到需要深入研究。在他生命的最后几年，他对自己那句话广泛流传并十分走运感到惊讶不已，他开玩笑地说：“真的，我一点也不相信个人主义；但我不说出自己这种感受，因为有人特别喜欢这个东西，因此我也不想放弃它。**”他说在意大利文艺复兴中诞生“近代人”；这句话主要是印象而不是精心做出的判断，这需要深入研究文艺复兴和宗教改革同以前时代和以后时代的关系，然而他对这种研究并不关注，鉴于他不相信历史发展，他对这种研究不感兴趣。在其论希腊文化的著作中，他把“对世界和

① 司汤达(1783—1842年)，法国作家，在意大利生活多年，热爱并美化意大利人，自称“米兰人”，意大利题材的小说有《帕尔马修道院》、《意大利遗事》等。——译者

* 《意大利文艺复兴时期的文化》(第9版，盖格尔主编，莱比锡，1904年)，第177页。——原注

** 轶事见卡艾吉为瓦尔泽的《文艺复兴思想史论文集》(巴塞尔，1932年)所写导言，第37页。——原注

人的发现”归于雅典，以前他曾归于意大利文艺复兴：这证明他未确定这两个文化进程各自在历史中不可替换的位置，未确定它们各自不可混淆的唯一面貌，即它们各自在总的发展中起过的作用。鉴于他对当代世界进程的悲观主义观点，他对“近代人”显现包含理性主义、法国大革命及其他的萌芽并不感到高兴。他观察到在文艺复兴时期形成有教养的阶级，从而同无教养的平民阶级分裂，这种分裂不可医治并破坏社会生活的统一*；于是，无需仔细考虑，在中世纪共同宗教基础瓦解后，就转向近代文明严重问题之一：即有教养者、理性主义者或自由者的宗教转化为人民信仰时遇到障碍的问题，凭借初级教育、传播科学、行使政治权利和其他或多或少有效并产生或长或短功效的手段（此外恰恰是人类事务进程中的各种手段）竭力克服障碍的问题。道德风尚在他面前不是作为在行为、习俗中的具体精神立场（行为、习俗源于它），而是作为反对一般利己主义的一般道德力量；在这方面提出的问题——一个时代是否道德并在何种程度上道德，未得到回答并不能不如此**。即使在其第一部并最接近常用方法的历史著作《君士坦丁大帝时代》中，他的兴趣所在仍是罗马世界的解体和衰落，是那些隐修士和孤独者，在他们之中他隐约看到许多坚毅的心灵，他们厌恶尘世生活，在一般危机中远离世界（根据他认为应解释的事实）并同上帝一起战斗。对力量、对兰克顶礼膜拜的“权力”，对是“本质上恶”的力量、对行使这种力量的国家的厌恶，贯穿论希腊文化

* 《意大利文艺复兴时期的文化》第1卷，第186页。——原注

** 同上书，第2卷，第156页。——原注

这本书，在此书中“城邦”被近乎描绘成关押无期徒刑犯的监狱，伴随那种厌恶，他觉得在其中令人激动地发现真正的希腊人民，那是陷入悲观主义的痛苦和辛酸的兄弟，不是在古典时代德国诗歌和哲学中赞誉的清新、幸福的状态——肉体与精神生动和谐：布克哈特用悲观主义为尼采开路并指引方向。

仅当历史传播很多值得认识的东西（“值得认识”）时，人们尝试对布克哈特的历史著作应用本人为历史所下定义——历史是全部科学中最反科学的，因为说真的，布克哈特的著作同兰克的著作截然不同，它们充满生动的观察，几乎总是片面的，但又不是结论性的，尽管总是令人激动的。

可能他的悲观主义导致其过早停止学术活动，即在他刚过 40 岁时。他生于 1818 年，《君士坦丁大帝时代》是 1853 年写的，《西塞罗》是 1855 年写的，《意大利文艺复兴时期的文化》是 1860 年写的；这之后他又活了 37 年，他把其重要作品的编辑工作交给他人，他仿佛脱离那些编辑工作，并很少发表其他作品，只限于在他的巴塞尔从事教学和讲座，从这些授课和讲座中，即从其笔记和草稿中，产生《普遍史观》和《希腊文化》等巨著，但它们不具有青年时代作品的力量和光辉。

有待承认他关于造型艺术和建筑艺术（他对诗歌似乎了解不多，也不具有同样的智慧）的研究工作具有特殊意义，尤其其中的《西塞罗》；当然，若我们期待他的某些指示，若他的引导概念界定得更清晰、充实，艺术史可能会飞速发展。即使在这一领域，他也显露出对哲学的不信任态度；但这种不信任是有益的，是“针对谈论艺术作品观念的艺术哲学家”，使他避免那时代德国盛行的随意和概念化的美学，从而使他始终保持同艺术实在的接触。同样，哲学家也远离语文学家、文物学家、艺术家传记作者，所有把外在于艺术的东西导入论述、不关注或歪曲艺术的人们。布克哈特想简单地（但这种简单是多么困难！）成为一位“导游”、一位享受艺术的导游，而享受艺术是艺术批评和艺术史存在的真正理由。单个艺术作品构成他考察的唯一对象，他直觉地感到在浮夸的所谓“进化”史中有不同时代的习俗和思想，但不再有艺术。经验向他启示的偶然美学命题远比所谓哲学家的长篇大论更有价值，这些命题本身就是哲学，是坏哲学反面的好哲学、纯表面哲学反面的纯哲学。从而他断言艺术的非逻辑性，摒弃那些千方百计将一部艺术作品完全还原为话语的人们的奢望，因为此事若可能，“艺术则成为多余，提到的作品不可能被建构、被雕刻、被描画。”* 他注意到“艺术种类”的苍白无力，因为“艺术作为能动力量不关注我们的定义，并且不会使运用常新的超越与变动沉思的人感到惊奇，正是这些超越与变动使根据种类精确划分不可能”**。他不追随光或色彩的爱好者的形式主义意愿，他声明“为使单一特性（不是最高级的特性）变最大魔术，说绘画对象可以是一个简单借口”是虚假的***。他总在“时尚与社会强加给艺术家的东西和艺术家挖掘出的瑰宝之间做区分”；他不喜欢把艺术家的独特性归于其代表或相

* 见《西塞罗》序言，现在很幸运按初版文字再版（正如克罗纳出版社的《全集》），没有以后出版商的花招，他们把具有独特个性的作品变成集体创作作品，变为增进知识的教科书。——原注

** 见论文《关于荷兰的风俗画》，刊于《文化史讲演》（克罗纳出版社）第 41—42 页。——原注

*** 见论伦勃朗的论文，刊于《文化史讲演》第 133 页。——原注

连的“一般风格”[*]。他感到紧紧抓住艺术作品的纯朴、生动的印象多么重要，若在事物中探寻艺术作品的理由和独特性，就会伪造艺术作品；他说过这样人们就来到锁着的大门前，没有钥匙能打开它，在门上写着：“永远不要探究你同艺术的关系”[**]。他的趣味高雅、古典的和歌德式的、追求美和和谐，他坚决反对稀奇古怪、异乎寻常、病态东西的诱惑，而他的德国同胞轻易地屈服了，他未分享对哥特艺术的狂热和浪漫幻想，反而钟爱要遭斥责的意大利哥特艺术。他识破巴罗克隐秘的欺骗，在他之后巴罗克不能不走运并被夸大成精神和艺术的强大形式，这里主要指德国的历史和批评著作[***]，譬如，他未被所谓贝尔尼尼的“虚假戏剧性人生”所迷惑。人们可以批驳他的这一或那一判断，可以深化或扩展他的艺术概念；但他走的是艺术史的正路，是单一天才作品的历史而不是其他的历史。这方面他的历史研究具有真正历史问题，在他的文明和政治史中，历史问题被他的迷惑、悲观主义和不能自拔的意志消沉消除。

澄清并考虑在声名狼藉的“历史哲学”中匆忙草率形成的历史同哲学同一所引起危机的性质（这种危机并未引起更大更好的方法，而是导致对它的放弃），对于理解和判断 19 世纪历史学是不可

---

* 考夫曼，《卢本斯全部回忆》附录（克罗纳出版社）第 184 页。——原注

** 见论伦勃朗的论文，第 113 页。他在巴塞尔的一位学生回忆：在课堂上好几次“当他讲到在梵蒂冈看到拉斐尔的西斯廷壁画或伯里克利的头像柱时，眼含热泪，声音哽咽，以致在长时间的沉寂中，能听到莱茵河的潺潺流水声”（马克斯，见克罗纳出版社的《世界史研究》附录，第 286 页）。——原注

*** 关于这一点并为捍卫布克哈特判断的真理性，请阅我的《意大利巴罗克时代的历史》旁注（第 4 版，巴里，1957 年，第 501—508 页）。——原注

或缺的。主张自为个别同普遍对立，造成历史同哲学的割裂，可以说已成过去的事情；因为大部分当代历史学中都保留"纯粹历史学"的理想*，尤其在其他方面肯定值得尊敬的历史学中，在大学和研究院中培育的历史学中：其基本原理必须（若可能的话）唤醒历史思想同生活现实统一的意识和这种意识强加的责任。

* 我偶然读到一位作家的小册子，他很重视哲学、康德和黑格尔（舍菲尔德，《德国唯心主义与历史》，图宾根—莫尔，1936年）。由于他对内含的问题全然不知，以致继续认为兰克和布克哈特有理，并得出结论，"历史在其实在中，不是观念地而是存在地、不是系统地而是个别地、不是理论地而是实践地、不是先天地而是由果溯因地、不是形式地而是物质地表现。总而言之：献给历史学家的历史！这是长篇大论的简洁意思：历史学的高峰就存在于这一简单的、对某些人来说特别简单的认识中"（第43页）。——原注

历史的确定性与真实性

一　文件与证据

总能经常伪造文件和证据，特别为历史学怀疑主义提供重要的论题，因为即使那些伪造被揭露，使人想到大量其他类似伪造未被揭露，它们仍给全部文件与证据投下阴影，从而动摇历史的可信性，引起对自在自为历史学的怀疑，导致得出历史学是幻想的和约定俗成的认识的结论。

如下事实批驳这点：每个人、同样怀疑主义者都未受干扰地不断区分想象的和发生的事物；普遍意识认为无可置疑——我们在世界中活动，它的过去出现在我们的记忆中，由于学者和历史学家的勤奋工作，人们对它的过去认识越来越清楚。怀疑主义在这里正如在它处显现出仓促和怠惰、放任并甘愿陷入矛盾和非理性之中，因为它缺少从合理怀疑的开始启示过渡到此种怀疑促进并要求的思辨探究的活力。

虚假证据和虚假文件是由个别实际利益炮制，对于这些利益来说，它们既不真也不假，而是手段，正如为实现自己目的的其他任何手段一样；斗争的各方往往竞相比赛在炮制它们时的精巧或无耻，正如在最近一次战争中司空见惯，正如今天依然可见，在沾染这一恶习后，在所谓和平中这种斗争仍在继续，以致当今最令人痛心的感受是，我们生活在不断创新的谎言的汪洋大海之中，声明、报刊、书籍每天都在精心向我们提供谎言。然而，发现并证明伪造的人们的勤奋并未使实际利益失效；不仅指同一层面的冲突利益，而且指更高层面的道德性利益，这种道德性利益旨在引导和保存在人类关系中尽可能多的忠诚，即使在其必然对立中也是如此，它旨在不丧失或减弱批判能力，不诋毁对神圣真理应有的崇拜。

由于伪造文件和证据的某些行为受到法律的制裁，对伪造的揭露多数在法庭上进行；对证据和文件的批判，有关研究方法的改进，标准的确定，专题论文的撰写，由法庭和博学及语文学学派平分秋色。在理论方面，结论的性质没有差异；但在法庭结论是要执行的判决，在成为定案后实际结果不可更改或只能部分更改；而在语文学中证明伪造总能更改，并且正是从更改的无限可能性，证明伪造获取力量和权威。然而，尤其在最近两个世纪里，语文学在消灭和推翻伪文件、伪编年史和伪历史方面做了多少、何等工作啊！伪文件、伪编年史和伪历史大量堆积在教会和修道院的档案馆里，因为伪造者符合教会人士身份，他们毫无顾忌、厚颜无耻，理直气壮地根据“合乎神意的谎言”观念行动，这些在世俗社会中找不到。瓦拉[1]

① 瓦拉(1407—1457年)，意大利人文主义者、历史学家，以论著《论君士坦丁馈赠的虚假》抨击教廷对世俗统治权的要求，被奉为宗教改革的先驱，其历史批判方法对后世产生深远影响。8世纪罗马教廷伪造君士坦丁大帝致罗马主教西尔维斯特一世的信函，史称《君士坦丁馈赠》。信中说为感谢治愈其麻风病、使其皈依基督教，他愿把罗马帝国西部地区和另外四个宗主教区的统治权交给西尔维斯特一世及其继承者。罗马教廷利用这个伪造文件要求统治西欧和其他地区。瓦拉根据此文件粗俗的拉丁文风格，断定并非君士坦丁时代(4世纪)的文件，纯系后人伪造。后来罗马教廷不得不承认它是伪造的。——译者

的论著《论君士坦丁馈赠的虚假》成为发现并证明伪造历史的最早经典例证之一,不是没有道理。然而,还有数以千计的罗马碑文、数以百计的城市编年史、家族谱系史和人物传记是伪造的,这是因民族、城市、家族的骄傲所致,或由学者要野心勃勃地有所发现的虚荣心造成:没有谈及希腊和罗马的旧习俗,在文艺复兴时代生产这些旧习俗的工厂开工了,从那时起就再没有关闭,反而因其他时代、其后受到尊重的中世纪和近代的其他艺术家的艺术品的工厂而扩大。在19世纪,尤其在最初几十年,浩如烟海的关于上世纪的回忆录、马利亚·安东涅塔[①]书信集和拿破仑书信集都伪造出来了;还有距我们较近的、源于日耳曼并被种族主义者利用的《锡永贤人协定书》和《乌拉-林达编年史》也是伪造的。在这方面批判获得机警和经验,它可以光荣地检阅被大量消灭的赝品,它们曾从四面八方袭击它,竭力迷惑它以使它丧失识别真伪的目光;人们若感受到它用战无不胜的方法所武装,似乎可以嘲笑它们枉费心机。

然而,正如许多罪犯逃脱法庭的制裁,有时无辜者被判刑,而罪犯却被赦免,于是不能认为,虽然准备实施批判,在博物馆内不再陈列视为原作的赝品,在历史中也不存在源于渴望及轻信的想象或蓄谋伪造的消息。即使优秀的批评家有时也被欺骗,把真实的东西视为虚假的东西,或者相反。这足以引起上文阐明的怀疑论的疑惑。可以从历史中彻底根除伪造的可能性并保证确定真实

① 马利亚·安东涅塔(1755—1793年),法国王后,法王路易十六之妻。法国大革命中被捕并上断头台。——译者

的东西吗？谁能预防巧妙的、貌似真实的、前后连贯的寓言，以支持被视为可以信赖的证据呢？谁能用不容置疑的论据批驳可能对每个文件、每个叙述产生的怀疑，仅仅由于它们是实际事物这一事实，而他人就不会为了自己的特殊目的对它们搀假吗？若所有证据和所有文件，正如一切被怀疑的东西一样，被搁置一旁，还剩什么手段重新构建历史？或许在历史事实上应满足于未超过或然性、可能性水平的断言？这种断言如此脆弱，往往证明在日常生活中极少事物永远可同事实的实在相比。在近代历史思想、先驱者维科、夸口已走出纯粹可能的东西并抵达“确实的”和“真实的”东西之后，真是硕果累累、进步飞速！

为摆脱这些困惑*，为消除这些疑问，应当清晰肯定地知道，什么是文件，什么是有待证实的消息，以及它们各自在历史学研究中的作用。

首先要严格界定，有待理解为文件的是在如下方面可回忆过去的所有作品：在书写符号中，在音乐乐谱、绘画、雕塑、建筑中，在技术发明，在地层变化，在心灵深处的变化，即在政治、道德、宗教

* 困惑是针对感受它及其不可忍受刺痛的人而言；因为他人适应了或然的观念，不再继续探索。在我青年时代这是一般条件：一位颇受尊敬的历史学家弗里曼的名著《历史研究方法》（伦敦，1886年），在冗长陈述历史遇到的所有潜在危险后得出结论说，在历史中，“我们不可能达到数学的确定性，我们也不可能达到大大低于数学确定性的某种确定性。不过，我们可以达到那种程度很高的或然性，亦即我们所谓的道德确定性，我们可以接近这样的确定性，基于这一点，有理性的人就会心甘情愿地做与生活关系重大的事。你相信我是近代史的钦定讲座教授，我也这样认为。但是你没有证明这个事实，我也没有证明。不过，我并没有拒绝去证明。因为我所相信的女王陛下亲笔签署对我的任命，可能一直就是伪造的，我可以确定的是，我并没有看见女王陛下签署这项任命”；及这段之后（第151—152页）。——原注

制度中，在数世纪形成并仍在我们之中活着、作用的美德和情感中。这些一次次在我们的精神中汇集，同时同我们的后天能力、思想和情感相结合的文件，通过某种柏拉图式的“回忆”使认识发生过的事情成为可能，或主要凭借维科关于事实向真理转化原理，从而创造历史的人，在思维中再创造历史的同时，不断地认识历史。历史学只建立在这些文件之上，一切历史作品，而不仅仅诗歌和艺术的历史作品，正如人们一次次天真地相信并述说、今天仍然相信并述说那样，具有永生的优点。其他作品同样活着，思维作品就像实际行动作品一样，要紧的是发现它们的蓬勃灵气：布克哈特隐约看到这点，但对此未很好理解，他在阅读 15 世纪和 16 世纪的文献时，注意到若他对政治事实的细节尚有疑问，他面对的那时代的道德生活，正如他称作的“文化史”，则植根于坚实的土壤。在历史学实践中习惯限定的文件，特许证、公证书、行政公文、外交文书及类似东西，一方面当然是过去作品的幸存符号，另一方面又是关于事实的证据，应视为已证实的消息；另外，叙述本身具有两面性，作为叙述被批驳，在这种行动本身，它们具有文件价值。在外在含义上理解的文件的单纯促进作用为事实所证明，研究学者清楚了解，在一定程度上，他们拥有或发现的新文件，对他们正在进行的研究毫无用处，因为回忆已经发生，而那些文件不赋予力量，反而构成障碍。

现在，若真正真实文件是过去的作品本身，就不可能伪造过去的作品吗？为了伪造它，就必须创造它；伪造者就是伪造者，他既不是诗人、画家或其他艺术家，也不是习俗和宗教的创立者。因此，他能做什么呢？实际上做什么呢？他在已创造的东西上加工，混合、搀假，给制成品涂上新事物的华丽油彩，但这是徒劳无益的工作。它能欺骗某些精明的收藏家，正如在装饰家居和博物馆陈列的艺术品发生的情况那样，虽然主要是无经验的外行和特别单纯的人受骗上当；但不能给我们的心灵增添一个新要素，不能丰富我们历史地形成的意识。这是一首14世纪风格的十四行诗，归于彼特拉克的作品，于是学者被说服确信其权威性并把它放在它类似的彼特拉克的作品之中；这首十四行诗就这样保持了一段时间或较长时间，没有发生丑闻，因为彼特拉克的诗作中也有些价值不高的东西，在这些东西中作者模仿自己、机械地工作，正如其伪造者今天所做的那样，不能在彼特拉克才华横溢的时刻与之竞争，但有能力在其他时刻模仿他。这是一篇哲学论文，巧妙地模仿文艺复兴时期的拉丁文，在论文中引入很晚才出现的哲学概念，以致上当受骗的人既惊奇又困惑地发现，早在15世纪就有人按“我思故我在”和“先天综合”方式思维了。然而，这是面对对我们思想没有任何贡献的东西的惊奇和困惑，因为我们通过笛卡儿和康德的名字才把握了“我思故我在”和“先天综合”，它们同以费契诺[①]和彼科[②]的名字提出的概念格格不入。一件不大引人注目的事实证明不可能矫揉造作地创造原创作品，而人们对这一事实的反思从未停止过：在上演的戏剧和叙述的小说中，艺术家、哲学家、发现者、征服者、国务家、“新贵”，总由作者精心炮制，而不是被历史考察的

① 费契诺(1433—1499年)，意大利哲学家、文艺复兴时期柏拉图主义的代表。——译者

② 彼科(1463—1494年)，意大利人文主义者和哲学家，代表作为《论人的尊严》。——译者

人物，即是说人们称作的“历史”人物不构成小说和戏剧，人们发现小说家和戏剧家由于匆匆提及历史，在虚无中飘荡，而读者感觉空洞，因为大作断言那些主人公只剩形容词没有名词，他们只能具有愚昧神态，像木偶那样任人摆布。

由于这一原因，具有实际价值的东西不会伪造出来，赝品的价值总是幻想的，类似于伪造的签名，只用于迷信崇拜已被美化的名字。其后，若一首真正优美从而具独创性诗歌的作者或一个深刻的新哲学概念的作者，由于怪异或任何其他原因，造假说作品是另一位过去时代的作者的，在此种情况下显然没有作品的虚假性，只是对作者姓名的伪造（此外，正如使用假名和笔名一样），即一个假证据。

在认识的和谐结构中，已证实消息的重要性，使得精心地收集和识别消息、让证据经批判性审视，坚决保护消息不被伪造、混淆和散失就顺理成章了。然而，它们重要性的局限、它们不可克服的外在性、它们不会变为真理的确切性，保障真正历史仍为真正历史，即使某些消息有缺陷或是假的。于是，在我们每人的私人历史中，我们记事本的笔记按年、日、时安排我们行动和劳作的消息；我们账目的数字让我们回忆起我们的信贷和债务；我们的契约文件让我们记起我们的义务和权利；某些这样的证据若消逝，定会引起麻烦、障碍和损害。然而，我们并未因此丧失自我意识、我们智力和道德的存在的意识、我们过去与现实状况的意识，以及在我们意识中显现的过去的每个行为和行为周期，这个行为同在它以前和以后的那些行为截然不同；这一行为完成了，虽然行为发生的年、月、日还是模糊不清或满布疑云。我们的历史是我们心灵的历史；

而人类心灵的历史就是世界的历史。

二 轶事

根据历史是从道德需要产生、并准备和呼吁行动的意识表达的观念(这一观念已家喻户晓),仿佛所有对事实和人类激情的描写与叙述都黯然失色并暴露出既轻率又空洞,人们发现它们产生时没有那种推动力、缺乏那种根本目的、不符合行动或教育及准备行动的规定要求:称作“回忆录”、“纪念文章”、“日记”、“编年史”、“轶事”、“传略”、“客观描述”、“个人隐私”、“奇闻”或其他名称的书籍,过去曾浩如烟海,今天仍大批炮制,其数量几乎超过历史著作。

然而,当远离外光的反射,受到指摘的叙述和描述立即恢复其鲜艳色彩和多重魅力,并向我们的心倾诉,我们的心因强大、雄伟的景象而跳动,心灵时而忧心忡忡、痛苦不堪,时而宽容、愉快,投入人类情感、动荡、骚乱、梦想和狂热的景象之中:包罗万象,从普鲁塔克的比较列传,截然不同的教父和苦修者的传记,克伦威尔和拿破仑、拜伦和福斯科洛、哥伦布和伽利略、布鲁诺和维科、伏尔泰和康德的传记,到人们特别喜欢的对18世纪上流社会的回忆,对马利亚·安东涅塔们、蓬巴杜夫人们、杜巴里夫人们、卡萨诺瓦们的回忆,对法国大革命的人物和事件的回忆,其后对命名并过度崇拜的“浪漫主义的”时代的回忆,诸如此类,不一而足。要否定为多数叙述过去爱好者提供的唯一或主要营养的任何历史价值还需要勇气吗?那些爱好者自以为以这样就把握和认识了“历史”。

说真话,无需坚定果敢就可进行这种否定,因为人们一直在历史与回忆录、历史与编年史、历史与轶事之间进行区分，甚至在文学基本原理的普通论文中都存在这种区分；历史一直被认为比其他东西、比轶事更严肃更高级，正如它在整体上可说明那类作品。“轶事”不是在词源学含义上，即在“未说过的消息”的含义上理解，而是在此词语逐渐具有并只保留前种含义的些微痕迹的另一种含义上，即关于各个分开的细节的消息的含义上理解，因此这样的细节自为存在并未涉及某些更高的东西：一只接一只点亮又熄灭的灯光，与其说为了照明景物，不如说更像燃放的焰火。

然而，这次也不应相信、更不要行动：同精神活动的一个确定形式不同并被其排斥的东西，要被或应被世界生活排斥和与其分离，即被分散和消灭。轶事不是历史，但有其内在的充分的理由，对它的钟爱一点也不非法。只有当人们提及想用它取代历史时，这种爱才变得和开始变得非法。蒙田说过(第 2 卷，第 10 章)：“我喜欢在普鲁塔克写的书里，同样喜欢在布鲁图写的书里去看布鲁图”，但随后他把“同样”变为“闲谈”：“我要知道布鲁图阵前对士兵的讲话，更愿详细了解他大战前在营帐里同挚友的对话，我要知道他在讲坛和元老院的发言，更愿知道他在书房和卧室里的谈话。”从这里逐渐滑向梅里美的说法“我只喜欢轶事的历史”：这显然太少，肯定再无一点历史的东西。

轶事诞生并靠需要成长，需要使人类心灵千差万别表现的体验生动和丰富，正如在常新的田野采集常新的标本以构成草本标本集。同样，在开始认识确定历史形势的需要深层，存在对有待完成的行动的深思或对在永无休止、紧张激烈的人生战役要采取的立场的熟虑，在注意人类心灵表现的需要深层存在一般生活、伴随特殊历史戏剧的人类一般戏剧；人们通常用“普通的”或“通俗的”词汇称呼这类消息。历史研究活动家竞相形成的制度和习俗的独特性、哲学家构建的概念和体系的独特性、艺术家创造的诗歌和绘画的独特性，因为这些精神事实是孕育新事实的前提。轶事提醒活动家：其他活动家在什么形势下如何奋起行动，他们曾不得不克服哪些困难（往往相当乏味），他们曾在哪些错误中迷失，他们如何爱和恨以及如何被爱被恨，他们的忧患与欣慰、绝望与欢欣。轶事同样向哲学家中的哲学家、诗人中的诗人、圣徒中的圣徒，向卑贱者或从事不值一提小事者，述说同他们相似的或他们乐于与之相似的人们。促进轶事的原则同历史的严肃性截然不同，即异于历史的严肃实际兴趣，这一原则早在古代就被一位轶事体传记作家弗拉维奥·沃彼斯科称作“好奇心”，他补充说仿佛显得“轻率”，但“它什么也不拒绝”，因为“任何微小的东西都是悦人的，当善意被窃取时能带来某种愉快”。选择这类或那类轶事、叙述者或读者投入这类和那类轶事的情感，取决于最初需要的质量高低。然而，从形式上看，轶事的起源和性质总是相同的。

由于轶事主要是一般人类内容性质的映象，从而能促使人们想到，用在可能世界里的想象组合同样满足已描述的需要，或如人们所说用小说满足，它们表现人类能置身的纷纭复杂的形势及其心灵的形形色色的反应，它们还在立场和实际行动中引起反响，不仅为恋人们提供爱情小说，而且为武士提供骑士小说，为冒险家提供惊险小说，激励他们并告诫他们机警、谨慎。然而，事情并不这样进展，每人都能证实朝相反方向进行：每人都有机会观察到孩子们突变的失望面孔，当人们告诉他们洗耳恭听的故事“不是真正的

历史”;每人会记起可怜的街头卖唱者的情景,成为盲人的卖唱者,在一段时间内掩饰自己的失明,手捧一本书装作阅读的样子,但当听众发现他的不幸和他并未读书(他们认为书里有实在的保证),纷纷舍弃他。小说中的人物,当为体验和实际警示服务时,在一瞬间被认为或设想为实际上的现实人物。轶事的消息应是或应认作是发生事情的,只有这样它们才能满足已描述的需要。

当然,那些消息不可或缺的、发生事情的特性,并未使它们成为“历史的”,因为只有当事实在历史进程中被思考才成为历史的,而那些消息处于历史联系之外。然而,虽然它们未被历史地理解和证实,却是确实的消息,因为被确凿证据所证明,这些证据受到证据和文件批判的核对和检验,但在一定限度内被想象增色添彩,为让人们信以为真,同时求助于信仰。超批判的怀疑论对这些消息可信的否定,就像其对立极端——愚蠢相信一样极不慎重:“在阅读历史时”(16世纪论文著作家弗朗西斯科·巴杜伊诺说过)最好是“不管是儿童还是老人,要得到他们的信任不太容易,也不太困难”*。人们对轶事消息提出事实真理的要求,同需要它们的性质相同,不再要求认识可能性而是实在性,即人类已能实际行动并经受幸福与不幸,因此有待思考还能行动和忍受,或有待要求理性地行动。于是,突然出现异议,人们经常听到针对某些理想的述说和建议的反对意见:“这是诗人的梦想”。它们不是诗人的梦想,正如黄金时代或围坐圆桌的骑士时代的那些叙述一样,因为若有关

* 见《历史著作集》(佩泰尔出版社):请阅卡罗和普罗布斯的生平,比较奥勒良和暴君费尔莫的生平。——原注

人类生活的确实消息，在数百年里劝说不要相信：无比伟大的人物能够永无弱点和缺点，还能让人相信：崇高的牺牲、美德的伟业和美的杰作、心胸宽阔并英勇无畏的人，过去一直存在，将来定要出现；从而（正如在歌德关于奥弗廖内死亡的诗歌中）胸中信心倍增，“大地重新生育它们，正如已往生育它们一样”的想法令人心旷神怡。

由于上述提到的原因，轶事在历史旁边存在并将继续存在，在精神的和谐中，二者服务于不同的互补的目的。在智力和道德繁荣的时代，轶事和历史同样发展；即使最哲学化最严肃的历史学的巨大进展，也未去除回忆录、生平传记和所有其他轶事占据的位置。最严肃最有天赋的历史学家也一次次地阅读或可能撰写这类著作，它们不再作为单纯的“补救智慧”，或仅仅在通过从精神活动的一种形式向另一种形式的过渡使头脑生机勃勃、并由于时而诗歌时而轶事的不同张力从而缓解历史思想的张力、不断恢复精神活动的和谐的意义上理解。

但是，二者的关系不是材料同形式的关系，正如蒙田认为那样，这里他喜欢继续引述，由于他隐约看到并近乎辨别出对发生事实的两种不同概括；他称一种是“单纯”历史，另一种是“卓越”历史；并声称钟爱要不“特别单纯”的历史学家、如“善良的傅华萨”[①]，要不那些“佼佼者”；其后尽管“单纯”历史如此令人惬意和具有吸引力，如同他感受得那样，在下定义时却使他心情沉重，变

① 傅华萨（1337—1404 年），法国编年史家和诗人，他的《见闻录》文学性较强，是封建时代重要、详尽的文献材料。——原注

成“光秃秃的和不成形的历史材料”，“把为认识真理而进行的完整判断”留给历史。材料同形式的关系就是博学或语文学同历史的关系，这种语文学具有正确性，但不具有像历史那样的真理性，也不具有像轶事那样的人类可能实在性；在慷慨激昂的历史学家和投入的轶事著作家面前，博学者和语文学家是或应是缺乏情感、冷漠和麻木不仁的（这是他们特殊职能的责任）。另一方面，蒙田厌恶的那种历史，由于处于“二者之间”并述说“最普通的方法”，是些“使我们完全败坏”的作家的作品，因为他们想“让我们掩饰破碎东西”并把这作为判断的法则，“因此使历史倾向于自己的想象”，它不是中间形式，而是已感到不满足于轶事的破碎的未思考的东西的真正历史，它同轶事决裂，准备走自己的路，知道如何能够走这条路。由不解释的解释、随意的判断、混乱并有缺陷的概念构成的混合物，将是贫乏和不幸的；但已不再是轶事。是这种混合物而不是轶事，用其环节或用积极环节，还有消极环节构成历史学的历史，历史学的进一步发展总同消极环节相连。“卓越”历史只是这样的历史：在其中积极环节越来越持续和包容，但消极环节总在产生，至少在精神兴趣的确定和限定本身中，这些精神兴趣推动这类历史，并在用新问题和相应新概念把握它们材料的人面前让它们显露出缺陷。

最后，不存在在浪漫主义时代特别讨论的问题，但这一问题今天仍未死亡，即为得到一部完整作品或一部真正完美的历史、将历史和轶事相结合的问题。在这部完整作品中，历史带来哲学解释，而轶事带来生动的表现，前者带来图形，后者带来色彩。图形与色彩的区分，在谈论历史学时的比喻，就像在绘画中一样脆弱，归根结底，在绘画中图形和色彩融为一体；当然，历史学有自己特定的图形与色彩，轶事也有自己特定的图形与色彩，它们都以各自的方式成为思想和表现，它们都具有各自生动的风格。为把二者结合，突然出现二者的混合物和混杂物，在其中历史和轶事因两种截然不同的兴趣和精神立场的对立而争斗。其后若有人问：怎样能使历史叙述和轶事叙述实际包含在唯一陈述中；这样提出的问题，已经不是以前的、逻辑上不能成立的、属逻辑性质的问题，而是属于纯粹文学性质的问题，在这方面逻辑上成立，因为人们不想否认将历史和轶事合为一体有时对实现某些目的有用，在文学上时而前者服从后者，时而后者服从前者，时而让前者，时而让后者离题，并使它们在风格上一致。然而，文学写作的艺术同这里讨论的科学方法论毫无关系。

当汇集历史轶事对历史学有益时，历史学就以另一种截然不同的方式实现对历史轶事的汇集：不是为从中获取其思想的补充部分，而只是为从中获取“表现”的想象形式，同时把在提及其概念和判断时使用的轶事观念化，轶事变成其概念和判断的象征。当然，人们为此用途竭力使用仅由证据批判证实的轶事（正如它所能做到那样）；然而，若在使用时发生错误，或批判本身改变看法（正如通常发生那样），并摒弃以前接受的东西，则在真正历史中本质的东西丝毫未损或丧失，因为那些轶事在历史中不具有检验的功能。可能罗兰夫人[①]在走向断头台时没有呼喊：自由啊，多少罪恶

① 罗兰夫人（1754—1793年），法国大革命时期吉伦特派核心人物之一，曾参与决定该派各项重大政策，雅各宾专政时期被处死。——译者

假汝之名以行！她的那不勒斯信仰姐妹爱莱奥诺拉·德·冯塞卡[①]在头颅被砍下之前也未高呼："将来何时记起此事，或许令人感到愉快"；这两句名言可能是她们的欣赏者和朋友炮制的，或因一系列的误会和误解而自然形成的。但是，那些名言很好，象征了知识分子——自由与人道的梦想家的坚强精神和崇高境界，他们推动了法国大革命和那不勒斯革命，他们代表了那两次革命并在革命中牺牲。轶事在历史中的象征理想性使人理解对语文学家明显地难以忍受和厌恶，他们在审视证据时破坏了传说；因为他们的行为仿佛在践踏和嘲笑已批判的传说的理想意义，虽然他们不能不这样做，并且那种职业总要有人从事。歌德让声称关于卢克莱契亚[②]和穆齐奥·谢沃拉[③]的英雄主义叙述是虚假和伪造的人见鬼去，他坚信虚假和伪造的东西只是荒谬、空洞、愚钝、无收益的东西，从不会是如此美好和生机勃勃的东西，他说"若罗马人如此伟大以虚构出那些事情，我们至少应同样伟大以相信它们"[*]。布克哈特[**]也捍卫神话类型轶事，从而使古希腊历史丰富多彩并浑然

① 爱莱奥诺拉·德·冯塞卡(1748—1799年)，意大利女诗人、学者。在1799年那不勒斯资产阶级革命时期创办杂志，宣传共和思想，革命失败后被封建势力处死。——译者

② 卢克莱契亚，传说中的古罗马烈女，贵族科拉提努斯美丽、贤惠的妻子，后被罗马暴君塔尔奎尼乌斯之子奸污。她要求父亲和丈夫为其报仇，随即自杀。被激怒的罗马民众奋起造反驱逐暴君。据传这一事件发生在公元前509年，标志着罗马共和国的诞生。——译者

③ 穆齐奥·谢沃拉，传说中的罗马英雄。他曾潜入敌方阵地试图刺杀敌国王，因认错人误伤其文书，被捕并被罚将犯错的手放火盆上烤，他毫无惧色。敌国王欣赏他的大无畏精神，将他释放并同罗马人休战言和。——译者

* 《与爱克曼谈话录》，1825年10月15日：比较1832年3月11日。——原注

** 《希腊文化史》第8编第6章。——原注

一体,它们提供了一种“变质历史”、想象历史,这种历史肯定人们想象出那些人可能干的事情,并赋予他们最为独特的面貌。

然而,若轶事作为轶事不能转化为历史学,则思维也不能在自身中化解它,另一方面,思维却能很好地陪伴它,从而在轶事叙述中让伦理、政治、审美的观察和转述历史繁荣兴旺:这正是杰出的轶事著作家所采取的做法,这也是区分智慧、优雅轶事与庸俗轶事之所在;正如心灵的道德修养拉开轻率与严肃、崇高与低下之间的距离,并且在说给人听的人的轶事与给人讲述其动物性和兽性并引诱他迷恋和培育动物性和兽性的轶事之间划清界限。

三 想象、轶事与历史学

历史的研究者和著作家,若一方面主张历史同“想象力”、想象毫无关系,另一方面或其他情况下却承认没有想象的帮助不能完成历史构建。但人们奇怪地观察到,这后句格言从他们口中说出,并未带着承认它具有内在局限和弱点的人的谦卑口吻;反而喜形于色,似乎在说:我也是画家。那些著作家奋起反击对他们枯燥无味和学究气的指责,希望在自身中发现缪斯女神馈赠的某些神物,并欣赏介于先知和诗人之间的形象。

在最后一点上最好使他们醒悟,因为他们观察到的体现他们价值的能力,不再是诗人的幻想,而是组合想象:两种截然不同的能力,卓越的美学和艺术批判总是清晰地加以区分;即使单凭经验,也不能混为一谈,因为存在想象丰富却完全缺乏诗人的幻想的人和缺乏想象却能把生活聚拢到自己幻觉上令人折服的诗人。

组合想象甚至不能同虚构推测与假设的想象相混，虚构与假设形成为研究指明方向并在启发性功能中耗尽，相反我们正说的组合想象直接干预历史学工作，以填补在由批判地证实、澄清的消息提供的系列想象中剩余的空白；即除非限于抄写或浓缩原始材料，大概总要干预以克服那些消息的间断性并使叙述条理分明、每个部分清晰而具"惊人的说服力"，正如古人所说(他们说过具有说服力的想象)。原始材料说某人以精明和善辩著称，一天他到另一人那里会谈并达成协议；而历史学家叙述他靠自己的机警和辩才战胜那人并说服那人达成协议。原始材料说某人是位显赫的骑士，娶妻但妻子背叛了他，他把妻子杀死；历史学家补充说他杀妻不是由于忌妒和憎恨的怒火发作，而是出于强烈的荣誉感。原始材料说彼特拉克在 1341 年 3 月末从马赛来到那不勒斯，到罗马接受桂冠之前需在这儿由罗贝尔托审查三天；而历史学家加工润色，描绘彼特拉克穿过科雷杰广场，在那儿看到安焦王朝①王公们的宫殿，他走进国王居住的新古堡，提问和争论的三天被描绘成国王和诗人为卖弄学识和机敏而疯狂竞争。这正如勒南所说"温和地推动文本"，虽然他自己的推动并不像例子中的那样温和。然而，不管温和还是粗暴、谨慎还是果敢，这些推动都是想象作品；所有推动都能引起怀疑，因为在第一个例子中，协议的达成可以不因那位机敏善辩者的精明和口才，而因另一个人的智谋，他让前者自认为取胜，实际上他在深思熟虑之后，预见到协议对自己有益；在第二个例子中，显赫的骑士可不出于荣誉动机，仅为摆脱自己的累

① 安焦王朝，13 至 14 世纪统治意大利南方的法国王朝。——译者

赘，就处死不忠的妻子；在第三个例子中，彼特拉克在穿越广场时可能未看到安焦王朝王公们的宫殿，罗贝尔托国王（我们按例子的方式说）未在新古堡而在那不勒斯的其他古堡或宫殿接见他，三天学术争论的训练不是两个爱慕虚荣者的比赛，而是一方的无聊促使另一方虚荣心的膨胀。

某些历史方法论的著作家，比如伯恩海姆，竭力让危险的盟友——想象远离补充进程，坚持组合能力是非常清晰地同想象相区分的东西，因为“它不创造也不想创造任何新东西”，但“试图恢复消逝的连接线；因此不听任观念和表象的随意组合，而严格地同历史传说的实在材料相结合，还仿佛是在人类事物一般进程和历史事物特殊进程之间进行符合经验的实际类比的实在材料”；总之，若补充的组合“需要想象，它也不起想象的作用”*。当然，在这种情况下，对想象来说，继续促进重新令人赏心悦目的东西是不合法的，正如在小说中一样，描绘行善的英雄、作恶的元凶、美和爱的创造者、痛苦与恐怖的场景；当历史著作家被拖上这条路，就要受到谴责或因声名狼藉而很快离职。他们应当求助或求助那一成分的目的，是达到或尽可能接近实际发生的事情；指导他们从事这种工作的原则是“貌似真实”和“或然”的原则。

组合能力或如洪堡所说“打结天赋”似乎不能说明其根据，它好像天才和先知的闪现**，只因为它未分析通常在过去事实中引入貌似真实或或然的东西的动因。“或然”原则实施恰恰首先不是

* 《历史方法教程》（第5—6版，莱比锡，1908年），第614—616页。——原注

** 伯恩海姆，第1章。——原注

针对过去发生的事情，而是针对应发生和属于未来的事情。它只是运用我们通过经验对事物通常进程、对视为自然一致性和习惯的事物所认识的东西：经验，相关地还是对不通常、不一致和同习惯决裂的东西的经验。然而，当决心采取行动时，经验的前种性质在未设想其行动将是不折不扣不断冒险的游戏的人那里具有压倒分量；于是，他想进行一次愉快的旅行，并将日期定在春季的四月，那时温暖惬意；或者想娶妻，他要在世代涌现贤妻良母的家庭里挑选；或者想买一辆汽车，从以产品性能可靠而著称的工厂里购买。当然，由他挑选的季节、妻子和汽车，可能令他失望并引起意料不到的不快：这样，他将面对预料不到的形势，若他能够摆脱这种形势，可能更糟也可能更好；然而，无论如何，由于在确定选择时他表现明智，将不会像乔治·丹丁那样强烈地责怪自己。

现在，为什么在决定行动时对或然的东西进行和不得不进行的调查，其后在对过去的认识中得以反映，在这里似乎没有任何必然性和效用符合这种调查？由于想象是或然的，因此用想象填补证实消息的空白是件不仅无助于实际用途、而且未带来任何认识之光的事情，除去认识它们是想象而不是对实在的断言这一事实本身。因此，对想象只剩下唯一的、其后又是真正的辩护：即是说借助想象用来练习情感、判断和生活的行动的实际需要，想象要求连贯、和谐的映像机制，由于它不满足于片断和堆砌的东西，因此首先有位被原始材料证实、机敏并口若悬河的人的形象，从而在人们不知那些优点是否起作用的情况下他仍然如此；首先有位高尚的骑士，再赋予他骑士的情感，即使实际上有时他能怀有相当低下的情感；总之，要有一幅某些部分未画完的图画，再通过对那些完成部分的愉悦鉴赏来完成。

这样,我们好像重新面对受想象和或然双重制约的历史观念:由于历史依靠的证据只是“或然地”值得相信,由于历史构建的叙述(在所有各点上均不提可能的来源)只是“或然地”表现已发生的事物:总之,我们重新面对历史是人类认识最低形式(在此种情况下,若是形式,只能如此)的观念,历史的基础不牢,就用想象墙体加固。

然而,我们这里按流行说法称作“历史”的东西,在上文已冠以非它莫属的“轶事”:轶事由于自己的性质总在一般和抽象中漫游,从未达到人类事物的具体和历史的层面,并由于证实方法如同陈述方法、它发现同历史小说的接触点。在杰出轶事作者那里,绝不想让轶事脱离原始材料,但为使叙述完整,轶事又不得不脱离原始材料,虽然它还遵循通常和正常的经验,此外它摇摆不定。由于经验本身包含间断和奇特的东西的反面经验,因此极易把补充的大胆推向极致,要知道毕竟是大胆,这样胆量越来越大,就把极富想象的东西注入想象力丰富的历史小说中。轶事同历史小说的区分不是绝对的而是经验的、近似的和程度上的;需要接受这种形势,完全不必改变它。要求叙述的情况真实而非想象,只能满足于把想象要素减少到最小程度(当不能完全消灭它时)。

不处于认识最低一级反而处于唯一和最高一级的历史、真正的历史学,不受这些困惑折磨,也未遭受这些痛苦,因为它们不是“轶事”,因此完全排除想象,只在思维中表达。毫无疑问,不是在历史思想从并非想象、幻想、意愿和激情的精神中涌现这种含义上理解,因为,正好相反,思想靠所有这些东西滋养,所有这些东西又

在思想的烈火中焚烧；而是在另一种含义上——历史的火焰闪烁着自己的光芒。求助组合能力和想象对历史来说是多余的，因为在历史那里“事实”生机勃勃，历史把“事实”转化为“真理”。

四　语文学、历史与哲学

德罗伊森比他人更敏锐地发现并更坚决地断言历史学存在于“问题”中，存在于历史学问题的提出中：这一丰富的概念通过定义——历史学的目的是“在探索中理解”* 被他重申，但缺少对这一概念的不可或缺的强调、深化和应用。用那一概念把头脑从虚假信仰——历史学是或应是对实在的某种复制或模拟中解放出来，并把历史学转向认识的唯一和真正形式，这种形式在于回答问题，在于解决生活实在不断引起的理论问题。

若不再严格确定历史学问题的特性，从而把历史学问题同语文学问题相区分，“问题”公式本身同样会是一般的和空洞的，人们通常把历史学问题同语文学问题相混。譬如，如下两问题之间存在巨大差异：先问路德宗教改革事实的真正文件的系列或编年史系列是什么，后问路德宗教改革的特征和所起的作用是什么。第一个问题由博学者的技术需要提出，他想要准备撰写历史的材料并加以排序；第二个问题由认识定向的道德需要提出。因此，第一个问题未导致直接认识，而为将来可能认识作实际准备；第二个问

---

* 《历史学——关于百科全书和历史方法论的讲座》，胡布纳出版社（慕尼黑—柏林，1937 年），第 34 页，比较 22 页及其后。——原注

题就是这种认识本身。博学者的劳辛如此平静、安逸、悠闲,就像商店里的闲逛者,博学者投入人间戏剧,但不致力于人间戏剧的艰深智慧和判断,像歌德主义者瓦格纳一样,当他翻阅书籍、摊开令人起敬的古老羊皮纸时,享受到天大的快乐;相反,历史学家的辛劳是痛苦的和责任重大的,(用康帕内拉的格言说)"在于学者的悲惨哀诉",对进程、人类事物(在其中我们集观众和演员于一身!)的悲剧进程的沉思。未区分两类不同性质问题(即探究),通常造成对历史学和简单博学的等量齐观,即导致对历史学独特优点的污辱。

将语文学任务和历史学任务相混的另一后果是轻易相信:由于语文学材料的收集和区分未受哲学的直接干预,因此历史学无需哲学,哲学有害于历史学,或说无需思考实在的范畴的批判用法。人们认为经验主义的或复现表象的概念对历史学研究足矣,而无需这些范畴,其后这些概念被要求永远保持灵活和漂浮不定,准备放弃它们的某些规定性,开放接受新的规定性,以便不逼迫事实的独特性,而是谨慎地伴随这种独特性。

现在还不到专门批驳如此单纯的逻辑和认识论的理论的时候,也不宜强调在此理论中缺乏任何纯概念的味道(没有这些纯概念,任何历史认识和历史命题都不会产生),反而把注意力转向分类性概念或伪概念,历史认识用这样的手段而分组归类旨在便于陈述和记忆;更为重要的是强调目前更严重的错误,即关于用以分类的概念本身的错误,通常人们未很好理解它们的不同起源和性质,因此也未能很好理解它们不同的活动方式和不同的作用。

在历史学家之间激烈争论中,听到呼吁非经验性概念具有适宜要求经验性概念中的灵活性和流动性，是司空见惯的事情：譬如，“文艺复兴”、“启蒙运动”、“自由主义”、“古典主义”、“巴罗克主义”、“浪漫主义”等概念；还听到声明它们符合自己不限定的东西，随意地尝试任何定义，有待考察和判断的实在是在它们直接与即时理解中的时代的、个体的、社会的实在。

即使目前，我在当代一位勤于思考的文化史家的报告中读到，对古典主义和浪漫主义概念，他认为“尝试使它们达到最终清晰性和确定性毫无希望，此外，可从由竭力界定浪漫主义本质引起的没有终点的常新的批判中推断出。”迈内克补充说，精神科学“不能构建这样的概念，它们达到像自然科学概念那样的精确性；我敢说它们不应如此，因为在精神生活中最精湛宝贵的东西面临在一个定义的‘废物’中丧失的危险。因此，我们不想竭力将精神现象放置概念中，因为精神科学可能陷入乱七八糟的混乱之中。但可以奢望这样的定义具有临时价值，由于精神生活和精神产生的历史形态生活流转不定和千变万化，以致只能认识其常新的面貌和运动”*。

艺术史中“浪漫主义”、“巴罗克主义”及类似概念，同样哲学史中“一元论”“二元论”、“唯物主义”、“神秘主义”及类似概念，或在政治和文明史中不断列举的“绝对极权主义”、“民主主义”、“文艺复兴”、“宗教改革”等类似概念，同上述信念相反，它们可以并应当严格、精确地界定，因为否则不值得说出那些变为空洞声息的词

* 迈内克，《18世纪古典主义、浪漫主义与历史思考》（1937年，第1—2页）。——原注

汇。那些概念全都涉及精神形式或范畴的辩证法，它们在这些精神形式和范畴中拥有自己的根基，并在其中化解、发现自己的充分真理。它们不同于经验主义的或复现表象的概念，后者只存在于向它们提示并表现它们的映像中，而前者存在于思维中而不是幻觉中。因此，它们自身不是暂时的和近似的，也不是随便地和大致地同事实实在相联系，但它们用以排序或分类，就变成暂时和近似的（这一点不能回避），就等同于经验的和复现表象的概念。若起先它们没有形成，即尚未精确地界定，也就不能适用于那种功能；然而，当它们适用于那种功能时，正如很自然，要求助于或多或少定量的规定，并总意味着它们那种分类功能用来为大量事实指明方向，但绝不等同于大量事实。譬如，巴罗克主义是艺术表现的恶习，用惊奇和意想不到产生的效果代替美；由于这个定义精确，恰恰用于判断。然而，其后根据同一概念为作品、艺术家、时代分类时，不言而喻在那部作品、那位艺术家和那个时代，还存在非巴罗克的特征，因为每个人都是完整的人。对于政治专制主义也可以这样说，即用一个意志代替由各个意志产生的行为，这些行为相互矛盾，但又相互协调；但一个完全专制主义时代，正如一个完全民主时代一样非常少见，那就需要一个概念用以区分某些制度和某些时代，它不排除在专制主义制度下存在自由环节，在真正民主制度下存在专制环节。因此，人们若不果敢地应对把区分时代引导至隶属于时代的概念，而这些概念未简化为时代的哲学术语，就要观察历史学家的表演：他们把双手插入面团中和面（什么是“基督教”？什么是“宗教改革”？什么是“文艺复兴”？什么是“浪漫主义”？诸如此类，不一而足），既不能从中捏出成形的面食，也不能

抽出自己的双手。

逃避界定起源于非经验的分类概念、或正如现在称作的功能性概念(分类的功能)的责任的焦虑，似乎成为19世纪后半叶历史学对哲学的拒绝和恐惧(或因恐惧而拒绝)的极端表现，而以前历史学曾自诩同哲学联合。与此同时出现对历史研究理论和方法论的要求，它既不应是哲学，也不应是特定哲学。那时奉献出并自诩的社会学(斯图尔特称作“理论历史学”)，引起历史学家本能的不信任，部分针对其学者的肤浅和粗俗，但主要源于模糊的感觉：当社会学只是一连串一般分类公式时，它就变成自然主义实证论、一切精神性与历史性的敌人。然而，它不想这样，往往反对坚定意图和明确抗议，新开创理论以“历史学”名义走上危险的哲学历程，以致胆小鬼都躲避那个词语及其内含的奢望，并且撰写《历史方法手册》。实际上，以“历史学”的名义，恰恰倾向于为历史研究提供康德在《纯粹理性批判》中为物理学和自然科学提供的工具，在要求并尝试那种工具的人们——洪堡、德罗伊森、狄尔泰那里，能感觉到哲学倾向和哲学立场 。德罗伊森甚至提出研究这门学科的第一个公式，他这样界定新科学：“历史学不是历史科学的百科全书，不是历史的哲学(或神学)，不是历史世界的物理学，更不是历史著作家的诗学。应当提出的目的是构建思维和历史研究的工具。”* 已被陈述的四种否定规定全应接受，还能接受由亚里士多德和培根推断的第五种肯定规定，因为对脱离具体判断或历史认识的概念整体来说，只剩下为历史认识服务的手段或工具的功能。其后，

* 在《历史学概论》(历史学出版社最新版本)中，第16小节。——原注

这种既不是百科全书、想象的或随意的历史哲学、物理学或社会学、美学，又具有历史思维与研究的工具功能的理论是什么呢？

我们的回答是毋庸置疑的：在这种期待的理论中，只待识别哲学，总是内在于历史学断言中的全部哲学，仅当有益于克服困难并赋予判断力量，即赋予真正思维和历史叙述力量时，哲学才能抽象地或方法论地被公式化。若需要证明，德罗伊森的论文本身就提供了：它不仅被迫涉及高超的逻辑问题，而且在宇宙中漫游，界定自然与人类概念、人类目的与人类社会概念，语言、艺术、科学、宗教、经济、法律、政治等概念，诸如此类，不一而足*。实际上，由于所有概念能够一次次地要求新的或更独特的建构，因为一切概念都是历史不可或缺的。

我得出的一个结论是，哲学只具有"历史思维方法论"的功能，伴随所谓纯粹哲学家的不悦，这一结论多次在学说上被提出和论证 。然而，有时涉及某些根本真理，即使是个别的，产生抛弃学说武器和径直转向良知的冲动，同时提醒说哲学是良知；在目前情况下，我们用简短的话提问：在世界上除我们生活其中并应当活动的事件还能认识什么事物，哲学反思除作为这种唯一、真正并有益的认识的道路或方法外还能自我辩解。有种情况：良知回答说，它通常还面带微笑，脱离历史认识独立成长的哲学只存在于人们为挣每天面包所从事的职业中，这样的话，哲学就价值很小，因为它远离活泉，正是活泉使它得以产生并在其中更新。

* 尤其请阅第 2 部分《系统》，对概论和讲座部分也是如此。——原注

五 “历史哲学”

众所周知，在原始含义，即18世纪所具有的含义上，“历史哲学”意味着“对历史的思考”，或是同人道和文明的概念相连思考的历史学，因此在更深层哲学含义上不被处于旧宗教信仰统治下的历史学家或单纯的博学者、编年史家、外交家和军事著作家所使用。那一名称曾经有个随便的完全天真的用法。

相反，当按阐明的确切词义理解，“历史哲学”包含某种不和谐、冗长、不连贯的东西，虽然不是对大家都明显，因为思考历史本身就是哲学思维，若不涉及事实，即历史，也不能进行哲学思维。

然而，在方法论讨论中反复出现的公式的科学含义上，“历史哲学”恰恰存在于哲学的这种过分，即这种缺陷，存在于源于符号、随后产生的理论空洞中；在这种含义上，它只是虚假理论立场的一种特殊情况，即属于错误现象学。

另外，这样理解，“历史哲学”就不能具有自己的体貌、自己虚幻的存在，若未按时间、空间和事实种类分成部分，人们通常用这些部分整理历史叙述并加以排序以利于记忆和传播，它未遵循那些复现表象的虚构，也未把那些复现表象的虚构提高到精神的范畴，而是把它们从经验的和物质的词语转化为思辨的和形式的词语（由于不能用思维转化）；在这种努力中，相应地精神的范畴经验化和物质化了，复现表象的虚构和精神的范畴彼此相互腐蚀败坏。

若浏览“历史哲学”著作，就会发现这种随意和混淆的过程。在一本书中，是同“直觉意识”同一的东方，同“个人自由”同一的希腊，同“抽象普遍性”或“国家”同一的罗马，同“个体与普遍及世俗性与精神性统一”同一的日耳曼世界。在另一本书中，是同“无限”同一的东方，同“有限”同一的古希腊，同“有限与无限综合”同一的基督教时代。在第三本书中，将是同“命运”观念同一的古代历史，同“自然”观念同一的基督教时代历史，以“天意”观念开始的未来历史。使用唯物主义概念或伪范畴的历史哲学其进程相似，比如马克思主义历史哲学，它说古代同“奴隶制经济”同一，中世纪同“农奴制经济”同一，近代同“资本主义经济”同一，未来同“生产资料的社会化”同一；或者种族的历史哲学，类似地处理各个民族在地理上和语言上的聚集，想象地把它们变为永恒不变的纯粹的种族，各个种族又划分为低级种族和高级种族，这些种族又同美德、恶习、精神力量、对立缺陷等观念，同英雄主义、勇敢、笃信宗教、思辨能力与艺术能力、卑鄙、怯懦、不信宗教、脑力虚弱、缺乏天才（诸如此类，不一而足）同一。

于是，分类的复现表象观念化、观念人格化，在这些充斥精神领域的混杂形式中，在这些形式的不同表现与组合中，整体地反映出形形色色哲学——一神论、泛神论、唯物主义、一元论、二元论、辩证哲学的差异性及乐观主义与悲观主义情绪的冲突与协调，正是从这里丧失它们的要素。存在这样的历史哲学，它们从原始条件、自发和纯洁无邪状态、从某种以后又丧失的伊甸园开始，历经各个时代的地狱与炼狱，在最高形式中重新赢得那种天堂，以致再无丧失的危险。这是极其普通的类型，即使在历史唯物主义中也可发现，由于其介于幸福与兽性之间的原始共产主义的伊甸园，其艰难的历史间奏曲，其理性主义的无比幸福的未来共产主义。还有其他历史哲学,描绘善与恶、幸福与痛苦两个原则的斗争,以善和幸福的原则的胜利、以实现人间天堂或天国告终;然而,也存在描述走出伊甸园后、不可挽回的、日益加剧的衰落的历史哲学,或者设想由于艰难获得对人类不可战胜的不幸越来越强的意识而得到解放,这种意识导致社会似苦行者所有意愿的消逝或者执意普遍自杀。正如各种宗教一样,各种历史哲学趋向成为超验的,其最严重后果是程度不同的物质的、唯物主义的超验伦理学的出现。

概念和想象的混合是神话的构建原则;历史哲学的这种神话特征显而易见。所有历史哲学都想发现并揭示"世界图景"、从诞生至死亡,或从进入时间至进入永恒的世界图景;并且它们体现为神的显现或魔鬼的显现。说实话,在此种情况下,相似性不仅是观念的,因为认为历史哲学(过去被德国人吹嘘成全新的纯德国的科学)在由新教和《圣经》(从未忘记尼布甲尼撒[1]的梦境和但以理[2]关于金银铜铁泥为标志的王国序列的解释)准备的环境中获得空前繁荣的人们,将会从中发现历史相似性——四大王朝的模式,文艺复兴时期的历史著作早就推翻了这种模式,并且明确地批判和抛弃那种模式。

就这部分而言,维科的历史思想,既没有同新教改革,也没有同天主教会传统,而是仅同文艺复兴重新结合,因此对历史编年体进程的哲学思维,即神话化同维科的历史思想格格不入,相反它探

---

① 尼布甲尼撒(公元前 605—前 562 年),巴比伦国王。——译者

② 但以理,圣经人物。犹太王族后裔,后被掳至巴比伦,因聪颖俊美被选到王宫。有一次国王尼布甲尼撒做了一个梦,因忘记梦境,无人能解。但以理祈求上帝帮助,圆满做了解释,国王十分高兴,命他管理国家。——译者

寻永远制约历史的范畴(或如他所说的头脑的改变),即使(如他所说)产生无限世界,根据范畴的统治或不同优势,它展示不同的历史时代。把维科的作品视为日耳曼"历史哲学"的开山之作是严重的错误,我多次抗议反对这一错误,但错误仍在或总在哲学史和历史哲学著作中复活。然而日耳曼历史哲学本质上是想象的公式,虽然有些很有才华的哲学家对它情有独钟;而维科源于批判思维的纯粹哲学研究,被批判地继承,至今仍生机勃勃并蓬勃发展。

由于历史哲学完成自己的任何工作和消遣,即上文所说的划分、再划分和历史学中常用的各种聚集,历史哲学不思考和不原创地构建历史,而是把充满书名和纲要、夹叙夹议、完好无损的历史摆在面前,它抓住那些书名和纲要并凭借它们,通过浓缩或更多的是扭曲,就推断出提供它称作的内在历史、外观后面的真正历史,其实是早已说过的神话。于是,形成历史叙述的两重性,历史叙述由批判和通过揭示及进一步观察获得的脱离批判的解释构成,这种两重性是人类精神的一种能力的产物,它不能决定其他能力并同它们相联系、和谐一致。两重性实际上采用"寓意法"这样著名的二元论形式*;这就解释了为什么黑格尔式的老批判家和其他类型的历史哲学家不会理解这类著作家遵循的方法,他们说这种方法既不是归纳法,也不是演绎法,而是二者拙劣的混合。寓意并未设想一种高级的统一,而是一种书法,它在另一种书法的字里行间写下自己的字体,它是在另一叙说中补充或插入的叙说,是一本

* 关于寓意概念和此概念的历史,请参阅我的《美学新论文集》第 4 版(巴里,1958 年)中涉及此内容的文章,第 329—338 页。——原注

对另一本书进行补充的书，这本书或好或坏，可讲合乎情理的或不合乎情理的事，在我们的情况下，它只讲不合乎情理之事，然而是把它们内在地、不同于外在地联系起来。同样，所谓的“自然哲学”也是寓意的和拙劣寓意的，它们同“历史哲学”一起繁荣，具有相同的方法和共同的命运。

众所周知，当寓意的二元论在诗歌领域出现时，如下规律有效：越完美的寓意家反而是越不完美的诗人；越是伟大的诗人反而越是不连贯、不规则的寓意家：诗歌天才压倒寓意意图，不可抑止地完成自己的作品，不关注或破坏和冲决那些寓意。然而，正如我们的情况，当那种进程导致一种随意思维（不是真正意义上的思维）接近一种真正的批判的思维，即使不想完全破坏后者，由于为自己游戏而破坏后者所需材料，前者就切碎或削弱后者，它像一种毒素渗透到后者的血液中，以阻止后者自由呼吸。因此，很好理解历史研究者对历史哲学的不共戴天的极端愤恨之情；随后历史哲学受到猛烈的谴责并变成禁书，它们被禁的程度远超过由天主教会开设的禁书书目中被红衣主教团标明的那些书。沿着这条路厌恶扩展到一般哲学，一般哲学不仅不是历史哲学，相反对历史哲学进行彻底批判，因为推翻其根据，证明其根据逻辑上不成立；当然，这是严重的损害，其影响继续存在；但造成损害的过错，若能这样说的话，与其说归于历史学家——持反对态度，不如说归于历史哲学家——引起损害。

但是，任何绝对的禁止都是冒险的，任何鼓励不认识和不理睬都会变为对无知和懒惰的鼓励；因此必须建议也要阅读被禁图书，就我们的情况说，即那些历史哲学著作，不仅为了对一种错误的意

识不迷失，这种错误总能披着骗人的新外衣复活，不仅因为在它们中表现出它们那时代的道德与政治倾向，这些倾向值得考察，还因为它们包含的实际历史思想。应该承认在几乎全部此类著作中缺乏历史思想或独特历史思想很少；这类著作的作者一般缺乏知识准备和学科训练，也不具有历史学家的兴趣，他们使用流行的历史和教科书，通过隐喻重新解释自己抽象哲学概念，或自己的期待、希望、绝望和惊恐。但需要指出一个伟大的例外，那些作者中的一位——黑格尔，他是精神哲学的深刻革新者和历史学的深刻唤醒者，是他在那些部分做出主要的思辨革新；因此，首先在哲学史中，尤其涉及逻辑学和由它决定的伦理学、法学及国家学说的无数结论。他的局限性就是其哲学的局限性，比如在哲学史中，根据逻辑学的范畴顺序体系发展的思想；在艺术史中，持续的审美概念论；在国家史中，作为最高要求的介于马基雅维利主义和神权之间持续的先入之见，和在日耳曼民族中化解各个民族的辩证法；不用说，若他对哲学史的原始文献的直接认识极高，对政治史与文明史的原始文献的直接认识则相当低，他往往重视在有关课程中留给我们的听众笔记、仓促和临时的东西。然而，他到处领悟深刻的关系、头脑里闪现接近真理之光；还有哪里他的历史解释和特征不令人满意，这种情况经常发生，人们就会在那里感到勉强和生硬，由于他习惯于把正题、反题、合题引入它们并不表现的关系中，他总把头脑带入高空，在那里历史思维应运动，即使同他按其进程规划的道路不同或反向运动。

若从“历史哲学”的姐妹——“自然哲学”陈旧著作的“隐喻”中获取某些有益的东西，那些具有哲学与人文科学素养的物理学和

自然科学的认识者，不得不说原始的愤怒和轻易的嘲笑已被抛弃和中止。那种对于思辨的酷爱（甚至连电动力学的发明者和《自然中的精神》的作者奥斯忒[1]也未能幸免），若对任何思想或任何真理微光毫无益处，似乎不能赞同它没有先于对证明的必要方法的修正。

六　作为陈旧观念的哲学或哲学的陈旧观念

从哲学与历史学确定的新关系中，即同一关系中，表面上看哲学通常形象远比历史学形象变化大。

历史学在同轶事分开，并要求自己具有不是情感和想象的而是思维的作品的特性后，它让轶事在其特殊领域继续存在，它承认轶事在此领域既有用又必需。然而，当哲学同历史学同一，即同历史思想同一后，就消灭并消除置于历史学之外或之上的哲学概念。历史学意识同历史学不可分，正如道德意识同道德行为不可分，审美意识同艺术创造不可分，或（如学说公式所说）趣味同天才不可分。甚至当把哲学界定为“历史学方法论”时，正如我所为，若方法论同对事实的解释不一致，即不能伴随事实的智慧不断革新和发展（由于认为哲学同历史学的分开只实际应用于教学目的），它就是抽象的。任何哲学问题，只有当涉及使它得以产生并为理解它

---

① 奥斯忒（1777—1851 年），丹麦物理学家与化学家。发现电流通过导线产生磁场。——译者

必需理解的那些事实，被提出和研究时，才能得以解决。在任何其他情况下，任何哲学问题都是抽象的，并引起毫无结论、永无休止的争论，这对各个学派的哲学家来说都是再普通不过的事，以致最终觉得这是他们生活的本性要素，在此要素中他们游手好闲、无所事事地到处闲逛，心情骚动不安，总在原地踏步不前。若过去和现在哲学成为特别嘲讽的目标，则这种目标从未光顾数学、物理学、自然科学，也未光顾历史学，这必然有一个特殊的动因：上文我们已经说过。严肃地将哲学历史化等于使它受到尊重和敬畏，若它喜欢这样的话。

置于历史之上和之外的哲学概念经常在区分“最大”、“最高”、“普遍”、“永恒”的和“最小”、“最低”、“特殊”、“偶然”的思维问题的公式中得以掩饰：无论如何，其后首要性问题被描述出，过去是关于上帝和永恒性及类似问题，而今天通常是思维与存在统一、认识论和现象学问题；无论如何，设想出首要性问题同次要性问题的关系，次要性问题被视为经验的和非哲学的，认为若首要性问题不先解决，次要性问题就不能解决，因为首要性问题为次要性问题提供必要前提。然而，效果仍然不变，即人们卷入的争论毫无结果。若有时真理之光在那类争论中闪烁，也应归功于良知的干预、它未因惧怕就保持沉默，或归功于不为觉察的聪慧的闪现、它在历史的确定性中发现争论问题的真正意义和解决之路。

在被宣布为低级、特殊、偶然的问题中也发生类似情况：它们被认为缺乏哲学或永恒期待哲学应一劳永逸地把它们澄清，然而它们迷失并同形形色色随意感觉和想象恣意混合，当它们的研究者不准备自助从而哲学思维能力低下时，虽说不能如要求高超哲

学家那样，但总要用严肃的思想和批判、从而富有成效地进行哲学思维才行。于是，在历史的不同领域形成独特理论，它们具有的思辨价值远远超过经院式的枯燥无味的高超哲学。鼓励专门家提高到哲学高度，促使投身于重大问题的一般哲学家研究微小问题（重大问题只能在微小问题中存活，只能在微小问题中才能发现并解决重大问题），这是适宜对头脑实施的双重的趋同的行为，在实施这种行为时，不要抱有过多希望或过多期待。因为在这里主要是到达一个中点、道德点，正如亚里士多德所知，由于那是登峰造极的顶点，也是最难攀登的制高点：换言之，这意味着历史—哲学家和哲学——历史学家总是寥若晨星，并总构成一个人数有限的贵族阶层。

将哲学设想为外在于或高于历史、理解为所谓最高问题的令人痛惜的后果之一是，哲学学者窃取社会和国家的领导者和改革者的职责。历史的哲学或哲学的历史是谦逊的，因为它不断地把人带到实在面前，让人在真理中实现净化，让人自由地探索并发现自己的责任、创造自己的行动。然而，另一后果是，它可能因模糊地记起源于神学和教会而变得英勇无畏，或不是这样、可能只显得英勇，被自己的空虚引导至肆无忌惮，它在这种空虚中游荡并竭力以某种方式冲出。它谆谆教导的实际行动或崇高或卑鄙，至少在意图上如此；正如孔德所认为那样，这一行动想要“重新组织社会”，或者如马克思所主张，想要进行社会革命并使社会合理化，或者如其他哲学家想用自己的手段让被奴役民族温顺：但不合逻辑是共同的。即使对新哲学概念做出贡献的伟大天才，有时也窃取不属于他们的职责，他们从自己抽象哲学中推断出随意的纲领，这是他们活动中有缺陷无活力的部分。

由于发生或祝愿在历史学中化解哲学，若喜欢这样，可以说哲学已死亡。然而，由于这样显得死亡的东西从未真正地活过，应更确切地说，关于哲学的陈旧观念死亡了，它让位于从对近代世界的深刻思维中产生的新观念。不言而喻，这只是观念上的死亡，因为其物质上的生命仍在延续，正如在观念上已被超越的许多其他事物一样；它还用来给世界提供哲学家的活动，这种活动已贬低为（上文已指出）许多职业中的一种职业，就其纯粹性质而言，远不如诗人的活动更像一种职业。

七 判断事实与认识起源的同一性

具体而真实的认识总是历史认识，这一看法有个明显结论：不能把对事实的认识、定性、判断同对起源的认识分开并区分，也不能把相继而来的两个环节变成唯一行动的环节，更不能把截然不同和完全对立的两个行动变为唯一行动。认识（判断）一个事实等于思考它的存在，因此思考它的产生和在各种条件下的发展，反过来各种条件也在变化和发展，因为其存在不在别处，就在其生命的进程与发展中：人们徒劳地试图在这种生命之外思考其存在，由于在无能努力的切望之后，就连事实本身的影子都未留下。我们越是深入把握其本性，就越能感觉到在其历史中同它一起运动。

由于所有这一切，不仅不识字的平民，就连文人、学者和科学家也往往倾听将判断同事实历史割裂的格言并观察那样的实践，他们认为可以历史地澄清一个事实而推迟事实判断，或客观地历史地澄清历史事实是可能的，但判断属于随意主观性，对它来说应放弃澄清历史事实：人们奢望用这样的方法叙述政治史、诗歌与艺术史，甚至哲学史。实际上，以这种研究方式可获得的最佳结果是一连串编年体符号，它们未涉及任何理论和历史的问题，并且由于它们缺乏思想而具有一种令人生厌的客观性神态，正如在实际生活中常遇到的某些人一样，他们的言行严肃庄重，因为不能不如此，即由于无话可说。

当我们轻视这些随意判断和缺乏历史性的历史的组合或协调时，它们却受到学术界的欣赏和赞扬，在学术界它们被用来撰写政治史、哲学史和诗歌史，但这样的历史没有智慧、没有激情，缺乏对政治、哲学、诗歌的挚爱，值得我们提及另一种割裂历史起源研究与事实研究的虚假观念。判断是历史化的事实，历史本身是事实特性的确定，这种思维的唯一行动一次次地彻底完成历史问题，并令头脑十分满意，但未令永不满足者满意，他们认为仍然停留在表面化和破碎状态，需要进一步构建另一种历史、唯一名副其实的历史，这种历史赋予单个描述与判断所缺少的内在联系。确实，那些单个描述和判断很少破碎性，无需催促和强迫，它们使相互之间的联系和关系更紧密，由于判断总在形成并扩大头脑的内在秩序。但在更高联系的要求中（正如已说过那样，似乎真正纯粹的历史在这种更高联系中实现），多少减弱地和多少自觉地识别出旧历史哲学所具有的两重形式的共性是合法的：一种是唯物论、决定论、因果论的形式，想从一个原因推断出一切；另一种是抽象辩证法的形式。因此，这样的要求应放置一旁，正如科学到处所为一样。期待以这种方式进行的新研究轻易地把位置让给想象幻象或如人们所

说“卓越”叙述,这种新研究可以并实际拥有短暂的爱好者,但这里主要探讨历史和批判,它们外在于我们的论题。在20世纪头33年欧洲出现多少“卓越”历史啊!在短暂地迷惑和震惊人们的头脑后,如此迅速地被人们所遗忘!

在已完成历史面前要求高级起源研究和高级历史(已完成历史未感到重新构建的必要,也不容忍重新构建),通常源于对所处理的材料性质不理解:正如可看到人们惯于试图把政治史和道德史变为哲学和学说的问题史,同样把诗歌史变为诗歌问题史或政治和道德进化史。这最后的倒错很正常,由于在普通诗歌史中诗和审美的警觉性通常不强,但遭到把诗歌史的功能仅归于认识性格的人们的谴责和抨击。于是,各个艺术品和诗歌创造的起源和历史大声疾呼:这样就破坏了艺术史和诗歌史;但还应澄清,仅禁止将诗歌和艺术史同其他类型历史相混淆,因为它们不是诗歌和艺术史。当超越或否定那些历史的固有性质时,因头脑无知而毫无觉察,又折回在它们之中探寻并设想一种表面的联系,这样的东西只能是随意的和幻想的。

八　异议

由于所有宣布的命题,都能根据听众的头脑质量与能力、道德立场与文化准备,引起形形色色的异议,在科学论著中通用忽略那些被称作通俗的异议,即其中的无限“平民”,只遵循代表思维的理想立场和历史地位的,并能在此论题的活文献中复现的异议。对于所有其他异议,即使令人厌烦地听到重新提出,只需重复介于屈从和焦急之间的格言:“谁想领悟,就可领悟”:每人解决各自的困难,同时沉思并深入作者的思想和研究对象的核心。虽然在通俗异议中有着相当折磨聪明读者的东西,当心理体验让我们也认识这些异议,这几乎是仁慈行为帮助克服阻力,我们毫不费力仅靠他人恩惠,若未靠他人感激之情。

这类异议之一是说上文指出的历史学观念类似阿拉伯凤凰[①],看不到它在何方存在或从未存在过,由于它被著名、卓越的历史学家的全部或几乎全部著作所摒弃,很难找到完全适宜它的著作,即能够真正同编年体、语文性、倾向性、文学性的历史学(它应当反对的那些历史学)区分的著作。这里所遇到的困难源于:不是关注事物本身,在现在情况下,即思维的实际问题;而关注完全外在地描绘事物的分类和标签,某些完全不同的分类和标签相互接近。因此,应坚决回答这一异议:只有那些符合逻辑定义的著作才是真正的判断、叙述和历史作品,无论是在一本所谓历史著作的某些段落或次要部分偶然发现,还是散见于哲学和科学论文、政治性和实际论战性的小册子,甚至还可见于一部小说和一出戏剧。同样,有数不胜数的所谓诗歌著作,人们只在其中一小部分发现诗歌;那类所谓诗歌著作通常并大部分包含同诗歌截然不同的精神产品,人们有时在不抱希望的地方,在哲学家和历史学家的一页文字中,在一封信或一段碑文里遇到诗歌。伟大诗人都不是纯粹诗人,提及但丁就足以证明;若但丁骨子里是纯粹诗人,则有理由也

① 寓意为“找不到的唯一的东西”。希罗多德说:“还有另一种神鸟称作凤凰,我从未见过;另外,它很少出现——500 年才一次”。——译者

把莎士比亚视为诗人，就是这种莎士比亚的纯粹性也要相对地近似地理解。当然，正如文化的发展趋于可能外在地区分人类精神活动的不同性质，从而诗歌解除已往同文学的联盟，或不同时代同神学、哲学、道德、政治的联盟；对于历史学也是如此，应当相信在获得历史学的意识后，在写作时最好总要注意历史学同轶事、历史学同编年史、历史学同语文学之间的差异。但更为重要的是，不要忽视哪些为文学组合的和教学组合的形式，真正差异在于如下事实本身：现在和过去总存在一个真正的历史判断，这才是我们情况下最有价值的东西。

第二个异议或困扰学说的无经验者和新手的第二个动因是，在他们眼中如下断言荒谬绝伦：真正的历史产生于看清实际、道德问题的需要，历史上形成的人类意识是真正历史的来源，发生事实的证据作为支点和激励以引起和唤醒只有权威具有的断言意识才有价值，或者只停留在“这样说”和“这样写”的简单形态上，想象可对这种形态加工，但它外在于思维。现在，为了理解这种学说，肯定需要许多哲学认识和哲学沉思；但还是可以做些事情使这一学说富有说服力，并去除它的荒谬外观或疑团。

为了这种需要，我乐于采用该学派另一位历史学家济贝尔[①] 1867 年为纪念尼布尔所作的报告*，尼布尔被德国语文性和反哲学历史学家尊为导师，但遭到黑格尔反对；在此报告几年前，济贝尔曾捍卫历史真实性只建立在证据批判和文件辨识的基础之

① 济贝尔(1817—1897 年)，德国历史学家。——译者

* 《三位波恩历史学家》(见济贝尔《演讲与论文集》，柏林，1874 年)。——原注

上[*]，但这次说到尼布尔时，却不自觉地论述更高更深刻的基础。因为，他注意到在18世纪的德国，一方面有过服务于帝国和不同国家的博学性研究汇集，它们完全缺乏精神；另一方面也有过饶有兴味的所谓历史哲学著作，它们同历史的具体性并不一致；缺乏对特殊东西的批判研究和对民族积极生活基础的彻底精神探索。这里不必特别重视"民族"这个词，由于习惯在德国著作家的嘴边总挂着它，因为若认真观察，在此种情况下"民族"同"实际道德"问题一致，我们曾强调过这一问题。实际上，尼布尔(正如济贝尔回忆那样)曾是"一位专业学者"，一位扎实精确的专家，却具有聪慧、想象、激情和虚构精神，他经历过人生的多重经验，有过自己的危机，通过全身心地投入抗击拿破仑的德国独立战争伟大运动，成长为历史研究者；因为那时他发现对古代史不再可能满足于类似地图和地形图的认识，这类认识从未尝试让头脑记起对象本身的形象，古代史应按具有清晰性和确定性的当代史同样方法研究，并形成格言：历史学家以破碎的或欢快的心投入的当代事件越是伟大，他们越能以巨大的力量履行自己的职责。对证据的批判应当"通向事物本身，以致不再用老调解者和担保者的目光，而是如同目击者和亲历者、用富有创造性又严守规则的想象去审视"。这样被描述的过程肯定比我们描述的过程更模糊更神秘，因为引入"创造性想象"，这是一种诗人的想象，接着奇怪地让这种想象"严守规则"，这就需要一次飞跃才能抵达"事物"，这种事物将在证据和我们之外，不知道它在何处；但当这种过程同样以神话类型被澄清，就丧失其

---

* 见1864年的论文《论历史知识的规律》。——原注

模糊性、神秘性和怪异性，这里主要是我们在自身中深化和发现的过程，即在我们个体发展史中的我们自身就是“事物”。这种对事物的直接参与或这种内在再生能力（若更好界定它），在尼布尔及其赞颂者看来已远不够；因为，为看到它在自己面前生气勃勃，他补充说必须“理解其实际性质”，同样不能说不了解机器的构造及用途的人看见了机器。以致应感到惊愕：他很容易地承认，若不理解医学，仅靠纯粹博学不能撰写医学史；却认为未严肃研究宗教、经济、哲学问题，就能撰写民族史；未认识法律和国家，就断言是伟大的政治事件；未认识人心就判断是复杂的冲突和伟大的激情。正如每个人所能观察那样，这一切只能有令人悲哀的结局。尼布尔未靠博学而靠国务家的智慧（在各民族比较认识和自己的政治实践中成熟）获得罗马“平民”的定义及其历史叙述；这促使他用预言家的目光发现联系与生活，而他的前人在此只看到不可理解的片断。最终，他的那种历史观被道德情感力量所武装和强化；济贝尔说，从而他在他的罗马人中间，永远保持德国人的典型性格，他越感到对自己祖国的热爱，就越对其他民族的丰功伟业激动不已*。

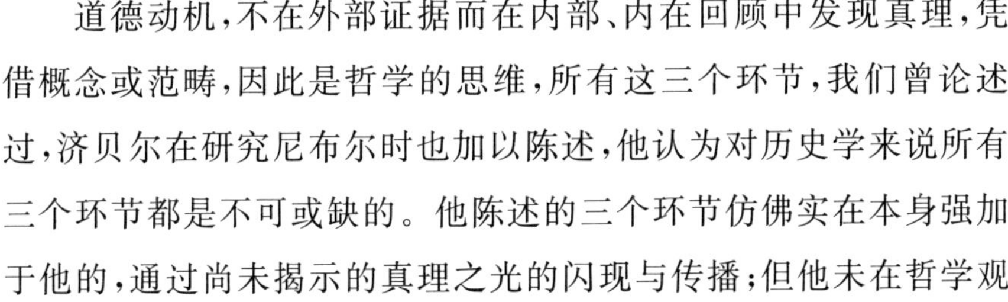

道德动机，不在外部证据而在内部、内在回顾中发现真理，凭借概念或范畴，因此是哲学的思维，所有这三个环节，我们曾论述过，济贝尔在研究尼布尔时也加以陈述，他认为对历史学来说所有三个环节都是不可或缺的。他陈述的三个环节仿佛实在本身强加于他的，通过尚未揭示的真理之光的闪现与传播；但他未在哲学观

* 《三位波恩的历史学家》，第24—28页。——原注

念中整理三个环节(它们和他都同哲学观念有联系),未对它们精确确定,未从中发掘出必然结论,并未发觉由于那种承认,他应重新证实历史知识,以前证实只基于对原始材料的批判。但这种学说的缺陷对我们有益,因为它创立我们已陈述的理论,同时去除其荒谬性,这种荒谬性从未符合真理,真理本性是朴实、反对怪异和片面的东西。

历史学与政治

一　历史中的所谓非理性

坚持这点：历史书写积极东西不书写消极东西，书写人类从事的事业不书写人类遭受的苦难，可能显得多余，但并不是这样。当然，消极东西同积极东西相连；但恰恰因此未进入画面，若它未置于这种联系中，也未在其中发挥作用，永远不能提升到主题的高度。人类的行为同敌对的信仰和倾向斗争，战胜它们，压制它们，把它们贬低为自己的材料，并在它们上面崛起；历史学家从未忽视活动是在这些障碍中间、通过这些努力并运用这些手段才逐渐形成的；还有当活动完成自己的生命周期、衰落并死亡时，历史学家的目光不是盯着衰落和死亡，而是在那种衰落中已孕育的新活动、现在已长出萌芽、未来必将开花结果。历史学的历史不断提供进步的例证，这种进步正是通过纠正消极考察为积极考察，将消极考察提升到积极考察来实现的。中世纪被从文艺复兴到18世纪世代相继判断为漫长的黑暗时期，当人们正确强调新精神性具有基督教与教会的烙印，强调各民族被召唤过更深刻的精神生活，强调那些民族靠从罗马传播和培育的语言形成，强调各个公社在造反和战斗时追求自由，强调骑士习俗草拟超民族的、某些方面超宗教

的人类社会观念，强调艺术不再是古希腊的，而是具有自己的魅力和美，强调诗歌回响着古人(即使听到)不能理解的新重音，强调哲学本身同初看时截然不同，即使在经院哲学中，由于其内在需要，急切披上亚里士多德的外衣，到处冲出藩篱，宣告未来。古罗马衰落史充满神秘，虽然人们如此长期地以不同方式探寻其衰落原因；只要衰落幽灵不被驱逐，正如现在人们不断尝试那样，只要产生和成长的基督教社会和文明的历史学主题未替代衰落帝国的主题，将永远充满神秘：对基督教社会和文明来说，帝国扮演不同的角色，时而是那一发展进程的不自觉和不知晓的合作者，时而是战败的压迫者。对人群的自然鞭笞，地震，火山爆发，洪水，瘟疫；人们对他人的鞭笞，入侵，屠杀，剥夺，劫掠；倒行逆施，背信弃义，残酷无情，这些可以伤害人们的心灵，在痛苦的记忆中引起恐惧、愤怒，但不值得引起历史学家的兴趣(对这方面他们总重视英勇的诗人)，若主要不是作为他们只重视的人类崇高活动的激励和机遇。那种活动，为了抵御敌对的自然，发明器械，建筑避难之所，安排观测员，采取卫生手段；为了防御人对人像狼，修建城市，打造兵器，设立法庭；为了逃避罪恶的贪婪和培育至善，人们紧密地结成宗教团体；通过诗歌及其他艺术杰作、哲学沉思，从痛苦、恐惧、愤怒及其他情感中得到启示；所有这些创造，才是历史的真正唯一主题。

从行动需要产生的历史学，为同这一切相一致，应当使完成的行动清晰；通过其探究和沉思而孕育的新行动，将同完成行动而不同未行动及虚无、同生机勃勃的东西而不同死亡的东西相黏附。当人们开始要求历史是“文明史”或“启蒙史”或“进步史”时，另外就会发现或隐约看到它的这种积极特性;而那一公式(在他人看来是其缺陷和误解)是被行动的人们所思维的、行动性公式。

反对这样理解的历史学,是另一种倾诉一连串灾难、不幸和卑鄙言行的历史学,甚至不能引证其辩解词——这类表演在苦行者的精神中可见,在他们看来,尘世生活同天上生活(那是唯一真实的生活)相比,是罪恶和忧虑的堆积。当今时代,这类消极历史很少自成一体,但其弊病传播很广,在历史叙述与描绘中,推动这类历史的情感往往代替任何其他情感和引导性概念。有时人们甚至说到历史悲观主义,它要求自己的充分权利,反对文明和进步的历史乐观主义;但这里的问题并不是乐观主义和悲观主义;相反,简单地是可信的、智慧的、有益的历史学和不可信的、愚蠢的、无益的历史学。人们还说到必须扩大"历史中"的非理性部分:仿佛非理性是一种历史的和实在的要素,而不再是理性本身投射的影子,其实在的消极面貌,只有这样描述和理解非理性,它才是可以描述和可以理解的。

似乎是非理性的东西,仿佛受到非难的对象,自身认为是充分理性的,这可从如下情况见出:只要道德的或文明的历史观点刚刚移至纯粹军事、经济、自然、生命的历史观点时,影子立即变成固态物体,消极特性也具有积极特性,即在历史思维中总被积极地研究。有人极其关注并酷爱思维兵法,他竭力要认识如何将阿提拉和成吉思汗结合并带领游牧部落投入战役,或者如何挑选和训练炮灰与爪牙,赞誉和欣赏他们作战的英勇无畏,不会思考这样的英勇无畏带给西方和东方的浩劫和暴行。谁要研究政治谈判的艺术,同样重构并赞颂佛罗伦萨和威尼斯的特使们的机警和精明、英国和法国政治传统的巩固和一致，而未深入研究确定它们的目的，也未探索过那种政治有助于培育更为高尚的人类，何时能何时又不能。谁要把头脑转向经济生产，只看到赢利精神的奇迹、企业的大胆、财富的倍增、国家和私人的财经实力；未注意那种令人眩晕的运动带给家庭和社会的生活的困扰和混乱，或未注意给社会习俗打上功利的和唯利是图的烙印，伴随丧失最崇高最优雅的天赋。诸如此类，不一而足。甚至探寻政治冒险帮派、强盗团伙和其他犯罪集团，从哪里获取并如何管理它们的力量，在它们的生活准则中，认为手段同目的一致，在它们的圈子内，承认其合理性。至于称作自然的惩罚，在物理学家和博物学家眼中，它们只表明为地球的进程，地球用地震调整、靠火山爆发平静，以及不同物种生存斗争的过程，并正如已往人们所说适者生存。

所有这些另类历史，作为特殊史和不同技术史（军事技术、政治技术、工业技术等），通常同著名历史、文明史或道德史或人们所说的伦理—政治史相区分；这导致另类历史被继续观察，以某种方式同文明史相联系，作为文明史遇到的障碍的历史、文明史应通过在自身解决障碍以满足的需要的历史，为文明史提供并使之受益的手段的历史。相反，若自为地思维这类历史，正如应做得那样，把它们全部集中、赋予统一性并同文明史相区分的概念是生命或生命力的概念。它们都是生命力的历史，是生命力不同表现的历史，因此作为人类的所谓低级的或自然的实在的历史：迸发并猛烈扩散的生命力的表现，压制其他生命并占据它们的位置，或靠诡计渗透、凭借工业和贸易等获取享乐的手段。生命力不是文明和道德，然而没有生命力，文明和道德就缺乏必要前提，有待在道德上和文明上塑造和指导的生命材料；以致伦理—政治史缺乏自己的对象。生命力由于自己的需要，具有自己的理性，这种理性是道德理性所不了解的。从而在其进程中出现深奥神秘的外观，其表现的预料不到、令人震惊和势不可当的东西，其必然性是作为在道德的善恶之外具有自己内在价值的力量。不仅虔诚的信徒，面对其不可遏止、趾高气扬爆发的演出，屈从于上帝意志和由他这样安排的天命，而且每个了解实在规律的严肃头脑，蔑视空洞的悲叹，避免不当的判断，因为无人能断言：若那个痛苦的和破坏性的事件未发生，情况是否会变得更好。因那个事件而遭受痛苦的我们，不会同未发生那个事件时状态一样，但不能说我们会更好、更纯洁、更聪明、更辛勤工作。其后，周期结束，天空晴朗，头脑探索，若在所有那些陶醉、狂热、孩子般的虚荣和恶意、破坏性的焦躁中，未能找到人道的和道德的明智，正如康德所说，则无需探寻自然的隐秘意图*：即变为它们的历史，或总通过并借助它们被创造的新事物的历史。

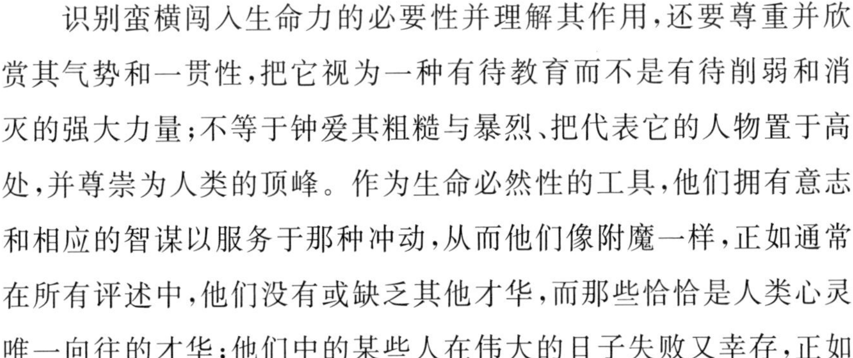

识别蛮横闯入生命力的必要性并理解其作用，还要尊重并欣赏其气势和一贯性，把它视为一种有待教育而不是有待削弱和消灭的强大力量；不等于钟爱其粗糙与暴烈、把代表它的人物置于高处，并尊崇为人类的顶峰。作为生命必然性的工具，他们拥有意志和相应的智谋以服务于那种冲动，从而他们像附魔一样，正如通常在所有评述中，他们没有或缺乏其他才华，而那些恰恰是人类心灵唯一向往的才华；他们中的某些人在伟大的日子失败又幸存，正如

* 见《关于世界公民意图中的普遍历史》。——原注

在马基雅维利眼中的切萨雷·博尔贾[1]，他遭受蒙骗，优柔寡断，几乎发疯，可怜虫一个，正是他在福星高照趾高气扬时，曾使马基雅维利惊愕不已；同样，尽管拿破仑在塔尔马[2]那里研究过统治艺术，但在圣赫勒拿岛的礁石上并不比他人出众；正如被判死刑关在狱中的苏格拉底或流放中的但丁一样。黑格尔把他们界定为"世界精神的活动家"；然而并不总是高质量的活动，更多的是上帝托付给自己的奴仆撒旦或靡非斯特的那类活动。人们注意到他们在令人眼花缭乱的光辉下的缺陷，在所谓理想化中不被提起，这归功于有意识的谄媚方式或天真轻信想象的美化；从而产生关于他们的童话：大度、宽厚、慷慨、心善、温和与亲切，他们惊奇地听着这一切，若睁开双眼看世界，立即感到被驱使贪婪地抓住那些童话，以便利用它们作为争取民众支持的手段，正如过去利用其他类似东西一样。他们很难具有托斯卡纳第一位大公（佛罗伦萨古老自由的埋葬者）科西莫的带有忧伤的平静，他曾对在一本书中赞颂其美德的贝尔纳尔多·塞尼[3]说：若他是个普通人，他必然渴望美德；但作为君主，要由他做的事绝不是实施美德。在欧洲文学中，从半世纪至今，把暴躁和放纵生命力的人物当作偶像崇拜，几乎抬得比

① 切萨雷·博尔贾（1475—1507年），教皇亚历山大六世的私生子，曾任红衣主教和教皇军司令。后放弃圣职，同法王之妹结婚，接受法王所授公爵之位。他善于利用阴谋和暗杀达到自己的目的。其生父去世后失势，新教皇登基后被捕，后越狱逃跑，投奔姻兄纳瓦尔国王；1507年，在为国王平叛的军事行动中丧生。马基雅维利在《君主论》中以他为例论述君主应具有狮子和狐狸的双重品格。——译者

② 塔尔马（1763—1826年），拿破仑时代的悲剧演员。为政治服务，按现实主义风格重排并上演高乃依、拉辛、伏尔泰和莎士比亚的古典悲剧。——译者

③ 贝尔纳尔多·塞尼（1504—1558年），佛罗伦萨带共和倾向的历史学家，著有《佛罗伦萨史》，记述1527—1555年的历史。——译者

伟人都高，正是那些伟人给人类馈赠了思想、美的形式、科学发现、制度和情感等构成人类文明并标志人类生活同野蛮生活相异的东西。这样的偶像崇拜主要是道德低下的征兆，是低劣的理想，是污浊混乱的感觉，甚至连妓女对雇佣兵的那种欣赏与爱恋的关系都不如。由于历史学家理解由那些人扮演的角色和履行的使命，因此未忘记正是他们在人类心中播下恐惧与仇恨的种子并折磨肉体与灵魂；历史学家高度警惕以不使历史辩护沦为道德辩护，同时不使历史辩护走上邪路去培育邪恶的意图。还有从德国开始的并引入其他民族对国家和“权力”的崇拜，归根结底沦为对力量的低劣的情感，不是公民的情感，而是身着号衣的奴仆和阿谀者的情感，作为纯粹的力量被徒劳无益地涂上神圣和道德榜样的油彩；根据在较好时代某些德国崇高精神——赫尔德、洪堡、歌德的具有价值的相反判断，即使片面或夸张地表述，文化或文明永远高于国家。

颂扬国家是愚蠢的，实际国家是为发展更高级精神活动和实现这种活动的最高目的所必需的稳定条件，正如人们所说，思想、艺术和道德的目的是保障人类社会正常消化。在战争和动荡的困难时刻，拯救国家成为“最高法律”这一事实，完全符合当胃病发作必须等待痊愈而中止高级活动的情况。另一方面，必须注意那些追随所谓道德的、宗教的、智力的、审美的创造的实际的或技术的形态，同时既是那些创造的确立和巩固，又是它们的死亡。请思考教会和崇拜、等级及类似体制，各种宗教正是在这样的体制上确立；还请思考各种哲学得以确立的学派；诗人和其他艺术家的作品得以确立的规则和时尚：正是在它们之中，艺术的、思想的、宗教的与道德的生活越是受到巨大威胁并导致消逝，正如众所周知，就越是一次次地出现新的个人的宗教运动(即使显得在教会内部,但总是异教的),新的革命的哲学概念,打破规则并改变服饰及时尚的新诗人。此外,这并未剥夺:那些天才创造的永不停止的调整和巩固,转化为精神东西的本性或“第二本性”,在这里仍履行生命力的职能,同时继续保存并扩大潜在力量形态的立场、才能的储备,它们将在新的天才那里、在新的艺术的、哲学的、宗教的天才时刻大放异彩。

剩下考察人们称作“自然的”东西(隐藏的缓慢痛苦、爆炸、革命、自然秩序)对属于我们界定为生命力领域活动的接近,这种接近是我们的自发需要,已往在各个学派中生命力被命名为“低级欲望能力”,它低于伦理学但绝不是非理性的,相反自身拥有自己的理性;并证明在这一领域,人的个性若好像触及自然或同自然融合,那是因为初级精神性在生命力中获取独特形态,而生命力开辟自己的道路并创造低于人类的世界或如通常所说的自然的世界,并且在历史范围内继续它的创造,同时提供并准备人们特别提到的人类历史或文明史的基础和材料。然而,这种证明,在其他地方已做出,这里只能以提及方式假设并援引。*

二　政治历史学

上文提及纯粹政治史同军事史、经济史及其他涉及功利性的历史的相符,被视为历史进程的相符,将引起某些疑问和困难,若

---

* 请特别参阅《实践哲学》,并对照《近期论文集》第44—60页。——原注

想到迄今被界定的“政治”史，是同文明史对立的，文明史在政治史对面崛起，除用理论论战，还用自己的存在，批判政治史的缺陷。由于国务家和外交家、军事家和经济家的纯技术需要，“政治史”就像军事史和经济史一样，似乎不适当地被引入展示性论述的概念。马基雅维利和圭恰迪尼[①]的历史，修昔底德和李维的古老历史，以及无数重复此种类型、其后被称作“政治的”或“国家的”历史，都未按这样的精神展开。说实话，我们的定义也未提及上述著作，它源于以这些著作为靶子的论战的结果和“文明史”这一更广阔的新观念的影响，它证明比纯粹政治史可能并应该存在更精确的认识：若首先未提出分解旧形态认识的、并必然在新形态中重构认识的原则，就不能获得认识。

然而，那些旧历史恰恰被理解为卓越历史或纯粹史，是人在制约所有其他活动的卓越活动中的历史。在最初的思考中，当人们试图强调主要活动，并把它同次要、从属的活动相区分，非常自然地把政治事物及与之相连的战争事物提升到首位，而叙述几乎限于国家事变，它们的建立、扩展、衰落和灭亡，它们内外的斗争。

在普通思维与想象中，今天这种历史日益成为最重要或纯粹的历史；可以看到每天平民百姓目瞪口呆地注视着这种历史的进展，通过报纸上刊发的电讯，而对其他历史一无所知。为了透过这些引人注目、人声鼎沸的表现洞察它们意义所在的深刻精神生活，将必然对某些性质的研究感到忧虑，希腊人和罗马人尚未受到这

① 圭恰迪尼(F. Guicciardini，1483—1540 年)，意大利历史学家，代表作为《意大利史》。——译者

类研究的折磨，将需要思辨概念的经验，无疑这些概念用它们的哲学在准备，但目前还未取得经验。尽管基督教具有较高的道德意识，但它仍不能使外在历史变为内在历史，因为它用超尘世的戏剧代替尘世生活的戏剧，这就去除了人类历史的自主性与价值：只是由于不能断然割裂人同世界、思维同历史的联系，致使历史学以某种方式保持到中世纪初期；在随后的几个世纪里，当世俗因素逐渐扩大，历史学重新复活，当世俗因素在文艺复兴时期取得胜利时，开始达到古代历史学的水平。然而，很长时间内历史学迟迟未开始坚决地深化自身；政治与军事事实叙述的外在性，首先在 18 世纪被认为是选择材料的狭窄所致，人们试图通过对生活其他方面的历史研究，通过把这样发掘出的种种新历史聚积到政治—军事史，凭借一系列平行论述文学、艺术、科学、宗教、道德、风俗、农业、贸易等章节，来弥补这种材料的狭窄性。即使在当代此类历史被讥讽为“抽屉式的历史”，但仍在产生，因为它令疲倦的天才心满意足，他们把历史事实全景般地放置一起，相信已用思维之火将它们融为一体。

大约就在那时提出“文明史”的要求，本身标志着史学史上的重要时刻，因为恰恰显现出新“宗教史”观念，不再是超验的而是内在的，在内在“宗教史”中，传统历史学都化解了，无论是奥古斯丁传统的超验宗教史学，还是尘世的、世俗的但缺乏理想动因的政治史学。虽然，起初文明史被理解成补充政治为主的历史或驱逐政治史的一种历史，文明史鄙视政治史，因为它关注人类不配炫耀的事物，保存关于压迫与屠杀、暴君与征服者的记忆，相反忽视在几个世纪里，不时地闪耀理性和美德光辉的活动。从而产生“国家史”与“文明史”两个学派的比较和对立，它们分别断言前者或后者的先在性，时而断言国家的绝对权利，时而断言文明的绝对权利。不隶属于道德意识的国家概念，具有不适当的含糊的伦理意义，或甚至占据渴望献身的原始、野蛮神祇的位置；而同政治活动的力量概念分离的文明概念，正如在德国和大部分所谓“文化斗争”中，变得枯竭和肤浅，往往变成关于旧风俗的支离破碎消息的汇集[*]。

为了克服困难和避免偏向，首先需要历史学同较好哲学相结合，把它设想为精神展开的历史或精神的历史，不再根据外在节奏（修昔底德式战争的季节、太阳年、君主及其同类的生平），而是根据精神生活的内在节奏重构事实的叙述：正如已说过那样，历史哲学只能向精神生活提供幻想的或象征的实行，因为要提供真正实行，追随事实的独特性与个性，在精神活动的不同性质中让所有事实透明，还是相当艰巨的任务。然而，所有这一切都不足以克服文明史同国家史的对立，人们若尚未理解（即使今天仍相距甚远）国家概念是比道德意识先在并低级的环节，而道德意识在其具体性中，如何使政治力量不断屈从自己，并把政治力量作为自己的工具：这一点可以用“柏拉图的理想国”公式古典式地表述，它不再处于抽象的优越性之中，而是下降并辛勤地同“罗慕卢斯的渣滓”相结合。这样就推演出并为之辩护的集伦理与政治于一身的历史概念，因为它在政治中探寻并实施伦理的具体性，并在实践与功利活动的全部内涵中理解政治。

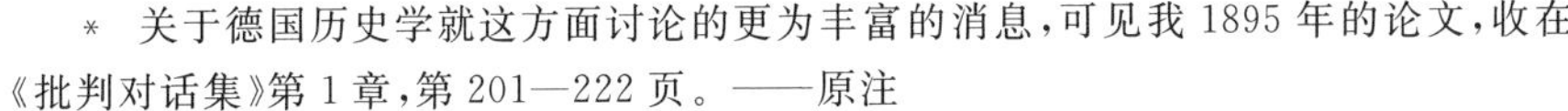

* 关于德国历史学就这方面讨论的更为丰富的消息，可见我 1895 年的论文，收在《批判对话集》第 1 章，第 201—222 页。——原注

因此，同伦理—政治史相比，直至18世纪仍占统治地位并被称作“政治”的历史学，不是纯粹政治的，它了解应受到的局限，因为它渴望克服这些局限，由于它奢望让历史保持较高的高度。还同伦理—政治史相比，涉及低级或上述在先确定领域的纯粹政治史学，保留自己特殊权利和特殊自主性，不是没有理由，当寓意地表达时，通常被视为“技术”史学，因为那种冷漠的实际活动在伦理领域丧失其自主性，并屈从作为实施伦理的手段或技术*。

三　历史学家与政治家

产生于行动并导致行动的历史学理论，似乎同明显的观察相左：历史著作家和历史学者通常同政治不相宜或不相容；而政治家即使对历史事物一无所知，仍然引导世界事物，正如前者不会引导世界事物一样。政治家往往对历史学家面带微笑，面对我们熟悉的历史或哲学微笑，对这种微笑我们只能以中断话题作为回答，把这些严肃事物的严肃话语保留给理解它们的人们，因为他们同我们一样钟爱它们。

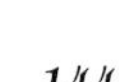

要求观察事实、在事实的整体性上观察，而不要用思维使事实贫瘠化而自寻苦恼，要求通常针对所谓实际事实部分，这类事实从未笼统地怀疑某些问题的意义（人们以多大的耐心不得不从非哲

* 关于人类活动非伦理性的历史，尤其是法律史，有待阅读杰赫林的《罗马法的精神》（1842年，1878年第4版）导言，他批评那些论著通常方式的外在性，要求它们真正“历史化”，即凭借把它们不断地带到整体（它们是整体的各个方面）以使它们前后一致。——原注

学家那里倾听反驳外部世界非实在性的声音，此次我们不讨论这一论题；或倾听用类似牙疼如此肯定的论据反驳恶和痛苦的否定性的声音！）；应当拒绝这种要求，只要简单声称，在大家讨论时，恰恰不是要观察，而是要思维。理论不是实在的照片，而是解释实在的标准；因此人们不能用眼睛看见它，而要用其他感官感受它，如同（歌德说）上帝不让尊敬的教授先生亲自认识他，因为，很不幸，“教授是人，而上帝不是”。

为在教学上展开并简要介绍历史认识同实践活动的关系，似乎很难不同意：若一方面重视所有人类思维，也应重视所有人类行动；这二者之间应当并必然充分一致，二者不断地相互倾注。人的一切活动转化为认识；人的一切思维，正如常言所说，反映到行动中。

实际上，历史学家和政治家之间分歧的原因，不在于历史学和政治之间的不可能存在的分歧或外在性，而在于这种角色同生活其他角色的天赋与习惯的区别，因此一种角色对另一种角色相对封闭：其后这种用于某些目的的封闭，需要一次次地去除或终止，以防止在进行这种区分时，区别变得贫乏并因自身破坏一切。

在上述区别中，实践家和政治家的思维明显限于“信仰”形态，即不是在其运动的活的过程中扩散，而是作为结论和结果存在。即使在探索性和批判性头脑中也存在信仰环节；但它总因新疑问和新问题被超越，并不断地从一点移至更包容更高的另一点。在实践家那里，它被结晶化、固定并静止，以致真理丧失真理性，因为真理丧失其流动性；虚假丧失虚假性，因为虚假丧失否定性力量：或换言之，在实践家那里，真理变成某种“笔记”性质的东西，众所周知，“记下的东西”不是“认识的东西”。实践家正是从那静止点开始行动。

行动不是对确定的美好纲领的翻译或实施，而是一种创造、每次运动都在革新和发展的创造；并且它总是一种危险或冒险、果敢行为，正如通常观察那样，怯懦者逃避或企图逃避这种危险或冒险，他们希望从事的活动万无一失，由于无法得到这样的保证，他们决定等待事实本身显现出期待那样，即让事实在没有他们干预下完成，其后至少他们可以做这件事：适应已发生的事实。

在行动的过程中，实践家和政治家形成了如下信念：他们真正认识人类和世界；而历史学家、哲学家和诗人从未真正认识人类和世界，后者生活在梦想和想象之中。然而，事实真相是，他们称作认识的东西不是认识或不再是(完全一样)认识，他们对认识了解甚少，他们并未真正认识世界和人类，而是善于运用它们，这是截然不同的两回事。警察在其实践行动的过程中，总是一位攻防斗士；他牢记如下目的：用说服、引诱、抚爱、威胁统治他人，用暴力粉碎他人，用贿赂瓦解他人；他们展现自己的技巧，布下自己的罗网，将驯从者和倔强者、朋友和对手网罗其中；这之后他们想象对那些人认识清晰，确实他们把那些人关入牢房。然而，实际上他们对那些人并没有认识，也不知道监狱里关押得是些什么人，还不知道那些被捕获的人心灵深处活动的东西，未被捕获的他人头脑中又想些什么。有时，不是没有困惑和迷茫，这种模糊情感渗透到他们的心灵中，当他们面对无可怀疑、不可战胜的抵抗时，在那些抵抗中他们感受到另一种性质的力量，那种力量不被诱惑和威胁所屈服，也不被以任何代价所收买，只能用爱和在爱的合作中赢得。诗人、哲学家、历史学家真正认识人；从他们在狂热灵感和平静沉思中看

见的东西里，产生使心潮澎湃并指明行为之路的理想。即使实践家的狭隘、片面、对立的信仰也来自相同来源，它们代表在实施理想时的不同正题和反题。这里思想家可以真正微笑，他们举办并驾驭舞会，现在居高临下注视着那些狡猾的政治家在狂舞，后者陶醉在自己的舞姿中，对他人故意的动作毫无所知。

实践家作为实践家，不像他们自诩那样，不仅不认识人类和世界，而且也不认识他们活动本身的实在，历史不断地探究这些活动并各置其位，实践家拥有自己活动的意识，但不拥有自我意识。在此种情况下，即使在历史上记载的纯粹政治天才、“不吉的异象”，若能重新复活并重返人间，当他们了解当初不知晓情况下所做的一切时，顿时感到惊愕不已，他们就像掌握读懂象形文字的秘诀一样，审读自己过去的行动。

于是，应得出结论：历史认识从行动中产生，即从澄清并重新确定模糊、混乱的行动理想的需要中产生，通过思考发生的事实，使重新确立行动理想成为可能并准备新行动。从开阔的历史视野，在此视野中心灵获得对一切的意识，从而一次次地上升到活着的上帝，从在灵感和内心祈祷中的心灵冲动过渡到实际行动，那种行动在实施时必然是独特性和狭隘性。

四　党派历史学与超党派历史学

我们提出并精心维护的实际与道德生活的推动同历史学问题的紧密联系，同另一种联系截然不同——实际目的与历史叙述的联系，后种联系产生“倾向性”或“党派”历史。

在党派历史中，过程无需从实际推动到由思维界定并解决的问题，到成熟意识(它是新的或革新的实践活动立场的条件)；然而，由于已确立一种特殊的实践立场，即党派的倾向或纲领，在准备或实施中，在为实施该纲领的其他手段中，求助于编年史和过去消息的其他汇编或真正历史，但真正历史仍按过去消息的简单汇编对待，从中发掘出人物形象、行为与事件以断言、确认和捍卫力求达到的目的。于是，在这种做法中，不仅不会产生任何历史学著作，而且已经存在的历史学著作也被割裂和破坏。不是对我们来说的那个现在的过去，因为在这种过去中“正在谈我们现在的事情”，在需要考察的进程中探索其性质并确定其位置，而是可亲或可憎、求助或反对的事物映像带着过去的色彩，呈现在我们眼前，以便引人注目或让人惧怕，说服或劝阻人们从事某些或某类行为。倾向性历史或党派历史，就其实质说可简要地这样描述。

为此，从历史学角度看，所有这类著作不可避免地受到指责：程度或重或轻地、全部地或部分地腐蚀和破坏历史真理。譬如，像教会历史学著作这样厚颜无耻的作品要想掩饰自己性质进行欺骗并非易事，因此立即受到应有的欢迎。然而，警觉批判辨别力发觉：在最巧妙、最谨慎、最善于披着历史学外衣或颇具风格的著作中，在真正历史的某些段落中，存在着力强调和没有强调的、伪造前景的、大书特书和绝口不提的东西，实际倾向这样为自己的意图服务。在冠以历史之名的书籍中，党派历史的数目颇为可观，因为凭借大小谎言或如常言所说精神性虚构以帮助国家、教会和其他领导、统治集团的实际、政治活动的要求日益急切和执着。在古代、中世纪和近代的历史学中，它们几乎占领出版物的全部地盘；

直至被称作“历史世纪”的19世纪，声名显赫的历史著作家几乎都多少明显地具有这种性质。请看德国，这是个在对过去研究上成为他国之师、在方法上有待遵从、在热情上有待效法、在史学文献上既丰富又杰出的国家；我们在那里将看到处于前列的，是立宪主义和自由主义的党派历史学家——格维努斯、罗泰克、达尔曼，是强国和军事大国的历史学家——德罗伊森、特赖奇克、济贝尔，是“大德意志”和“小德意志”的狂热者，是争取和运用自由或不拥护和反对自由的德国统一的使徒，还有中世纪革新风俗的梦想家、如吉泽布雷赫，路德以前天主教徒中德国赞颂者和宗教改革时期德国的蔑视者，如杨森等人。即使在意大利，19世纪前半叶、即历史学重新降为语文学之前的较大的历史学著作家，如特罗亚、巴尔博、卡波尼、托斯蒂均属于天主教自由派、联邦派或新归尔甫派，而其他统一主义者和反教权者则属于新吉伯林派。在法国，自由派、民主派、社会主义者、保皇派或真正保守派，是基佐、米莱什、马丁、梯也尔、米涅、勃朗、泰纳。虽然在英国，由于悠久持续的政治传统和拥有数世纪不再受到批判的自由，由于长期的世界政治经验，在这方面极少感到需要捍卫和出击，她在历史的沉思中从容地漫游，然而在麦考利、格罗特、卡莱尔等人的历史著作中表现出不同党派的倾向。在19世纪的欧洲已经开始听到共产主义历史学的声音，它未限于支离破碎地改变历史，可能未曾触及文明发展的总脉络，但在同教会历史竞赛甚至比较时获胜，它把历史完全伪造，把为分配财产的斗争置于历史的核心，而把其他东西、宗教、道德、哲学、诗歌都放到大脑伪造中。只归因于真理、脱离党派的历史观念总在反对党派历史学。毋庸置疑、甚至显而易见的陈述：几百年来在

学校里重复着西塞罗的话"愿他不敢说任何假话,敢于说一切真话;我既不心怀善意地、也不心怀仇恨地感到惊奇"等,但当回到关键一点,即历史仿佛被设想为党派的表现时,它就发生混乱、迷失方向并消逝在虚无中。

引导至那种消逝和虚无的不幸推理,从党派历史篡改真理的前提出发,因为它不是思考发生的事实,而是判断事实,因此得出结论,为了不篡改事实并提出纯粹真理,必须避免任何判断。其后,这等于说,为了看清置于彩光下的一幅画,必须熄灭所有光源并两眼凝视黑暗。然而,由于历史学是断言,因此是一个事实的性质确定,即判断,而且是运用其全部语汇的不折不扣的判断;与其反对避免判断的荒谬奢望,需要考察党派历史学的判断是否真正的判断、逻辑活动,或许主要是情感的表现:在这类考察中最终发现,由于从历史学中删除判断,就删除了历史学本身,相反其对立面——党派历史学,即用从过去事物提取的映像包装的情感宣泄,未受触动并迅猛异常、不可遏止地继续侵占历史学的阵地。

由于未做这样的考察和推演,人们严肃地希望撰写没有判断和思维的历史,若不使历史靠近编年史或同编年史视同一律,尽管保留历史叙述的某些恰如其分的文学性,实际上是写不成的。有时,人们还研究一种妥协方案:接受判断,但此判断应是不同党派的对立判断或对立情感的平均值,或是各个党派相遇并达成协议的区域;即是说仍然停滞在减弱、衰弱、乏力和索然无味的党派历史学范围之内。有时人们还求助于自然科学,求助于其完美科学客观性方法的模范性,他们打算并设法撰写收集并整理事实的历史,就像植物学收集并整理植物、动物学收集并整理动物一样,对它们只描述不判断。然而，历史对分类科学的先在性的逻辑关系的古怪颠倒，仍未能逃脱倾向的圈套；正如人们在以科学历史学家自诩的巴克尔们、泰纳们的典型的、近乎讽刺的形式中所见，上帝以这种客观性观察人类，正如过去所说的萨沃亚参议院的“平等”。然而，在反对党派历史所采取的措施中，伪装的编年史、博学的编年史，或换个名称——语文性历史最有效。

当发现起初苍白无力的语文性历史，最终把渴望的目光重新转向充满活力并五彩斑斓的党派历史就不用大惊小怪了；在烦恼和愤怒之间，语文性历史供认最好还是滞留或返回党派历史，因为党派历史产生于激情，所以激动人心；因为渴望生活，所以激起认同的和冲突的生活。

这种迷惑不解和出尔反尔的隐秘原因是不愿承认：任何断言由于是判断，而判断又包含范畴，历史学以判断范畴体系作为自己的建构要素，结果是无论愿意与否，历史学都内含哲学。独特的不情愿，独特的惧怕以及绝望地努力摆脱自己的规律、哲学思维的必要性，即深入思维的必要性：这就好像灵魂要摆脱上帝，而上帝却迫害灵魂并把它变成他的。在那种疯狂逃避中，通常尝试的最奇特并近乎可笑的脱险之路，是不在思维东西中而在材料和外在东西中探寻保障，其后没有找到，或只是虚幻地稍稍触及到。历史化只等于对事实做出判断或进行哲学思维：为了这个目的，既不能沉湎于事实中，正如在斗争中直接参与它们的变化，也不能脱离这些事实而在虚无中运动，而是需要通过它们，过渡到它们产生的碰撞和苦闷，从而居高临下看事实，从苦恼上升到判断和认识。历史学(我们将称作“哲学的”，若这个形容词未引起虚假的信念：即在“哲学的"历史学之外，还存在另一种非哲学的历史学)、不带形容词的历史学，非编年史和语文学，非党派表现，不似编年史和语文学那样冷漠，也不具有党派历史的直接激情(党派历史伴随行动进程并表现党派的爱憎)，但在整体上公正和热情、冷静和热忱。遭受这种苦难的灵魂，渴望它置身于的形势光明，它应冲出形势以行动，并对最终实现的清晰性感到欣喜若狂。历史学有助于在真理的平静中化解道德意识的忧患。

提出一种不在党派之外而在党派之上，拥抱所有党派的历史学，就其本性说它是自由的；但不是在称作自由历史学、即自由派历史学的含义上理解，无论它为之服务的党派多么崇高，它的视野多么开阔，它仍是党派历史学，众多党派历史学中的一种，也不缺少其他党派历史学的狭隘性，从而人们往往看到它把一个国家一个特定时代的政治制度提升到所有历史时代的尺度的高度，并且想象地美化那个时代以及部分与其相似的其他时代，丑化甚至摒弃其他时代，从未发现在那些时代有一丝自由与文明之光。纯粹历史学没有自己特殊原则和暂时基本原理，而只有自由观念，这种自由观念既不是普遍的也不是自在的，只要存在世界和历史，它就会对一切时代和历史的所有方面都起作用，它时而以这种方式时而以那种方式，时而较少阻碍时而困难重重，时而作为规则和统治，时而作为反抗和造反，这好似只要生命存在，就会有呼吸，或在室内或在室外，或在平原或在高山，或十分艰难或心旷神怡。若一部历史学论著自身摒弃一个事实，通过宣布它是非理性的和消极的，这样证明的不是那个事实的非理性和消极，而是该著作本身的非理性和缺陷，因为它的理性和力量在于发现任何事实的理性，在

于在每个事实面对的戏剧或史诗，即历史中确定其位置和作用。

无需犯想象的错误，我们想到这里所说的历史学，由于其哲学性质，已经被或期待被哲学专家炮制，或更为糟糕被哲学教授炮制。历史学作为人类精神的自发产物，早就在世界存在，它一直竭力揭去激情的面纱，在世界事物内部去理解这些事物。因此，历史学散布在人类所有记忆中、所有书籍中，在称作历史的著作和称作其他的著作中；还将发现哲学历史学、永远活着的哲学的历史学，致力于分析其断言的逻辑起源。学有专长、自成一家的哲学家，职业哲学家更甚，往往或多或少成为抽象的囚徒，他们在插手历史学时，不是促进并完善它，反而使它更空洞，同时让哲学本身名誉扫地。当然，赋予生成和辩证法的哲学生气的精神，已经引导这种哲学使历史学更丰富；使对发生事实、其各个部分的证实更有力，没有非理性的残余；使在整体上解释各个事实和事件更有力，它们是整体的必要组成部分。然而，这一切主要还是潜在的，即处于萌芽状态，尚未过渡到实施；或只是逐步缓慢地过渡到实施，当要求变为行动、下定决心将笼统提及转化为坚定不移实行。

历史学在 19 世纪获得对自己性质的巨大意识，并未标志党派历史学的彻底终结，恰恰由于党派历史学，在历史的名称与外表下，不是历史而是实践的兴奋剂，从而它满足异于认识需求的那些需求，适应截然不同的形势，还面对截然不同的听众和读者圈。因此，保持区分两种不同历史的概念和含义的精确十分重要，但不要废除仍在履行的某种独特、充满活力的职责，从某种程度上说它总是必不可缺的。只能等待或希望历史感日益完善和相关文化发展，使倾向性历史面对的圈子日益平民化，从而戳穿有教养者使用

过去映像进行诱惑和恐吓的种种把戏。

还有历史教育的概念迄今被认为同倾向性历史有联系，如同是要说服拥护这种或那种政治信仰，历史学家以自己民族和全人类的教育者身份出现，使我们记起自由主义的、民主主义的、专制主义的、军国主义的、民族主义的或其他类型的历史学家。老的专制制度为自己准备了蹩脚的教诲历史学学派；今天类似制度模仿前人并在需要时找到听命的笔杆子：通常这类事情无论有效与否，只能造就狂热者和虚伪者，无论如何思想动摇者总是随风倒。自由制度关注或并不鄙视人们称作教育的东西，但不是冠以"训练"名称的东西，如同对马、狗和其他动物所实行那样*。真正历史教育旨在唤醒并形成对现实形势的理解力，再从现实形势上溯到其起源，并把它们置于相互关系中：讲授阅读历史学家的著作，不是为了懒惰地安排对它们的记忆，也不是为了猛烈地刺激神经和锻炼肌肉，而是为了运用它们的手段确定在世界中的方向，正是在世界中我们生存，完成自己的使命，履行自己的职责。历史教育是真正的战斗前夜，它既不接受麻醉剂也不接受令人陶醉的东西。

五　相对于行动的历史学准备性与非确定性

从已论述的东西可清晰发现：历史学与实践活动、历史认识与

---

* "（拿破仑天真地未意识到地说）应该锤炼一下希腊人和罗马人幼稚的头脑：重要的是从君主制的角度引导人们回忆，因为这是唯一的历史"；当然，对人来说不可能有其他的历史（请阅考兰库尔特的《回忆录》第2卷，第281页）。——原注

行动之间的关系，虽然指出二者之间有联系，但绝不是因果论和决定论的联系。行动以认识活动、特殊理论困难的解决、揭去罩在实在上的面纱作为自己的前例；但作为完全实践性质和实际天才的行动，它只产生于个人独特灵感。不可能通过“认识有待行动”概念从理论上推演出行动，因为认识总是对事实的认识，从未是对有待行动的认识，而通常这样称呼的东西，或已是一种行动，或是无，空洞无物的闲谈。以致行动尽管同先在并制约它的历史观理想上一致，但它仍是完全不同的新行动，为新的不同历史观提供材料。因此，可以说历史学对实际行动来说是准备性的，但又是非决定性的。

“非决定”这个词使人记起诗歌和艺术的理论，在此理论中以类似方式提出审美静思与实践活动的关系，由于审美静思通过让心灵摆脱情欲而使它净化和高雅，革新并准备心灵，但未在任何特定方向上确定心灵；因为否则就不再是诗歌和艺术，而将保持或已变成实际激情。说实话，关系不是诗歌或历史学的特殊关系，而是任何理论同实践的一般关系。为采取行动，当然需要从诗歌世界过渡到历史学世界，从想象过渡到判断；但另一过渡应紧随其后，它不再是历史学的过渡，虽然它将采用前一过渡采用的形式。于是，一位诗人（他曾认为长期研究古典诗歌对于自己成长非常必要）的新诗篇具有自己独特面貌，它异于古典诗歌面貌有时甚至截然相反；虽然它同古典诗歌相连，若没有那种关系，没有那种先在的训练，新诗篇就不会是那种面貌*。

这样，可以从反对意见中解脱出来：由于历史认识既未去除又

* 请阅《诗歌》中就有关问题的论述，第 4 章第 1 节。——原注

未减轻每人致力于自己事业的责任，即致力于决定、确定和实施他应做或他适合做的事情的义务，实际上历史学是无用的，根据相同的庸俗反对意见，诗歌也是无用的。然而，另一方面需要指出上文提到的历史学的有用性在于为实际行动进行思想准备，这种有用性同另一个初看显得理由更充分更普通的观念毫无关系：即实在历史认识旨在精确描述我们所处的形势，以便根据形势，能够指出为保持、纠正、改造、加强这一形势的合适行动方式。在这种观念中，历史学家被比作医生，要对机体做诊断，根据情况口授卫生规则，让人相信那些规则可维持机体正常运转，或开出药方试图从机体中驱逐病理因素。

若历史著作在于维持社会平衡和消除破坏社会平衡的事实，则一切顺利。但由于相反，它不断地创造新生活并形成常新的平衡，医生的形象非常不适合历史演员，历史演员的任何行动都是集保守与革命、不变与变化于一体，保守是革命的支点，不变是变化的支点。因此，任何名副其实的政治家，都集这两个环节于一身，两个环节不是并列也不是配合，而是相互服从。所有人，包括通常泾渭分明的人们，如保守派和革命派，甚至考察他们的极端形态和尖锐对立时也是如此；因为，哪位保守派不想革新以便更坚决地、即异于过去地保存？哪位革命者不保存其行动所必需的制度或立场，或不在他想保存的制度或立场中逐渐巩固其行动？当然，由于才能和社会劳动的分类，即使平衡的纯保守环节也孕育专门家和技术职业者；但众所周知专门家和技术职业者不能称作政治家，相反可称作行政官员，或更一般地称作技术人员，他们监控并调节各种机器，包括经济机器、社会和国家机器或生理机器，在最后一种情况命名为“医生”。用技术人员混同并代替政治家；在那些要求直觉、决心和果敢并属于政治家的事业中，突出技术人员，正如人们称作“专家”的重要性和优越性；这种易位的不可避免的影响，造成采取措施的抽象化，并让事业在危险的迟疑中偏离方向；在各民族的现在史中，上述现象作为思想与政治活力衰弱的征兆被不止一次地提及。

关于技术人员或医生对历史实在的立场，关于随后片面、虚假的历史观和实践上的无所作为，这里记起最有力的例子，还由于其作品有较大知名度更易被大家记住，莫过于泰纳了，他是哲学家、文学家、历史学家和基于历史的高级政治顾问。

可能这一时刻已来临：泰纳得以被当代人和同胞欣赏而笼罩的浮云迷雾越快消散，人们越能清晰地发现，在他所涉猎的各个研究领域其批评方法未取得任何进步，并未强化已发现的真理，也未发现新真理，并未播下新的种子，却编造并散布不少谬论和荒谬推理。当关注人的贵族身份及其艰难困苦时，忧郁甚至令人不快的结论就形成了；但其后同那种考察值得尊敬人物的内容丰富、错综复杂的作品之后得出结论相差不大，这些人曾献身于艺术和诗歌，而艺术和诗歌不想认识他们的方方面面，尽管通过强迫艺术和诗歌，他们显现出怪异的独创性。泰纳从未被真理新鲜灵感引导到其工作中，却被他称作“科学”偶像的暴政驱赶向前，在他那里“科学”偶像装扮成医生形象，尤其精神病学家和妇科医生的形象，并且研究和精心治疗像他过去常去的*硝石制造所*的歇斯底里、疯狂的女人；整个世界在他那里呈现某种*硝石制造所*、一个“*疯狂*”的“*病人*”，像只“*凶恶、淫邪的大猩猩*”，只是偶尔健康，文明未内在地教育它，而只能使病情减轻些，并因此变得更虚弱。他撰写哲学从一开始就摆脱康德和先天综合，即近代哲学精神的困扰，他的举止颇像个驱赶苍蝇的人；他阅读黑格尔并自称黑格尔主义者，没有怀疑黑格尔是个康德主义者，是黑格尔深化了康德，黑格尔的理念是先天综合及其包含辩证法的发展形态：他喜欢外在的黑格尔，并把黑格尔同孔狄亚克相提并论，在他看来"感觉"是"真实幻觉"，它偶然符合外部实在。他想象将自然科学的实验方法运用于哲学，分类方法运用于历史学，按他的说法，历史学从他开始刚奠定基础*；由于实际上那种运用不可能，他要坚持自己的努力，正如任何他人曾经和将要坚持类似努力一样；就不得不把形而上学假设引入自然主义炮制的哲学和历史问题；他描绘一幅自称历史实在的幻想图画，这种自称历史实在是地理环境、种族、形势或"主要能力"和其他神话实体等环节的结果，而且它既不运动也不变化，不知道如何和为什么运动和变化：他深陷其中的逻辑错误，并未受到自我批判精神的怀疑和困扰。虽然在其学术活动早期，他只是位历史学家和诗歌、艺术批评家，但他把艺术和诗歌同在自然科学分类中所做的典型化相提并论，把诗歌和艺术史同情感史和实际活动史相提并论，他指出其《英国文学史》最终达到"英国精神的一般确定"，还有实际与道德生活转化为一系列心理学模式，更多是生理学和病理学模式。一位法国批评家说过，尽管他写了不少文学史著作，但从未理解一行诗；从未把握一点诗歌的诗性。由于他在学院大厅里受到尊敬，受到并不理解他而传播其公式的记者赞赏，

* 《通信集》，第 4 卷第 130 页。——原注

他挑唆(他说这是艺术事实中的大事)像亨利·贝克这样的艺术家造反和无理取闹。说实话,泰纳主要属于文化倾向史和文化时尚史,而不属于思想史、哲学史、批评史、文学史,他作为盲信自然科学、特别对医学狂热的典型代表,在1850年后,医学在欧洲已足足生活40年,这期间用医学模式重新塑造全部文化的徒劳努力不断。同样荒谬的"实验小说"理想同"实验哲学"及降低到植物学、动物学水平的历史学相一致,左拉同泰纳相一致:两个十分相像的心灵和头脑,两个十分相近的艺术风格,即都有机械的力量、结构、速度和单调噪音而缺少和谐和洒脱。

泰纳就像勒南和其他法国著作家,他们受到1870—1871年痛苦事件的刺激,要唤醒公民的使命感和责任感。但其历史和政治概念的缺陷,为他想为祖国服务的所有事情设置障碍。1875年其《当代法国的起源》著名序言当然名副其实,但只是作为政治虚无主义的天真表白。他回忆起1849年他21岁时作为选民必须选举15名至20名议员,尤其要在共和制、君主制、民主主义、保守主义、社会主义和波拿巴主义等不同政治学说中挑选。怎么办?对他人有效的动因对他无效:他想根据认识而不是"根据自己的爱好"选举。仿佛在说:根据认识娶妻,厌恶倾向和爱好—这不是决心娶妻的方式。于是,他在惊愕、愤慨和好奇之中,观望着前去投票的法国同胞,法国并不阻碍他的禁止,也不反对他的异议,他感觉自己的异议明显有力并不容置疑,但他们仍去投票:"愚昧产生不了知识"。然而错的是他而不是根据自己偏爱去投票的选民,因为那些偏爱就是付诸实施的愿望、冲动和需求;即使想象和幻想也构成人类行动和历史的交织,从中产生的生活新形态甚至错误也

丰富；相反从他的抽象中什么也没有产生，由于等待科学的指示，被自身中止的其实际解决，被判处永远中止，因为科学不能回答非科学的而恰恰实际解决的问题。

正如已指出的那样，缺乏自我批评的泰纳从不批判已形成的问题；他根据自己推理线索教条地获得的前提构想，最后确认一个民族能“进入并滞留”的社会政治形态由其特征及过去决定，并应克制自己，“直至其最小的特征，即人们赋予它的活生生特征”，因此为了选择适合法国的宪法，需要认识当代法国的现实，由于现状是过去历史的结果，也需要研究现状是如何形成的。这样的事物由于被科学地实施，应该被“自然主义地”用完美客观性和冷漠性引导，恰好是“在昆虫变形之前”：正如我们所知，恰恰同真正历史学家所采用的方法相反，他们以党派人士参与历史，在这种激情本身中汲取力量，以通过超越最初激情来理解历史，在理解历史的同时，继续激情满怀地创造历史。泰纳建议实施的历史学工作空洞无物，正如他为欣赏的政治家预先确定的目标一样空洞：“减少或至少不增加人类痛苦目前和未来的总量”*；仿佛痛苦是块可度量其大小的岩石，似乎人从未准备对付任何痛苦以获取爱。为获得这种空洞不是空洞的幻觉，泰纳想靠长期辛劳实现幻觉，这种辛劳会在遥远未来产生效果。他为患病的法国开出药方而撰写的著

* 请阅他致勒梅特的信，见《通信集》第 4 卷第 236 页。泰纳的弟子布尔热也面对法国的现实条件，“正如一个研究病人身体的医生（接替他位置的人刚才在法兰西学院说），他要首先确定明确的诊断，若他身体好，就没必要留意他，但对于从各方面攻击这个巨大的、被发烧折磨得痛苦不堪、又不知休息的社会个体的疾病，他不顾一切地寻找产生痛苦的原因和探寻医治病痛的药物”。——原注

作，他觉得应该是“医生们的咨询”；他说要让患者接受那些医疗建议需要时间，会出现不谨慎和旧病复发，首先医生们应统一意见；而他们最终意见一致，因为道德科学终于抛弃先天方法，政治概念从道德科学院及教育科学院走到各所大学及思维的公众中，正如电的概念走出科学院一样；那些政治概念可能在一个世纪后进入议会和政府，政治将像外科学和医学一样彻底科学化*。

受这些意图启示，泰纳撰写的有关古代制度、帝国革命的历史本质上想成为一种疾病的历史，他称作是理想主义的或启蒙运动的，即“古典精神”的疾病；当把理性主义设想为疾病，这里不宜陈述并批判它，因为一方面理性主义是人类精神的永恒形态和一种必要力量，另一方面它为欧洲生活最富活力和有效的时代命名，从而证明不可能在此种历史进程中理解文明史、18世纪以前数百年历史及19世纪历史。已多次批判泰纳对法国革命所作的解释，再重复上文毫无益处。这里至关重要的是，在他长期艰难探究那段历史的文件后，考察他提出哪些实际结论。

在未完成著作最后一卷出版者序言中已说了某些东西。很自然，他对理论与实践、历史与政治生活之间关系的理解方式，曾引起期待他启示实际规则，为了解关于这一或那一形势、这一或那一改革的看法都转向他（正如我们在德国看到沿另一方向对兰克所发生得那样）。然而可怜的泰纳逃避类似要求和激励，相反他津津乐道于自己的谦逊，还创造了一个十分干瘪的“科学”形象，把“科学”并不拥有的优点归于它。“我只是一名会诊医生（他自我保护），关于这个专门问题，我未拥有足够细节，我很不了解日复一日

* 请阅1878年的一封信，见《通信集》第4卷，第45—46页。——原注

发生变化的情况”。他承认不存在能推演出一系列改革的基本原则，就仅限于嘱咐不要探寻简单解决，而要进行试探、协调并接受不规则和未完成的东西*。明智的嘱咐，但或太一般或太特殊和片面，并属于偏爱一种方法和一个党派，即一种“偏爱”的情况，他曾想远远地逃避那些“偏爱”，认为它们是非法的和危险的。总之，声明诊断—历史和药典—历史的失败，这类历史正是由他肯定并为之白白付出辛劳。

六　为行动历史认识的必要性

为认清行动与历史认识联系的必要性，首先在哲学史和科学史、在开阔并丰富头脑的新学说中考察它将受益匪浅。

当从前思维、从前探究和认识的脉络被切断或失落，这一切肯定不会发生。实际上，提出的新学说的批判正是通过探究并确定迄今研究达到的高度、考察提出的新学说是否能够取得进步和哪些进步来实现的。那些相信能粉碎历史链条、跳过或超过它，能紧抱美好真理的天真幼稚的人们，徒劳地千方百计地要摆脱并动摇那毫不留情的法则，但那个法则却在那里等着这些命中注定的选民；或主要是那些愚昧者的心灵让说、写和炫耀的虚荣统治而放弃对真理的挚爱。然而，使法则更加巩固的批判，迫使他们套上法则的桎梏，或让他们远离科学领域进入更适合他们的领域。基于历史无知或因之巩固的对独创性的崇拜和夸耀，为歌德的一首著名短诗提供主题，将一位相信自己纯粹性的吹嘘者声明翻译成精确

---

* 请阅《通信集》第4卷，第13—14页。——原注

语言，歌德建议把他最简单地称作“头号笨蛋”、天下第一号傻瓜。

存在人们所说的文学或图书生产的分支，它们似乎被判处低劣并游荡于某种科学的“私娼界”，恰因同研究联系的缺陷和在它们要使用的材料中提前发现它们：这就是所谓“社会学”的典型情况。其他分支因其学科性质和魅力唤起对学说史一无所知的业余者的特别钟爱，正如美学的情况，由于美学研究美，仿佛在怂恿那些应论述、譬如逻辑学但已畏惧的人们谈论美学，无论他们怎样想象，尽管美学一点不比逻辑学容易。除某些特殊文化圈外，如在18世纪和19世纪间的德国，16世纪和17世纪间及当代的意大利外，美学论著并未构成活跃的进步的链条，它们一部部地堆积又轰然坍塌，仿佛除撰写它们消耗时间的作者外，没有人从中得到快乐。在这方面，尤属法国美学可怜，其著作浩瀚，但每一部都在被无知扫荡一空的领域从头开始工作，因此这个领域被认作处女地，并按处女地对待。

确实有时听说过，以前历史学家的无知曾是好运、一种“幸运的过失”，因为他使得人们用清醒的目光观察对象，从而发现以前从未观察到的对象的各个方面。莱布尼茨曾写道：“一个人即使不懂艺术，也常常会发现新东西。要知道，他可能闯入未被他人进入过的入口和路径，发现事物的其他面貌。一切新东西都会令探索它们的人感到惊异，然而它们对于其他人却如同众所周知的东西被忽略过去”。然而，若仔细考察，这里他赞成并欣赏的并不是无知，而是无偏见和思想自由，这同依赖无知毫无关系，却可以、应当并需要同前人的历史认识相结合；另一方面，不要相信对艺术和材料一窍不通的人会真正发现新事物，此外他们并不像人们认为或显得那样无知，因为一个敏锐的头脑、一位才华横溢的天才，把握事物历史形势重要内容，即常言所说的确定方向的途径和方式众多。

有时作为实际要求，人们反对因天赋和作品的明显差异将科学史家同富独创性的思想家分开；在此种情况下要特别注意：不要把科学史理解为编年史或学说材料陈述，或字斟句酌、奇思妙想却多少消极、不够严密、缺乏结论的著作；另一方面，不要认为一位思想家往往不明言地、含蓄地同先行者联系就没有或缺乏历史性。当然，一位富有独创性的思想家不可能适应科学生活、在其历史环节中的科学的要求，若他不认识并理解它们的性质及起源：没有一位富有独创性的思想家表现出古怪和烦躁不安。他肯定的真理总同对一种历史形势的断言融为一体*。

正如科学生活一样，道德和政治生活也需要历史文化，在道德和政治生活中没有或缺乏历史文化，是贫困化、倾向于怠惰、让超验想象压倒所致，这些同在某些东方民族那里观察到的某些倾向一致，由于这一点，通常东方被格言式地和简单化地视为西方的反题**。

* 请参阅《近期论文集》第3卷，第269—270页。——原注

** 有一封著名书信，由莱亚德在其论《尼尼微和巴比伦》（伦敦，1853年）的著作中发表，这是一位土耳其民事法官或法官致一位英国旅行者的书信，后者曾向前者询问他居住地方的某些统计和历史的消息。在这封信中对历史完全冷漠，情感表达如此天真近乎幽默，于是我想至少朗读开头会很愉快，它是这样写的：“您向我问的那些事，彻头彻尾地困难并毫无用处，虽然我在此地度过我的一生，我从未数过房子也未询问过居民人数；至于一个人在他的骡子上驮运或另一个人在他的船底装载货物，这种事与我毫无关系。然而，特别涉及这座城市以前历史的内容，只有真主会堆积烂泥和污垢，让不信神的人在伊斯兰之剑到来之前应当吞食它们。研究这些对我们毫无益处。我的天啊！我的善良的天使啊！请不要去研究与你无关的事物，你来到我们中间并受到欢迎；需要安宁。”书信的结尾写道：“我的朋友！若你想幸福，请讲：只有唯一真主！不要作恶，这样你就不怕人和死亡：因为，你的时刻一定到来！”——原注

于是，道德生活的改革家和倡导者要像国务家那样认识并理解他们的时代、各个时代的智慧，他们的行动正是源于这种透彻的理解。对国务家来说，对自己时代的认识，无需以有序过程批判形态、博学及方法论信息形态存在于头脑中，由于他们构成所属民族的领导阶级，只要收集为准备自己行动所必需的结论足矣。在这种情况下，如下认识是虚幻的：那些紧闭双眼对面前实在一无所知的人，因此能大无畏地或极少怜悯地行动，能够改变并推翻实在，从而成就伟大神奇的事业。这种惧怕也是虚幻的：认识过去会去除对新事物的向往；因为越是有效地认识过去，就越是强烈地产生超越过去的冲动，从而勇往直前。那种认识是生活，而生活呼唤生活。

历史文化以保持人类社会对自己过去，即对自己现在、对自身的意识生机勃勃为目的，以为人类社会提供它选择道路所必需的东西、在这方面准备好将来对它有益的东西为目的。促进并丰富历史文化的热忱，小心翼翼地防备它被玷污，与此同时严厉谴责那些压制、歪曲和败坏它的人，正是基于它的崇高道德与政治品格。

七　两个旁注

我们比在黑格尔哲学中更激进地理解的关于一切发生事实合理性的断言，证明所谓不合理东西，若积极地考察，总能发现某种特殊必然性，这使人们适时记起一个虚假推论，它通常从那个格言演绎出，并在轻率与未意识到的诡辩之间摇摆，涉及两个极端之间不同程度。

我以尼古拉一世统治的俄国发生事情作为唯一例证加以说明足矣，当黑格尔哲学开始在那儿潜入准备不足、缺乏批判性的头脑中。那时某些知识分子，虽然满怀革命精神并同十二月党人密谋起义，却这样进行推理："一切存在的都是合理的。而尼古拉一世的专制主义存在。因此，我们应同它和解。"他们说到做到，或者说到就尝试。

这种古怪演绎推理的无效很快能被相同理由同样说所证明："一切存在都是合理的。而反对尼古拉专制主义的仇恨与造反精神存在。因此，不需要同尼古拉一世和解。"

诡辩在于词语"合理的"按两种含义理解："有其存在理由的东西"，"道德意识命令我们每人在身处的特定条件下应做的事情"。在第一种含义内，合理的既是尼古拉一世的专制主义，也是革命者的行动；若这样研究和思维，存在的东西、即历史被理解为其理由，人们就不曾向行动迈出一步，也不会进入女王是道德意识的王国。在第二种含义内，即用第一种含义搞错并按"四个词"推理，采取一种基于道德意识唯一声音的实际立场；或者，若这种声音在述说它的人那里没有力量，它被他虚假地介绍为一种简单理论赞同：这是混淆与轻率，那是以道德骗人的诡辩。通常不应信任那些人，他们未指出自己行为举止的内在道德原因，相反却求助于所谓"历史必然性"，正如我们所知，它通常是自己便利的必然性。

称作党派历史学的东西还值得补充，一种冠以此名称的伪历史学还存在于历史思想的那部分中，即哲学的批判和历史中，或者说存在（由于这种批判和历史构成一部教育大全，无疑可称作"哲学"）一种倾向性伪哲学。我们不否定党派历史学存在的权利，过去从未否定所有残存的文明、政治、经济、文学和诸如此类伪历史学的存在权利；但我们想应根据其真实情况进行判断并应封闭在自己的圈子内。可以阻止头脑薄弱者和不善思索者被刺激，从而趋向冠以所谓哲学真理之名的这一或那一对象吗？所谓哲学真理只是名义上的，事实上是掩盖那些实际利益本身的面具。可以阻止机敏者滥用哲学格言并为上述目的配上其他哲学声音的警句吗？他们的意图通常不值得赞扬，但有时在某些紧急关头目的崇高又缺少其他计谋时，他们抓住这些哲学格言，就像发掘计谋一样，它们是用小恶、即相对的善避免大恶的权宜之计。

这种在平民(不可救药的永恒平民)面前的可能屈从，这种极少机遇中(道德意识警告我们不要干预以消除想象编织的游戏)的宽容，要求对伪哲学持更有力更彻底不宽容的正确态度，这些伪哲学通过让判断的原则与范畴屈从于实际倾向，或者赋予这些倾向精神原则与范畴的假相，从而玷污判断的原则与范畴的纯洁性，削弱它们的普遍性。由于后康德伟大德国哲学带有政治倾向色彩，1840 年后在追随黑格尔学派的另一学派中这种倾向占据统治地位，而哲学部分逐渐枯竭消逝，直至达到尼采们和马克思们的圣经和古兰经、斯拉夫主义者的末世学，渐渐地降至今日哲学家的种族主义的无耻言论*，就越需要坚持并实行这种严厉不宽容态度。即使在我们意大利，非理性主义的唯心论阐明国家、道德和宗教理论，无疑它们没有能力阐明历史，但它们能够或推断能够令掌权者满意，将哲学谄媚奉献给他们。在这些奴化的唯心主义者的著作

* 关于这个论题，请阅《近期论文集》第 3 卷，第 244—250 页。——原注

中，甚至德国老一辈空谈理论家的温和的“伦理国家”也摆出强盗凶恶面孔。然而它们不过如此，这种忠告足以对付。

由于需要再次提到马克思，强调今日历史学不仅应摆脱从属地位，大部分历史学已从属于历史唯物主义和经济主义，而且要净化渗透到其淋巴和血液中同那一学说有关的东西，还要净化那些初看似可接受、实际同其余一切性质相同并包含令人惊奇的反认识的、姑且不提令人发晕的相同“病毒”的东西，将不是多余的。当然无需巨大努力，就可抛弃由经济“下层建筑”决定论所作的关于艺术、诗歌或哲学的推论；然而需要巨大努力、万分谨慎、高度智慧，才能使历史摆脱随所谓经济阶级及其利益、对立和斗争而发展的观念。不是想要拒绝承认经济阶级的划分和对立，虽然实际上它们比在那种倾向性学说中介绍得要简单、不那么严格和不变；然而不仅道德，而且政治本身也会变得完全不可理解，若不上升到“非阶级的阶级”、“一般阶级”的概念，正是这个“一般阶级”建立、统治和管理国家。人们将会说国家也是功利或经济的利益，而不再是自为的伦理道德国家；可以赞同这种看法，但要把这种利益同属于个人或其团体的其他特殊经济利益区分开，并且把这种利益视为所有人共有的：这就如同充斥同一艘船上的人们，除他们相互抵触的利益外，还有一个大家一致赞同的利益：即航行和不沉船的利益。即使当国家落入门客和黑帮之手，正如人们津津乐道的那样，即使在这种极端情况下，领导阶级也不是一个特殊阶级，由于行使国家主人的行动本身不允许矛盾，必须克服自己的独特性，被迫实行和颂扬那种正义：至少是堂吉诃德偶然来到罗库埃·圭纳特的强盗中，惊奇地发现他们之间遵循和实施的那种正义。

另外，马克思主义意识形态是令人瞩目的情况，或当代令人瞩目的情况，但总是倾向的一种特殊情况，这种倾向总在活动，把源于激情的概念，即在经济、政治、道德和宗教斗争中产生的不纯正并服务于那些斗争的概念引入历史学，但它们在理论领域是无能的、混乱的或诡辩的载体。从而必须长期耐心研究并驱逐这些想象本体，这些本体错误地扮演着解释和判断的标准的角色。*

* 作为这种必要的消灭工作的论文，请阅我论及“资产阶级”这个历史学虚假概念的文章(见《伦理与政治》第 4 版，1959 年，第 328—348 页)和现在发表的特拉瓦里尼亚的论文《资本主义概念》(帕多瓦，1937 年)。——原注

历史学与道德

一　历史学中的道德判断

在社会生活中，人们惯于用善行与恶行的不同等级、直至不好不坏近乎无差别的中点，不断地区分好人和坏人。每个人根据分派的角色做出这样的选择和分类；在某些情况下，当涉及社会生活中的名人，对于他们的判断就有某种一般的或公众舆论的协调。

然而，深入考察这样的判断或认为的判断，它们不像通常用坦率形式宣布时期待得那样肯定。说实话，一切过错都在于根据，在于假设可能真正区分君子和非君子，而不是区分永远泾渭分明的对立的善与恶。普通格言和普通意识反对前种区分，因为它们知道每个人都是集好坏于一身：这种对立面的联系总被道德生活纯洁无邪的人们所承认，并被崇高的诗人如阿尔菲艾里所表达，他感到自己身上是巨人旁边有侏儒，时而认为自己是阿喀琉斯[①]，时而又认为自己是忒耳西忒斯[②]。在通常审判的激烈喧闹中，可听到耶稣警告的喃喃细语："审判者必受审判"，惯于反省自己的人话到

① 阿喀琉斯，希腊神话中的英雄。——译者

② 忒耳西忒斯，希腊神话人物，希腊军队普通士兵，因嘲笑阿喀琉斯，被他杀死。——译者

嘴边就沉默了。

然而这些伪判断总由大家构建、宣读并知道不能缺少它们的理由，对这些伪判断的辩护，这里也没有存在于思维头脑的作品中，而在于通过那些选择和分类、为开始的行动获取定位点和支点的实际必要性。于是，在经验数据上面，形成我们早已认识的或然概念，若它们的思辨价值是无，其实际应用则是每日每时的。人们根据获取的经验，判断某甲可充分信任，某乙不能信任；同这样的定性相一致，人们对二者采取并保持截然不同的态度。这一切并未去除：可信赖者可能尝试干不可信赖之事，或许人们获取的经验不足以那样定性，或许那人随时光流逝心灵改变；相反，被怀疑的不可信赖者解除我们的疑虑，让我们身披的盔甲成为多余，我们变得可笑，那些盔甲本来是为防备想象中的阴谋的。但与此同时需要行动，由于对各种力量的逻辑必然性一无所知，这些力量使我们行为相抵触，甚至我们行动可能引起不同效果，从而只能依靠或然的东西，赋予观察或想象的个人性格实在性和持久性，给予每人确信应服从的规律。即使通常命名为自然事物的规律，有时频繁地实施类似骗局，逐渐上升到实在等级中最复杂最突出个体化事实，就像人类和人类社会的事实一样。

在虚假个体中出现的情感和损害它们的某些定性的不公正，以及它们有时为掩盖自己行为而装出的愤怒，经常采用悲怆呼吁不远将来可证明的形态，在具有巨大公共利益的人们和事物的情况下，采用呼吁历史的形态。历史应当是高等法院，它将重新审视所有受人的情欲和错误干扰的判决并加以纠正，正如在最后审判中最终宣判把选民同恶棍区分开。世界历史，世界的审判。

但未来与历史不能卸掉肩负的重担，比其重负更糟糕的是其内在荒谬和不能实施。首先，从事实看，在历史中情欲沉默不语不真，由于在历史中当代人的情欲以某种方式被宣传，并且还补充上后人的情欲；从权利看，情欲能在任何时代被头脑劝阻，而头脑恰恰因自己本质在真理中行使超越情欲的职责。关键是为使历史学实施人们希望并期待的事情，就应该抛弃或然性领地，在那里扎根和开花的只是那种宣判。有人说，为实现呼吁的修正，历史学将来具有的消息和文件，当代人根本不认识；这也是不确切的，因为后人若有时使用新证据和新文件，不使用当代人已熟悉的其他证据和文件；但无论是新的还是旧的，更缺乏的还是更丰富的，它们都不适宜转化为内在确定性。我们不必在已经澄清之处浪费笔墨，在其他地方也充分证明并被争论例证说明：过去和现在争论涉及有无希望构成许多历史人物的真正性格以及推动他们的真正意图（譬如，理查三世、玛丽·斯图亚特、费鲁齐奥[①]、马拉马尔托[②]、丹东或罗伯斯庇尔），人们总认为能在历史上或理论上重新提出并解决实际性格问题，而当代人不得不以这种或那种方式提出并解决在有待从事的行动中能够依靠那些人物的问题。天主教会构成类似进程，通过宣判宣福礼和封圣结束，因为这样结束唯一对天主教会有益，为了实现自己的目的，另外类似进程不仅基于总不确实的证据，还基于神的征兆——候选者完成的奇迹（虽然，归根结底，这

① 费鲁齐奥（1489—1530 年），意大利军事家，曾英勇捍卫佛罗伦萨共和国。——译者

② 马拉马尔托（16 世纪），意大利南部卡拉布里亚武将，杀死费鲁齐奥。——译者

些奇迹只靠人们、相当贫穷人们的说法证明)。

在实践中并为了实践,好人和坏人的对立已经使我们筋疲力尽和痛苦万分,以致人们不想在历史考察中继续或用新力量恢复它。而只有在历史学卸去那一重担后(那一重担奇怪地想加重其肩上的负担),人们才抵达历史学;而历史学这样从可靠但脆弱的信任中解放,如同从生活斗争产生的怀疑、机警和谨慎中解放,它就在另一个天地中活动,探寻别的东西。

因为,即使个人意识在内省时,也未能解决个人是好是坏的问题(这不是一个问题);除非力求达到自身形成美德一致性的目的,假设自己不是坏人并无需严厉地刑罚和整肃,或在其他情况下,为达到其他目的——精神振奋、恢复自尊和自信,假设不断指导他的意图美好。另一方面,个人一次次地、程度或大或小地了解自己完成的活动,若不如此就不能继续其活动;这样他就注意到其活动的道德性或非道德性、伦理性或功利性、是尽职责还是纯娱乐性的。在历史学中具有根据和意义的唯一道德判断是活动的性质,这种判断脱离在活动者那里伴随活动的私人印象、幻想和情欲,脱离冲击当代人和后人的那种浪潮。正如在诗歌史中重要的只是诗歌、而不是诗人——人的意图和其他情况,在哲学史中由新的更深刻的概念构成,而不是由哲学家——人的意图和情欲构成,哲学家并不比诗人逊色,他们的行动往往同自己的意图和情欲对立和相异,有时在不太崇高的情欲中、不太令人尊敬的行为中,却提高到真理看法的高度;这样,同样在实际生活史中,判断的对象是政治和道德新基本原则,而不是构想者和执行者带给它们的意图和幻想。

然而,若不难理解面对作品本身可以并应该不考虑艺术家和

思想家的意图和情欲(那些意图和情欲没有玷污和触及作品),不是同样容易理解在实践与道德领域可以并应该不考虑意图和情欲,在那里行为由意图定性,而意图由行为定性并只有在行动中才是实在的。但这里困难源于对活动施动者的虚假看法,对哲学和诗歌作品作者的虚假看法绝不亚于对功利和道德活动的活动家,他们不是同实际生活模式论中的其他个体泾渭分明和尖锐对立的抽象个体,也不是以任何方式实体化的个性,而是唯一塑造个体并把个体变为其工具的精神。于是,有时准备行动以实现个人功利目的的人,在活动进程中他逐渐显露鄙视那种算计和钟爱道德美,并让其行为适应这种道德美;于是,坏人、自私者和恶人,由于反对其行为,反而激起对他们想要削弱并破坏的道德的热忱,他们不想也不知道会为哪一目的服务:在哲学和历史学中,这样的交替以维科的“天意”或黑格尔的“理性的狡黠”著称,并且以另一少想象也少含义的名词“目的的突变”著称。

正是真正的历史研究,在其确切含义上是客观的。但由于这样的研究方法,若它使理智清晰并让它准备行动,行动本身就不需要人们渴望并要求的那些刺激和安慰、杰出人物令人尊敬的形象、恶人令人厌恶的形象的帮助,借助轶事及其或然的方法,那些形象总是栩栩如生。那些形象提供了范例,教育者使用这些范例,每个人在内心斗争的某些时刻求助于这些范例,接受它们的帮助、安慰、责备、希望之光、重新燃起的热情、许诺不朽,是那种同善的永恒精神结合的不朽。正如我们已有机会指出,这些形象从伴随它们符合历史实在的推测中汲取功效,因此是后加并异于纯粹形象建构的东西。

在经历其特殊确定后，历史学中的道德判断过程可能还适宜消除通常落在历史学上的阴影：指责历史学具有不可战胜的外在性和无内在能力渗透到我们每人心灵深处，因为“（德罗伊森写道）只有考察心脏和肾脏的人的目光才能深入到人心圣殿，直至到某种程度，相爱和友谊渗透其中，但不是法官的目光，既非司法法官也非历史法官的目光”。还有：“对我，作为个人来说，我的真理是良心：历史学完全信赖个体，但个体不可能用自己的手段发现并理解历史学，不是按历史真理观察每个人，而是在每个人在大道德社会中所处地位和肩负职责、在其进步中观察”。于是，拥有人类事物认识，即历史认识，及另一种良心的认识：正是第二种认识提供第一种认识所缺乏的隐秘性。我们知道，但个体历史、传记，作为认识活动，完全化解在历史中，个体没有脱离对它实施和它要实施的普遍的实在。还可用公式表达这一观念：历史认识是施动个体的而不是被动个体的（或同样可说，只同施动者有联系的被动者的）；行动导致价值或普遍性的实现。德罗伊森多次清晰地观察到：“我们不想认识个体隐私，而是探究并使我们清晰认识其历史地位”。若事物确实如此，就应赞同那种对隐秘的认识，那种仅限于良心认识，只有上帝目光可渗透的东西，或爱情和友谊的目光渗透某些个别环节的东西，不仅不是历史认识，而且根本不是任何性质的认识，也不是以诗歌真理形式的认识，尽管这种真理在整体中看到部分，在宇宙神剧中看到人间戏剧。实际上，所谓良心的隐秘性就是诗歌上智力上沉默的情感，痛苦和挣扎的情感，其最小声音表现是感叹词，而感叹词复杂化并膨胀，体现为心灵倾诉或内心独白：这是被动者而不是施动者的表白。上帝在那种痛苦中给予心

灵力量:在被动者那里爱和友谊紧密融合,并支持、安慰和指导他;但他不能脱离感觉的模糊隐秘性,若未曾判断和思考自己的历史,那种历史即自身历史,只有同世界史融为一体,而他同世界结为一体。

二 心理历史学

具有生动历史感并不亚于道德感的人感到不满足和不舒服,最终奋起造反,走上用称作"心理的"方法解释之路,在这种解释中,一个人的生活被描述为从外部驱使的相继发生的心理活动,譬如被家族血统或传统、想象组合、社会环境、干预情况驱使相继发生的心理活动;同样一个民族的历史,被它在几个世纪内形成的倾向、其他民族对它施加的影响、交织的事件、它陷入的灾难驱使。叙述可以朴素简洁,可以妙笔生花并描绘细枝末节以欺骗心灵;但人们感到那不是真正的人类历史。

制约心理历史学的那种原则,已经说过它叙述的事实仿佛受外力驱使,即是说根据原因原则进行解释,通过把一个事实说成另一事实的决定因素,而第二个事实反过来又是第三个事实的决定因素,诸如此类,不一而足。心理历史学不仅是因果论的,而且把历史因果论放在首位,因为那是假设的实在和历史的普遍原因或最终原因,它若不转换为心理事实,就不能活动。气候、地形、种族最初和不可改变的推动力,经济生产和分配方式,类似苦思冥想的东西,若不采用人的需要、渴望、意愿、行为和幻想的形态,就毫无生气,根据能在历史唯物主义体系中所观察那样,它甚至在经济力量和实际历史之间插入人类意识形态的“上层建筑”和幻想。

因果论解释错误引入历史学的动因或切入点(其后它显现出欠缺和无力提高,从而引起已说过的造反),是它要对人类活动的消极面进行抽象考察,即是说对新行动从中艰难崛起并奋起反抗的精神条件进行抽象考察。同新行动相关,前一完成行动或精神状态衰落成障碍或消极性,当不用活动目的为它们辩解时,不能认为是事实的辩解,如同与在此之前的一系列事实相连的辩解。根据逻辑形成推理或根据算术进行计算,在推理中得出真理的清晰结论,在计算中得出明确结果:在这种情况下,成功无需援引其他理由,只提出逻辑和算术的理由本身。然而,若在推理时插入错误,其后认识到那是错误,就不能用理由为这种推理辩解,在断言推理错误时,就试图借助某些原因加以解释,譬如,仿佛在那一时刻一个声响造成心不在焉,或者昏昏欲睡造成用词的混乱。若认真考察,这种解释什么也未解释,因为一个声响不一定造成心不在焉和迷失,只能引起思维活动的片刻中断,其后它能不受干扰地迅速重新开始;昏昏欲睡可以导致睡眠,不是必然导致不假思索地混用词汇和未经计算的数字;然而那种在同语反复中化解的所谓解释,描绘发生的事实,与此同时介绍此事实的特殊环境,把它同它之前并伴随它的其他事实并列。

因此,因果论解释的错误在于,把用以虚假解释消极物的方法移至实际的、积极的历史思维中;实际上为肯定其消极性,同进行的活动相联系,消极物具有物质事实的外观。这才是那些解释引起的不满足、不愉快和造反的动因,某人在长期苦思冥想中形成新理论,或在心灵净化中完成道德启示的行为,当他听说人们开始探

寻其行为的“原因”，并找到它们，我们设想，诸如渴望颂扬或声名、或捉弄和报复，甚至他享用的健康和好运，还听说这些原因被慷慨地四处传扬；他还听说另一位探寻新学说原因的人，发现原因就是他青年时代获得的某些印象、他偶然读到的一本书，人们建议他履行的某些个人职责，那人理所当然地感到不能容忍和愤怒，因为对他采用的方法极不公正，就像含沙射影的诽谤，另外逻辑上也是错误的。只有成功证明我们说到的行为不是好的、而形成的学说不是真的，那种方法才变得正确；其后不断探寻此恶和错误的情况，以便同其他类似恶和错误的情况相区分。当人们阅读一部人类历史，其中一切都作为外部事物的作用叙述，价值与无价值、真与假、善与恶、美与丑相适应、平衡和一致，而思维等于(用自然主义者和实证主义者臭名昭著的说法)“分泌尿液”，真理等于“如同硫酸盐那样的化学配制”，心灵就会被悲哀占据，那种悲哀是对自己和所属人类的羞愧，那种羞愧是愤怒和造反的前奏。

心理历史学同归于它的起源完全一致，明显地在缺乏信仰的时代和人们那里扎根，生活在那种时代的人们缺乏对人的力量的认识，各价值间和价值同非价值的区别被忘却。于是，在哲学繁荣、诗歌伟大梦想和各民族为争取自由独立斗争时代之后时代，实证主义和工业主义占统治地位，二者都是内心和宗教生活的压迫者，传记和心理历史学及同它们相连的生理学、病理学、精神病学、人种学、人类地理分布学的历史兴盛，归根结底，它们都是联想主义、决定论和心理学的历史。以此为基础，逐渐编织神话，在神话中国家和家族、或许还有疯狂、淫荡、抢劫，同样时而停滞之神时而动乱和消灭之神，充当历史、即创造和进步历史作者的角色。于是，在19世纪后半叶，人们要求并尝试撰写一种哲学的历史学，它描写哲学家们的心理，即是说把哲学贬低为私人事情；同样诗歌历史学把诗歌带至诗人们生理、病理的私人生活，带至他们对其他诗人作品的阅读和成为他们题材的借贷和诈骗。构建这种心理历史学的人们都是懒汉，他们用历史的事物取乐，围绕它们旋转并把它们置于毫无结论和荒谬绝伦的关系之中：他们若是勤奋工作和善于思维的人们，如何不运用哲学头脑和诗歌灵魂，否则他们会严肃地把握它们并从中发掘创造性东西。

原因原则有自己的位置，其效用存在于自然科学中；在自然科学中它不是一个解释公式，而是对由经验观察给定的某些关系的描写，因此是对为再现某些事实的某些实验的描述，这些实验一次次地益于再现事实，或益于知道如何和通过何途径再现以便在需要时能制止它们。然而，当原因原则脱离自己的领地，并扭曲地提供给历史实在的理由和解释时，立即发现其无能，由于陷入恶的无限过程，在此过程中一个原因总推至另一个原因，并且不能走出此过程，假如不是由于恰恰把所有原因贬低为一个最终原因的现象学，最终原因是超验的，因此或声称是未知的，或提出通过想象活动认识的。它无能力解释人类行为的积极面，正如众所周知，同样不能解释只能描述其消极面，因为对消极面的解释只存在于它同积极面的关系中、辩证法中，而不是在因果性中。

三 宗教历史学

我们命名的伦理-政治历史学，在设想它和以我们设想它的方式草拟它时，不止一次地命名为“宗教历史学”，还需补充说一切历史或最高形态的历史，都是宗教史。

当然，超越个人生理-经济生活的道德行为完全可称作宗教的，因为道德行为制约、使用并为普遍牺牲个人生理—经济生活，甚至人们不知道除此之外道德活动还能给予世界什么；同样正如思维获得的真理，由于它变成获得的确实性，因此是信仰，可以有充分理由说是宗教信仰；从而马志尼的“思想与行动”的公式曾被视为宗教公式。

但词汇“宗教”还有一个更特殊更带技术性的含义，专指不是产生于纯粹思维的那种特殊信仰，而是产生于想象和思维之间模糊、中介条件，在此种条件中幻觉从思维里接受断言特征，即是说实在特征，而思维过渡到幻觉，人们把这种中介条件称作“神话”；结果，行为不是作为道德意识之声的体现，而是作为强力和在人之外的存在的指示和命令的体现。所有宗教定义，包括今天交好运的杰出或“光辉”的定义，在逻辑上都沦为上述定义，这个定义还汇集就此内容讨论的自发认同，它正切题意。

由于宗教在其最特殊的含义上，以某种方式和在某种程度上存在于生活和历史之中，总是“积极”宗教，正如习惯这样称呼它们以便同思维和行动的人类内在宗教性相区别，但用什么方法才能不在宗教历史学而在哲学历史学中研究它们？

首先，同 18 世纪“哲学”历史学研究它们的方法不同，在这种历史学中很少哲学，此种历史学把它们介绍成一堆骗局和一派胡言，人类受这些骗局和胡言纠缠并沉湎其中，仿佛它们既有害又多余，以致理性已使或正使人类头脑挣脱它们，它们未给历史而给厚颜无耻和疯狂之事的编年史提供材料，在叙述编年史时，只有愤怒、淫荡、嘲讽才能使其生动。同上述看法相反，那些信仰是人类历史的补充部分，人类若撕下它们，不可能不破坏人们想了解的历史的整个结构。

但是，它们若是历史的部分，因此是可理解的，若不因其本身神话复合和混杂性质，则不是如此：即由于神话包含理性因素，由于神话中表达的思想和道德动因，由于神话中肯定的真理，由于沿着神秘地循序渐进的“人类教育”进程在神话外壳中形成的情感和美德，这些都是莱辛不断界定和阐明的。简言之，宗教作为历史学材料，不应不按哲学和文明那样研究，意思是说宗教不处于哲学和文明之外的特殊历史领域，而是同它们融为一体，因为若宗教包含未经批判辨别、思维确定的想象要素，不应相信：所谓哲学尚不包含它们，虽然比例很小或极小；若宗教道德隶属于他治性，不应相信所谓文明道德没有他治性，唯一地和永远地源于道德意识。两方面的过错都在这里，而两方面都在思考真理和行善，理由很简单：介于二者之间的墙不是真正隔开和静止的，而是运动的和辩证的；从而产生前者向后者和后者向前者的转化和再转化，而宗教一次次地显现出在哲学上比哲学还深刻，在道德上比神话的自由道德更崇高，并且通过所有这一切，其活动力求实现精神性的和理性的永不停息活动。

当然，需要加倍谨慎和精细分析，为从宗教信仰中发掘它们代表的思辨要求或对新概念的提及、在想象的炉渣中包裹着的金粒，从宗教习俗中发掘道德意识的初始创造，这些初始创造具有上帝命令和神奇启示的虚幻外观，要把这些初始创造同那些信仰和那

种习俗实际上处于外在和他治的，因此是物质的和功利的情况区分开。然而，若不进行这项不懈的批判工作，则会犯比用轶事体对待某甲或某乙更大的不公正（由于情欲、空虚及使用证据的不谨慎而犯错）：反对相同历史、反对其客观性和完整性的不公正。

在这样的研究中唯一向导应是理性，理性在千差万别的形态中到处发现并认出自身；因此应高度警惕一种方法，此方法在探究和表现宗教史和哲学-文明史的关系时相当盛行，此方法陈述一系列联想的联系和过渡，通过它们并由于非逻辑的、心理的奇怪辩证法，可以达到某些真理成果和某些文明制度的目的，仿佛在一出误会迭出的喜剧中。实际上，因果论、决定论、心理主义也以隐蔽、狡诈的方式潜入此部分，对此我们已经说过，它们使历史真理变质；正如通过举例可观察那样，即使目前关于加尔文教派与现代资本主义、加尔文教派与自由主义之间关系的颇有价值的研究，在某些部分也容忍偶因论和心理偶发论。

四　伦理-政治历史学与经济事实

针对一个民族或一个时代的精心构思的道德生活史，经常听到尖锐批判和很不满意的抱怨：这些历史未注意或未充分注意经济事实。

这种尖锐批判往往源于一种错误的历史著作观，认为它不应围绕自己的题目展开，在此种情况下，不是经济史而恰是道德生活史，却要它提供一个民族或一个时代的生活的方方面面的信息。这等于将历史同历史教科书和历史汇编混为一谈。过去人们以同样方式指责这本或那本诗歌史有严重缺陷，因为这些著作没有涉及诗人私人事件、诗集版本及其不同命运。

人们会说不是想要汇编或教科书，而是要求完整性和客观性、克服任何片面性的完整性或整体看法、不偏爱任何材料，以便竭力将历史学家提高到科学家的高度，后者研究自然界事物，在其整体和布局上研究所有自然界事物。然而，强加给历史学的自然科学的理想，恰恰只能提供汇编和教科书这样的成果。

历史学肯定不能如此全面，那将是等量齐观，正像不能以同样方式涵盖地理学家描述的所有不同国家。伏尔泰和18世纪的其他人，把中国和远东其他国家纳入他们的著作，是受政治、道德、宗教的实际需要驱使，而不是追求学究对完整性的满足；并且不同的需要产生不同的兴趣或无兴趣。

道德史或伦理-政治史并非不了解经济事实，正像它并非不了解哲学家的思辨和艺术的创造，但在其特殊生活中推测所有这些事物，仅限于这种特殊生活一次次地促进、使用并超越它们，才要考察它们。

此外，在这些尖锐批判和抱怨中，通常还有另一不言而喻的东西——因果性（上文已讨论过），恰恰是超验因果性形式，将一种超级力量带给所有其他力量并制约所有其他力量，在此种情况下即经济力量——任何人类历史的解释原则。在当代经济活动首要的思想根深蒂固，经济学家出于对自己职业的热爱，企业家也同样如此，他们都倾向于这种思想；然而马克思通过哲学思维，甚至将那种力量提高到具有形而上学功能。因此发生这种情况：针对道德史的道德解释、哲学史的智力解释、艺术史的艺术解释，人们讥讽地问道：这些解释符合实际还是实在外观的把戏，不是实在让外观运动、闪耀和发光，当它喜欢时还让外观消逝吗？

于是，正像在前种含义上，通过区分历史学和教科书摒弃尖锐批判；同样在后种含义上，通过拒绝公开或隐蔽的唯物主义（它作为不言而喻的动因被坚决接受或被偷偷引入历史学）来反击尖锐批判。然而，在那种尖锐批判的深处通常还（多少不自觉地）隐藏把实际问题从道德领域移至经济领域的倾向。现在，在经济领域总解决经济问题，从未解决道德问题。当然，通过经济体制的适时改革，使得因贫困和绝望造成的社会罪恶消逝，总归有益并值得庆贺；然而，在此种变革中，即使许多人并未尝试某些值得赞颂的行为，毕竟值得赞颂行为的吸引力和可能性在增长，但罪恶并未因此根除，相反根植于心中，以古老形态或以一种新形态驻留心中，因为不可能用经济手段战胜罪恶，只能用道德手段战胜罪恶。经济学家对自己措施良好效果感到的满意，如果变得得意洋洋，则不能被知晓同罪恶斗争艰难困苦（渴望的净化总不完美）的人们分享。在这种趾高气扬中，并没有确信或倾向确信把经济事实变为道德事实的炼丹术；但由于广泛深刻经济变革的可能性取决于天地万物总进程，沿着那条路，最终期待道德生活本身靠运气形成并发展，从而忘却全部道德性存在于道德努力中，是道德努力本身创造那种性质的财富，这是任何经济力量不能创造的。

这里值得指出另一种混淆道德史和经济史的情况，突出体现在19世纪形成的格言中，今天仍以可信谚语在流传，但它阐明或包含的诸概念均站不住脚：即自由主义只给人纯司法自由，从未给予重要、充分自由——经济自由；或采用历史学家的说法，法国大

革命只确立“形式”自由，因此建立“实际”自由的无产阶级革命是必然的。如果自由总是形式的和司法的，因此是精神的和道德的，那么物质的和经济的自由就成了缺乏内涵的词汇。实际上，它能意味什么呢？是事物的自由？当然不是，因为事物永远包围个体，总迫使他同它们打交道并达成协议，有时甚至屈从地接受它们；譬如，一个个体在体力和智力上能够或不能做到的事情：他的天生偏好和情欲，他立足之地的肥沃或贫瘠，市场的形势和不同反应，等等。恰恰为了从那些事物的奴役中拯救出来（由于人们并未得到神话中的法宝用以对付残酷的事物），人们找不到其他方法，只能提高道德生活，在道德生活中障碍本身变成其力量的工具。人们将会发现，用上述公式并不想从事物（实在的联系）中获得不可能的自由，而只想肯定在所有制体制中经济改革的必要性和适时性。于是，人们要求这个，却让“司法的”、“经济的”、“形式的”、“物质的”和其他哲学概念存在，没有扭曲并滥用它们。其后，人们总注意到，不管人们如何努力以获得或仅构想绝对经济平均主义，它恰恰因其不可分离的性质而不能是绝对的，因为绝对的平等论只能是道德意识和道德自由，在这一领域内精神丰富经济拮据者、“贫困的精神”，可自信地审视世上最富有、最强大、最幸运的人的面庞，并且根据此人的价值做出判断、决定对待的态度。

五　政党及其历史性

两个命题——历史是自由的历史，自由是人类的道德理想——并不矛盾。但能在口头上反对它们，只是遭到这样否定历史者和阻止道德意识证明从而否定自由者的反对。第一种人以历史的名义，提供的不是人类精神在生活的各个方面不断创造的智慧，而是支离破碎的沉闷编年史或是命运、天数、非理性力量、唯物主义暧昧的威力的神话，应当简单明了地说他们的历史不是历史，正如已由自身所证明，是渗入心灵的抑郁和迷惑的情感。在意大利自由光辉下出生的我们，已惯于面带微笑而不是面带怒色阅读为波旁王朝、奥地利人和教士们效劳的反自由的谩骂文章，我们不再设想有一天这样的文章会披上现代主义外衣在世上重现，因此我们只用卡尔杜奇的形象诅咒激动地回答第二种人："让绿蟾蜍在辱骂者的嘴里抽动吧！"

自由概念同行为的关系值得进行更加特殊的详细考察，即它不再作为历史解释的标准和一般道德方向，而是作为特定环境中的特定行为。如果在实践领域不谈人类那些永恒的平民（正如现在应做得那样），因为他们仅仅或相当关注私人需求、生计、安逸和快乐；而只考察那些真正的人，他们热衷于持之以恒地探寻普遍的善，因此受道德理想的激励，实际上他们用自己的事业带领人类前进，本质上他们全是自由的代表。当然，在个别情况下，他们各自表现不同，也有分歧、对立和斗争，每个人都根据自己感受、经验、知识、预见和希望在行动。然而，通过合作、调和及消除，从他们不同的或对立的倾向中产生的历史事件，是对更加丰富的新生活形态的创造，因此也是自由的进步。他们之间一种共同愿望——做伟大崇高事业的活动家，促使他们的个性及独特性彼此接近，赋予他们"良好愿望者"的共同性格。

对于政党也可以这样说，政党根据人们的差异性以及他们的问题和倾向形成，并因此决定其变化不定的聚集，但总具有美德和道德根据，即普遍善的愿望，从而未沦为宗派和帮派，本质上它们也都是崇尚自由的。实际上，自由精神接受所有人，希望、要求、祈求大家，抱怨他们的缺席或他们的无能；当那种差异性和对立，在无批判的惰性、在顺从的赞同和冷漠中减弱、消逝或趋同，自由精神就感到自己缺乏自由或主要是自由减少。

现在，如果事情果真如此，怎么能在过去和现在说到自由党，一个似乎想要为自己赢得自由声望的独特自由党？因此，存在一个不是历史形成也不受偶然事件制约的政党，该党自己捍卫一个永恒哲学原则，这是政治党派中的哲学党派，它比政治党派多些和少些东西，说到底是不同，从而同它们没有关系，它不像一个多余的闯入者招惹麻烦，甚至可能显得可笑吗？

根本不是这样。自由党是严格意义上的政党，因为它代表一种历史形势，它的名称，正如所有名称一样，具有词源学的而非逻辑的充分理由，是政党的而不是哲学学派的名称。当人们尝试把这个名称移至异于其时代的各个时代，其历史形成的特点立即凸显，因为立即感到这个名称在那些时代听起来空洞、刺耳、不协调。对自由的渴望，为了自由的斗争与牺牲，自由的荣耀，从历史的每个部分奔涌而出，“自由真可贵，生命都可抛”；然而，尽管如此，一个真正地自觉地自由党并不存在，不用说在等级制的中世纪、在希腊和罗马的自由中，即使在近代最初几世纪也不存在，要知道正是这一时期奋力挣脱封建主义和神权统治，并打造专制君主制的武器与装备。在反对腐朽垂死的专制君主制、同样腐朽虚弱的教会专制制度（无论是天主教的还是非天主教的）的斗争中，自由党完全地诞生了；在为争取意识自由的斗争中，在英国革命、启蒙运动和法国大革命中，它经历某种史前时期，在称霸欧洲生活一个世纪的拿破仑恺撒主义崩溃后，它才形成并巩固。正像任何其他执政党，自由党在自己的统治中也使用暴力，获得或竭力获得某些经济阶级的支持，在不同国家其表现也各不相同，它一次次地达成必要妥协或让步，正像在商界所采用那样，因此在政界也适用；但自由党并未因此在环境和实施自由方式的物质性中迷惑、涣散，自由“有旺盛生命力和神奇本源”，这是精神和伦理的力量，是一种在那些环境中并用那些实际方式活动的力量，此种力量从未同那些环境和方式一致或在它们之中化解。人们一再重复说，伴随掌权执政，伴随政权的巩固，从而旧制度复辟的危险已经过去，自由党将丧失其光辉美德——热忱、激情、献身、为拯救灵魂浴血奋战并不惜牺牲。逐渐响起呼吸急促、惊慌失措的呼叫声，以致人们发现自由党的通常形态消逝，保守派与自由派、右派与左派及类似派别的政治分裂凸显，接踵而来的是更加无聊的涉及特殊、经济问题的分裂；然而，发生这一切完全自然，当战争结束时，以往的战斗精神和武器一起入库。顺理成章，自由党的胜利导致自身逐步的终结，因为该党已完成自己的职责，为能履行其他职责，就不得不改变性质，即不得不给其他政党让位。

因此，并不是自由党显出衰落和死亡的征兆，因为它因自由取胜已以某种方式休息；而是它渴望、实施并巩固的自由体制开始受到两股力量的包围、威胁和破坏，尽管这两股力量有联系，但并不因此相互同一。在精神生活中，唯灵论的、辩证的、历史的思维的中止是一股力量，这种思维在 18 世纪末 19 世纪初出现、在 19 世纪中叶居主导地位，随后被实证唯物主义取而代之，再晚些时候被形形色色的非理性主义所代替。在社会生活中，另一股力量是经济上发生的深刻变革，这些变革使某些社会阶级丧失重要性，并使某些阶级增大重要性，使某些阶级几乎解体，使某些阶级近乎诞生或特别强大。这里，不适宜谈论这一进程如何展开、加速，因为其本质特征众所周知。

糟糕提出的问题和同样糟糕的回答、无效的解决、愚蠢的建议，在称作“危机”的东西面前相继发生，其中首要和普遍的是，由于产生对自由原则本身的怀疑，就探究通过用强制灌输的信仰代替思维和批判、用服从代替意志的决定，能否引导人类生活更好：从其自身公式即可判断此种探究，因此用不着多费笔墨。其后，经常有人从事预言式探索，以确定将来是自由的还是权力的，即奴隶制的，这让人看到有时一种焦虑仿佛并不缺少崇高，但焦虑要解决一个想象理论问题，并徒劳无益地围绕此问题转圈，焦虑不能解决，除非使自身扩展至内心痛苦并且不拒绝健康的唯一方法——沿着责任的阳关大道前进，培育自己和他人的自由美德。

由于显而易见，正如“伟大时代”总伴随（用但丁笔法说）伟大的诗歌和艺术时代出现，然而人们总渴望、预祝并勤奋努力准备古典美的繁荣期到来；正如在伟大的思想时代之后，总是松懈，接踵而来的是鹦鹉学舌者、编辑者甚至是健忘的愚蠢的几代人，但理想总是思维——真理的创造者，不会变为不思维，我们也未充分准备做傻瓜或头脑简单者，以庆祝愚昧或思想贫乏的时代；于是自由时代成为道德闪光的瞬间，这样的瞬间被不够辉煌的力量时代、光线微弱或灰暗甚至黑暗的时代所替代。在这种极端情况下，人们发

现维科的循环及歌德的格言的意义。歌德说过，当上帝看到一个日益智慧、开明而必然缺乏力量和尚武精神的社会时，他感到十分厌烦，就让整个宇宙分崩离析以重新创造世界。然而，当野蛮和暴力的时代临近时，理想并不因此变为(胆小鬼和蠢货那里除外)反自由和奴役，而总保持可说是人类的、唯一持续不断活动的理想；人们总趋向自由，为了自由而工作，即使有时似乎为其他目的工作，自由在任何具有真善美特性的思想与行动中实现。

由此可见，按即将到来或当来即来的东西规范行为不属于道德行为，因为假设人类社会一世纪或二世纪甚至一千年处于奴役条件，即处于自由减弱、极少自由和创造性的条件，这种条件极接近动物的条件，这种意外事故(因为是永恒的极短一段时光，正如眨眼间)没有触及自由，没有干扰其任务，也不意味着改变任务，任务总是用自由点燃自由，并一次次地选择适合此目的的手段和物质。由于新敌人奋起反对自由，他们取代那些被打倒的人，譬如专制君主们；还要其他人已经筋疲力尽但尚未死亡，他们重新站起或至少蹲跪，正如教廷惯于利用危机制造奴役和阴谋，并从中牟取利益与金钱；因缺少对手而被迫或自愿休息的自由党，由于今天敌手出现，处于焕发新活力的理想条件。

然而，通常人们对这点持有疑义并强烈反对，因为(人们推断)自由党不能有效行动，当事实条件不再存在时，过去自由党正是靠这样的条件形成并行动的：不再有地区生活和地区自治；不再有地主阶层，正是此阶层有能力和充裕时间参与行政和公共事务及政治教育的管理；不再有热衷竞争和各民族间自由贸易的企业家；相反，人们到处发现，行政管理及政府权力的集中，工农群众及其

首领,工业垄断,等等。19 世纪中叶对自由命运忧心忡忡的人们、譬如托克维尔和 1870 年后的意大利右派人士 ,隐约预见和惧怕的事情,现在仿佛已经发生,并且不可逆转地发生。自由体制已缺少事实条件;最好顺从群众的统治和专政,应当在我们的睡梦中渴望一种再好不过的幸福,它类似于穆拉托利的一本书书名闪烁的幸福,此书描绘"耶稣会士传教士在巴拉圭"为土著人建立的体制。

人们忘记这种反驳意见正好陈述事实条件,即恰为自由党必需的基本条件:再生的世俗或教会的压迫与暴政,都各具独特形态(蛊惑人心,专政,布尔什维主义,诸如此类,不一而足);正题实质地引起反题。然而人们忘却正题,因为他们不了解或不知道其"旺盛生命力"和"神奇本源",(我们曾经记得的)他们错误地把自由作为一种物质的经济的事实放置在物质和经济事实中;从而很自然地认为,由于以往自由必须相连的事实条件的终结,自由也就终结了,只要那些条件不再现,自由就不能恢复。然而,为什么自由从不应舍弃世界,而人从不应以奴隶或任人宰割的羔羊的身份降生,据说因为人类社会不像过去只有少数道路和少数通讯手段,现在人类社会拥有铁路、汽船、电报、电话、无线电传声,从而使得协同更容易,并因此政府和公司更集中;现在不是私人耕种土地,而是采用或能采用农业联合会甚至国家农业公司;现在不是自由贸易,而是规则或大或小制约的贸易。从原则上看,自由根本不反对这些或类似经济变化,如果经济计算和经验(只有那些合适的变化才被考虑)认为,在特定条件下,这些变化比其他变化更有益和更有收益;但自由仅仅反对国有化,即反对出售不能出售的东西——灵魂,自由接受或摒弃这些变化,仅仅视它们同它的这个最高原则

的关系。

于是，前提在它们的真理中恢复活力，推理的正确结论不是：在世界上自由党再无事可做，现在它已（正如新闻用语所说）“不合时宜”，相反它有许多事要做，因为其正题的反题重现，只是它再不能用以往相同手段去行动，因为现在的反题也不像过去的反题那样表现，因此自由党要探寻新手段，自由党坚持自己的目的，忠诚于自己的宗教，并应在自己的实际行动中更新，应研究渗透头脑和心灵的种种方法，应联合其他利益，应创立一个新领导阶级。如果有人要求把党的革新纲领具体化，并为此目的口授精确规则，人们可以对单纯幼稚者的要求报以微笑，此人试图在寥寥数行文字内囊括纷繁复杂运动，它在前进中开拓道路，在行动中发现行动的手段，这是见识、勇气、耐心、或大或小实践与政治天才的事业，它不等待纲领，而是每时每刻开始行动，因为每时每刻为实现自己的理想都有工作可做。即使此时此刻（为了举例说明），写下这些文字的人也以其方式在工作并为此目的服务，他要驱散某些恶劣政治推理的迷雾，并用阳光让人们享用一点热量，要知道对热量的需求是巨大的。强劲的推动，开辟行动的新道路，在危机时刻解决，通常专门留给使徒和政治天才去承担，但没有理由相信，他们就要昏倒于世上，世界还需要他们，并用自己的努力和痛苦折磨来祈求他们。

六　力量与暴力，理性与冲动

“力量”与“暴力”，是在日常对话中为符合通常所说良心或良知的清晰性，而区分和对立的两个词语或两个概念。但在理论家那里，这种区分并不总保持清晰和明确，他们不仅有时两词错用（仿佛这样做无害或害处不大），而且有时还把两个不同概念调换并混淆。更加糟糕的是，怪异的头脑、道德上的病态和污秽的灵魂，竟然欣赏暴力和性情暴烈者，把本属于力量的特性和价值归于暴力和性情暴烈者；正如众所周知，从而诞生丰饶的文学，并以司汤达的名言作为座右铭：要到奇维塔韦吉亚[①]刑场的客人中探寻真正刚毅的灵魂。在意大利，邓南遮[②]把其极富想象力的辩才倾注于此概念（同其所有概念一样，它不是独创的），用以美化其充满暴力和创造性罪行的小说、史诗和悲剧；说实话，如果他用这些作品并未丰富艺术世界，则无疑起到实践性质的特殊功效（正如他不能在心醉神迷中上升到清新圣诗水平）——腐蚀、教坏和引诱感受的功效。

为对付这一恶劣感受立场，它是一种尚未灭绝的恶习，最好重构良知的区分，并把这种区分发展至仍是良知的定义：暴力不是力量而是衰弱，也从不会是任何东西的创造者而只能是破坏者，就像病人痉挛和发狂时表现得那样。相反，力量——意志坚强的集中体现，即使其最简单形式，即通常称作统治的力量，总是建设者；力量在道德自由中提升到最大表现，在行动本身中，道德自由是持续不变的力量，虽然以这种面貌更加显眼，即在它变为严肃、严峻、惩

① 奇维塔韦吉亚，罗马西北 72 千米的港口城市，从 1431 年至 1870 年为教皇国领土，司汤达曾任法国驻该城总领事。——译者

② 邓南遮(G. D'Annunzio，1863—1938)，意大利颓废主义作家，代表作为《玫瑰三部曲》。——译者

罚、战争、打倒敌人的时刻里，作为力量更易引起注意。

在历史判断中，必须牢牢掌握区分力量与暴力的这一标准：力量是自由或自由的准备者；暴力是破坏者，从来不同自由合作，除非否定地合作，恰恰通过激励自由的对立面并促使自由希望或相信已被粉碎并消灭的东西的复活。最严厉的战争制裁，最严格的戒严状态以及类似事实，就其本质看，证明是自由的或为自由服务的事实，只要严格拒绝对民族生活必需品或对国家体制的冒犯，当它们力戒玷污自由生活或扼杀自由萌芽时，反而促进自由的恢复和发展。近两世纪英国的历史提供此种例证，英国成为在其统治下或受其影响的民族的自由教师；正如古罗马那位导师，其霸权扩张到哪儿，就在哪儿当司法导师。反向极端例证，恰恰不是在中世纪早期入侵罗马帝国的蛮族提供的，它们由于无知毁坏罗马的文明作品，但很快开办了自己的学校；而是那些认为若不凌辱智慧、扼杀人们的意志以使他们沦为工具就不能维持和延续统治的国家；因为人们只要还是完整的人，就不能像工具那样屈从，像机器人那样不知深思熟虑只知重复教理，不会主动行动只会听从指令。这里，天主教神权统治提供典型例证，尤其在特殊政治时代，比如反宗教改革和耶稣会教义时代；对当代所有专制国家、或用人们试图掩盖现实的词语“整体的”（不是整体和谐合作的，而是认同和整体奴役的）称谓的国家来说，那个时代一直是模式和激励，它提供了阴谋诡计的武库。由于一个差别，有必要注意天主教会的辩解词，天主教会把天堂同尘世对立起来，它只关注能把更多行善的人类子孙带入天堂，自然也带入不少或很多智力低下、意志薄弱者。然而，相同辩解词对那些专制国家不起作用，它们是完全世俗的，

它们追求伟大、安全并想要集各民族世俗荣耀于一身，还想扩大荣耀并强化生活；同时为维护其统治，轻率地采用教会方法，它们骨子里是生活的否定者，却自诩生活既充实又生机勃勃。它们因这种矛盾应受到谴责，它们显现出在所有方面——思想、艺术、犀利批判、炽热情感、认同、尊崇、关切普遍的善、热忱和道德修养——上的贫瘠，只要旨在创造或幻想创造仅靠自由产生的东西、却当作为爱的种种产物，不管付出何种和多少努力和勤奋，滥用何种和多少手段。在某段时间内，它们可以并实际有益于自由时代之前时代开始的运动、那时形成的才干、积累的知识；但逐渐储备物消耗一空、源泉枯竭，新能人并未涌现，而以前能提供某些服务的那些自由叛徒，或因被奴役或因缺乏障碍，丧失过去具有的能力。暴行盛行不可避免，实质上也不可缺少，因为它出现，如同必须以不同于其他时代的面貌发生。每当呼吸充分自由的空气，活跃的大脑、机敏的灵魂就苏醒并投入行动；每当受到强制、诱惑、靠暴力维持的专制国家奖赏许诺，它们就停滞不前，或在迷梦中沉睡不醒。

这就是力量与暴力之间的差别，人们沿着另一方向通常错误地把暴力视为生产者，把靠清除旧制度、观念、习俗和旧人物来廓清和革新世界的美德归于暴力，因为大火和地震也可是此种类型的生产者和建设者，在大火和地震之后，会出现一幢新房或一座新城，可能比以前的更美。说实话，那里建设者名誉并不属于大火和地震，而是属于人类不屈不挠的劳动，人类劳动把大火或地震视为面对的事实条件，它从未丧失斗志，而是再次准备行动，利用积累的经验，往往是沉痛的教训，从而重新建设更好更坚固的房屋和城市。甚至当暴力突至正义之旁，它未增进却干扰并削弱正义的功效，从而激起正义反对被冒犯的人类情感：这是眼泪、爱心和赞美人的理性（人本身不配受到道德崇敬，革命的凶残把他们送上断头台），这也是谨慎政治家嘱咐“勿做烈士”的理性。

因此，如果为暴力设立的圣坛应被推倒，那么最好在当代修复或重建理性的圣坛：正如众所周知，在对 18 世纪的反动中，崇拜遭到损害、威风扫地甚至受到嘲讽和戏弄，在那种反动中，由于人们通常拒绝的其他东西，理性或“理智”并非作为真正完整的理性，说实话，全部或大部分理性位于同其对立的理想中。

在理论界，在研究与知识领域，不止一次地断言经验、文献、直觉反对理性和推理；然而这样被否定的理性和推理只是基于纯粹抽象的推理，不能触及实在，或是空洞的词语、被采用但未审视的数据，因此看不出肯定还是否定表面与形式的一致性。被祈求拯救枯竭而贫瘠理性的文献、经验、直觉本身，将是科学认识行为，如果它们被推理和被思维；理性没有其他具体存在形式，它若不是作为对经验与文献的解释，在直觉模糊中对实在和质的区分。脱离这些，只能是想象唯美主义和空洞神秘主义，不用提理性，它们连经验、文献和直觉都指责。

同样，人们想用所谓理性代替艰难困苦、运筹帷幄的政治活动，那种所谓理性是组合式想象，这种想象构建行为模式，它不仅不利于对模式的思考，反而强迫实施模式：这在启蒙运动改良主义及其极端——雅各宾主义中表现最为突出。后果是冲动、自发性、本能奋起反抗政治和道德的理性主义，还自诩认识理性所不认识的道路，这是些曲折但安全的道路，不同于理性的笔直道路，直路直达悬崖峭壁，使人粉身碎骨。现在人们称作冲动、自发性和本能的东西，其有效部分就是实践和道德生活的实际发展，因此是实践的道德的具体理性，即反对假的或表面的理性的真正理性。作为思维的理性开辟通向作为实践、道德生活冲动的理性之路，前种理性绝对不奢望后种理性屈从，不把抽象和反生活性质的模式强加于它，而是给其自发的和富有创造力的活动让位。当你像上述那样反思时，就请像歌德那样说："有冲动，故有责任"。道德理性只否定污秽和矛盾的冲动，此外这种冲动被自己否定和破坏。今天人们感到对理性的厌恶，大部分归因于对污秽、肉欲、兽性、野蛮的钟爱，归因于过分崇拜道德沦丧对品德高尚的造反。

一定要竭力避免现今发生的用随心所欲代替理性，正如要避免 18 世纪发生的代替，那种代替把理性的位置让给或多或少空洞的、能推理的形式主义。由此可见，我们应向理性致敬，向唯一的理性致敬，那是在激情的特殊性中闪烁的普遍性之光；还应为词语"理性主义"恢复应得的荣誉。

七　道德生活与经济体制

上文提到的自由原则同经济体制特性的差异，为了不造成困惑和误解（在这个论题上很容易产生困惑和误解），还需要展开和澄清。

最好首先摆脱一个格言，尽管它被普遍重复，它的意图也很好，但它在学说和逻辑上是错误的：即自由一次又一次地在法律和道德意识中发现自己的局限。然而法律和道德意识凭借自由才规定并界定自己是自由的；因此，不能把局限强加于自由，换言之，不能把局限强加于道德性。结果,道德意识作为罪恶指责并摒弃的东西从来不是自由,而总是不自由,是对反对道德意识的欲望和情欲的屈从,只有胆大妄为的隐喻才把这样的欲望和情欲冠以自由的名称。

自由原则与经济的关系不是一种局限的关系,因为是形式对质料的关系,而发现自由在经济生活提供给它有待加工并在形式的和谐中转化的质料的冲突中:这种关系不同于诗歌和艺术同人的激情的关系,人的激情是诗歌和艺术的质料,而诗歌和艺术对人的激情的特性,正像美学家们所说,是一视同仁的,没有支持这个或那个,也没有拒绝其中任何一个,而是把所有激情都变为美的东西。同艺术一样,伦理—政治活动、自由,接受实在一次又一次地提供给它的经济冲突,它并未奢望摆脱所有这些冲突,即脱离人类生活,也未奢望让它们异于本来面目,即脱离自身;然而自由接受经济冲突为了在特定条件下具体地肯定自身,这些特定条件并未被自由事业所取消,而被大大改变面貌。由于这一切,那么当事实条件要求自由放弃那些似乎珍贵并因习俗悠远而更稳定的司法或经济制度时,自由是否准备放弃,并且不因放弃感到丝毫伤感,反而欣喜若狂呢?当战争威胁祖国时,议会立法活动会放弃或锐减,人们一致同意赋予政府官员全权,毫不犹豫地忍受沉重赋税、禁止自由贸易、官方限价、定量配给,绝不抗议对新闻甚至私人通信的检查,不再要求迄今曾享用的言论自由;事实上,在那样的条件下并有那样的行为举止,公民们并未感到被奴役和被压迫,而是感到同以往一样自由甚至更自由。相反,在其他条件下,哪怕最微小的类似行为和措施都会感到不可忍受,成为对社会生活的严重触犯,

并且必须予以反击。在千差万别、永不停息的历史运动中，试图确定自由接受和反对的经济—政治体制，将是徒劳无益的工作。因为，自由一次次地接受所有体制又拒绝所有体制。

针对这个既显著又有根据的命题，出现一种同样显著却没有证明同样有根据的反驳意见：受到目前社会事件与论战的强烈推动并参照它们，这种反驳意见以不可抗拒的自信演变为简单谬论。因为（它这样推理），如果自由接受任何一种经济体制，也应接受共产主义，而"共产主义"是对自由的明显压制和轻蔑践踏。然而，问题的焦点是：我们说到的是简单经济体制，因相反论题而提及的"共产主义"已不是简单经济体制，而是根本不同和更加沉重的事物——伦理—政治的整体体制，它呼吁平等，即一种反对自由的原则。它不是呼吁使所有人共享的人类平等，那种平等不管人们的天赋、职业和条件千差万别，都坚持人对人的尊重、同情和正义；而是呼吁位于数学抽象非实在王国的平等，它把这种平等错误地当成实在或可能的事实，并且竭尽全力去实施。为了简略起见，我忽略勾勒这种理论的宗教超验起源，在从黑格尔右派的有神论向黑格尔左派（马克思属于此派）的无神论、向作为第一推动力即上帝的物质观念、向唯物主义地解释的"人道"观念的过渡中，可以清晰地发现这样的起源。它努力实施那种理想，但做不到，恰恰因为那种理想是抽象的；从而"共产主义"被迫（甚至其鼻祖始料不及）走上陈旧的老路，一切专制主义、一切极权主义、一切专政都曾走过的老路；它把一个或多个统治者和众多被统治者放置两端，它把一致性社会准则强加给被统治者，不是把他们作为人而是作为主观物质对待，不是把社会本身变为生机勃勃的有机体，而是变为机械

装置。事物的逻辑不赞同"共产主义"从其内心表达代议制自由制度和意识及言论自由;从而人们通常听到它所作断言和许诺都是纯粹的政治谋略,观念的粗陋组合,论战的不正当手段,这些荒谬的东西,通常作为自由主义被介绍,它们不可能变为自由主义,除非由于"共产主义"实际解体,让人们根据不同历史时刻容许的情况,自由讨论并决定是否接受那些纯粹经济要求。

因为被不断解决并不断重现的自由问题,恰恰是研究整体保障最大自由的人类事件的问题,最大自由即同特定条件一致的自由和在特定条件下的最好的经济社会体制:这两个要求从表面上看是两个,而实际上构成一个要求,不能设想一种没有社会经济体制的自由(即使无政府主义者也不真正这样想),没有一个社会或国家无自由,因为那就不再是人类事物。然而,离开推动自由的标准,没有其他判断标准、经济措施效用的尺度,那些经济措施可以让平等及不平等继续存在,或可消除平等及不平等;根据情况,这一标准必然让革命者更英勇无畏、保守派更谨小慎微。工业、土地和房产的私有制,或它们在国家中的融合,是不可受审理的,有待自身在道德和经济上决定赞同还是反对,但只同一个被常新立场搞成永恒的问题相连,显然并由历史所证实,主题不断地更换,于是人们随心所欲地妄图证明这一或那一体制具有永恒内在优越性,这方面空想主义者决不比专制的共产主义者逊色,他们是专制的自由主义者。

由于我们没有排除自由从事革命,还需补充:通常革命造成分裂与对立,而进化并不和革命完全一致,因为自由的革命比进化本身的节奏加快,因而其特性不是简单的拒斥,而是对过去的完善,

并保留文明传统，让子孙后代怀念父辈和祖先。没有进化的革命，不是自由启示的革命，上文已指出这种革命的特性，结论是：它们不了解历史和文明的各个时代，远离那些时代，嘲笑并谩骂那些时代，让子孙后代忘却自己的父辈和祖先，而正是对先辈的怀念，使人们在劳动和困苦中受到支持和鼓舞、感到温暖。

八　观念永恒性与历史形态

上文说到自由党是在19世纪成熟的历史形态，但其准备是从文艺复兴和宗教改革到启蒙运动，这些对19世纪初形成的关于近代自由同古代自由差异学说问题既是辩护也是批判，这一问题在当时曾引起激烈争论。这一学说的创始人是西斯蒙第[①]和贡斯当[②]。西斯蒙第在1818年发表的《意大利城市共和国历史》倒数第二章提出此学说；而贡斯当于1819年在巴黎皇家学院宣读的报告中提出。

辩护在于如下事实：那时他们达到的自由观念将最近四百年的长期进程浓缩于身，并且以当时缺乏的一种历史观加以完善，它还反对自由于18世纪在希腊—罗马想象和理性论简单化之间具有、并在雅各宾主义和恐怖王国中接受严峻考验的抽象形式。这一切说明为什么那些著作家所说的自由，感觉似乎是那时刚刚开始的时代的全新而独特的东西。然而，在学说展开时，他们的判断

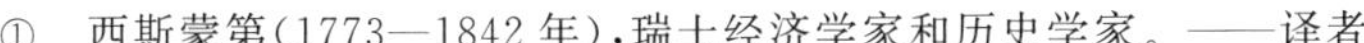

① 西斯蒙第(1773—1842年)，瑞士经济学家和历史学家。——译者

② 贡斯当(1767—1830年)，法国作家、政治家，法国浪漫主义文学代表之一。——译者

陷入将分期或分类问题同历史问题、用以在精神经济（即回忆）中收集并确定系列事件的规定同真正逻辑的规定相混淆的错误泥潭。

在为历史分类，即构建历史时期时，区分古代自由和近代自由，而且在继续划分时还要区分其他时期和其他自由，不仅容许甚至不可或缺。然而，其后无需为上述目的而假装相信：因分类如此分明的两种自由，实际上也是可区分的；因为，如果在自由中能够区分出两种自由，每种自由都具有独特性质，显然二者之一将不是自由，或二者都是唯一高级有效自由的不确切的表达。因此，提到的两位著作家强调的差别经不住批判的考验，他们把古代自由称作政治的，近代自由称作文明的，还补充说一种自由符合美德概念，另一种自由符合幸福之类的概念，因为不存在不同文明自由融为一体的政治自由，没有一个社会能够站住脚，如果其美德无幸福、其幸福无美德。其后，在学术界清醒地坚持此问题并主张用西斯蒙第和贡斯当的热忱精神去解决的人们，迷失在形式主义的无益比较之中。*

警惕为获取逻辑的区分和对比而对划分时期的模仿，这自然引起另一警惕：相信自由概念在冠于词语“自由”的时期或时代产生、发展和消亡；具体到我们的情况，即相信自由在 19 世纪绝对开始，或兴许高兴，相信在 18 世纪或 17 世纪或这之前任何一个世纪绝对开始。自由不是一件偶发的事实，而是一种观念，若真正深入

---

* 这方面请参阅《贡斯当与耶利内克》一文，收入已提及的《伦理与政治》，第 301—308 页。——原注

探讨,自由只是道德意识本身,同自由一样,道德意识只在于激励生活不断发展,因此在于从自身和他人那里发现必须尊重并必须在丰富多彩的创造力中促进的人和人的力量。由此可见,探寻自由的绝对开端,等于探寻道德性的类似开端,即陷入把范畴(善、美或逻各斯和所有其他范畴或它们的同义词)历史化的现象论及经验论的错误,这些范畴不是历史事实,因为它们是历史事实的永恒创造者。

说实话,谁要开始追寻起点,就会被连续不断地引导后退,逐渐发现称作自由事实很久以前的起点;不仅在紧挨 19 世纪的前几世纪,而且在中世纪和古代,甚至在原始时代和史前时期——在新石器时期,若兴许高兴在旧石器时期,发现自由事实的踪迹;只要人们拥有的文献证实这一点,即让我们特别看到一般地确切知道的东西,当(正像维科所想那样)我们在精神上从文雅人性降至原始人性,不管原始人性多么粗暴和残忍,仍然被人的情欲、人的需求和理想激活。为何在残酷压迫时代,在那些情况下,没有发现自由,如果我们面前总有人们,因此总有内在地自由存在物?人道范畴同自由范畴相吻合;无论人们说一个政权或一个时代多么不人道,从未变得彻头彻尾不人道,如果(正像维科所说)此政权或此时代不想脱离人类界限而坠入虚无之中。

沿另一方向,当从完美、纯粹自由的观念出发,有种情况:当历史从这头向那头经过时,从未遇到过真正自由,即使在特别称作自由的时代和国度里也未遇到;这种情况由于自由是范畴的相同原因,因此它是无穷无尽的;相反纯粹、完美的自由观念是我们无限愿望、道德热忱、对纯粹和完美的渴望引起的想象中出现的幽灵,

在事实世界中是遇不到的。在实际世界中，即历史世界中，自由从来不是抽象地完美，而是一次次地具体地完美，需要在特定条件下承认并接受它。人们非常奇怪地判断说古代自由不是真正自由，因为古代自由得以产生的社会形态基于奴隶制经济；然而必须在存在自由的范围内看见自由，而不是在不存在或不再存在自由的范围内发现自由。存在奴隶的事实并没有抹煞雅典自由民在政治、思想、诗歌及其他艺术、全部文化和文明方面所做出的伟大成就。我们也曾指出：基督教并未解放奴隶，也未对解放奴隶做丝毫努力；奴隶制当终结时就终结，由于经济事实本身的变化——经济事实证明奴隶制比自由劳动越繁重生产率越低；然而这里所谈情况不是指这方面，相反两眼应注视基督教给灵魂灌输的自由，包括给奴隶的灵魂灌输，就像给其他基督徒灵魂灌输一样：在基督那里人人皆兄弟；以及这一原则在现在和将来的革命性。人们产生怀疑：中世纪意大利城市的政治体制和社会习俗能视为自由，因为它们的自由由特权构成（这种特权在司法形式上异于封建主所享有的特权），这种自由仅限于城市甚至部分城市居民，根本不包括农村，对言论自由和宗教自由等既不容许也不宽容；但尽管如此，当时精神在其能够活动的范围内自由活动，并在世上创造了自伯里克利时代以来史无前例的奇迹。只要一人或多人承认其他人的充分自由，自由制度就诞生，这是同其他制度相比有限自由的制度；专制国家的不幸在于不赞成少数人甚至一人的自由，即使这人是专制君主，他似乎比其臣民更不自由。尚未渗透自由的社会生活的各个方面，在以例证方式回忆的一切情况中，代表未来问题的材料；但那些渗透自由并生机勃勃的社会生活的各个方面，构成真正的历史、创造价值的历史、向上和进步的历史，这是唯一通过历史思想可研究的历史，在它的影子中发现它，靠它的影子看到它，但不因此把光明称作黑暗。

然而，在这种研究和断言中，历史思想不让自己心不在焉地被自由之声欺骗并笨拙地受其迷惑，当那些声音不是纯正道德启示，也未用文明生活的繁荣证明自己的性质时。从而，历史学知道那些“自由”想要什么：衰落的贵族为反对君主和平民要求的“自由”；代表私人和利己主义利益的“自由”，当人们结成团伙、彼此不再以兄弟相称（当然作为兄弟不能成为强盗集团的成员），要求匪帮抢劫的自由；或被迫害者要求在迫害时的“自由”，其秘密意图是当他们成功掌权后也做迫害者，就像天主教会通常采用的那样；或者是精制的“自由”，这是一切时代蛊惑人心者兜售的伪币，在对此种自由的赞美和呼吁的背后，包藏着大大小小暴君的祸心。这些和类似伪装说明，为何同一词语“自由”让人怀疑，甚至沦为讽刺诗的素材；真正热爱自由的人们通常厌烦它或闭口不提它，因为他们的廉耻心不能容忍对深爱的神圣事物庸俗化和玷污。

九　宗教性与宗教

如果宗教是并只能是人生观及相应伦理立场，那么自由主义就是一种宗教；它作为宗教，被它的信徒感受并思考；作为宗教，它启示信仰热忱并有过使徒和烈士；作为宗教被它的对手对待，控告它否定他们独特的宗教，是罪大恶极的异端、新教异端最后和激进的形式（方法相同）。当然，它的宗教是一种批判性宗教，靠批判滋养并强壮，用批判自卫并保卫，追求真正的真理并为拥有真理而感到欢欣鼓舞。然而，这最后一点并未标明同其他宗教的实质差异，因为其他宗教也这样认为并声明拥有纯粹真理；在它们的其他部分中，它们或紧或松都被神话包裹也没有差别，因为神话是尚未完整思维的真理的不完美、暂时形态，鉴于这一点，神话具有象征价值，类似象征和神话在哲学中也存在，虽然量更少更精致，作为局限或暂时阶段；因此人们想要指出的差异将是相对的而不是绝对的，虽然比较而言彼此距离很远，以致掩盖从一些宗教向另一宗教，从所谓宗教向哲学（这种宗教）逐渐过渡的面貌。

由于此原因，自由主义对其他宗教不能采取破坏者的敌对态度，在所有宗教中它感受到实质同一性，共同痛苦、共同提高或共同努力达到神圣；从而在古代零星出现的思想，在 16 世纪和 17 世纪通过索齐尼主义及其派生物变为基本思想，在 18 世纪这一思想传播到实践和习俗中：所有宗教都是崇拜唯一上帝的形形色色的形态。然而，在自由主义中由这样的认识产生的立场，被糟糕地展示为当时称作“宽容”的东西，更晚些时候变成对其他信仰的“尊重”；由于某些君主、世俗或教会国家也能具有宽容的心理态度，但它不是对他人信仰的真正尊重，而是表现为不情愿的屈从和让步，并且不是没有厌恶和轻蔑；另一方面，那种尊重不是对自由的尊重，自由不能尊重它知道是不完美和错误的东西，不能把各种宗教之间的必然冲突转化为持久和平，这样的和平会腐蚀各种宗教。自由主义在承认其他宗教流行、自卫和竭力扩张的权力时，也承认自己以自认为最适当方式同其他信仰斗争的权力，这样的方式是直接批判和论战，或让它们在自由氛围中自我批评和自我解体，是自由把它们带到这种氛围中,它们在这种气氛中艰难地呼吸,为了寻求对此气氛的某些适应,它们不得不一点点地减少神话增加理性。

我们业已考察的是作为真理和相似道德痛苦的诸宗教情况,它们之间的差异仅仅在于陈述教理逻辑完善的程度大小。实际上,这里产生的心心相印源于象征形式和学说公式:这是共同的古老的经验,无论上溯到基督教的或伊斯兰教的骑士,他们相互厮杀、相互欣赏并相互尊重(正如中世纪小说所描述那样),由于"崇高骑士气概"和"仁慈",他们通过基督和穆罕默德在对方身上发现的;还是近看现今自由思想家和行善的慈悲修士之间不少友好、相互尊重的合作,尽管他们嘴边尚未吐出这样的词语,但双方都在对方身上发现"对大家都是宙斯的那个神",正像塔索[①]喜欢称呼那样。

然而,还有另一种情况:或多或少神秘和象征的宗教被认作敌人,并要用一切手段去摧毁,如果手段不够用,就用战争和鲜血,这种宗教被视为卑鄙和道德腐败的根源,虚伪、压迫、狂热和残忍的根源,卢克莱修在"引起无数不幸"的人事兴衰中忧郁地发现的那种根源。是宗教自己变为超验的,并诱使人脱离其自由和其意识,把一种不是来自其内心而是来自高处的法律强加于他,这个高处不是同深刻融为一体的高尚,而是高高在上地、杀气腾腾地逼近,或者面带和善微笑以掩饰威胁的强暴者,这是外在法律,竭力用外

① 塔索(T. Tasso,1544—1595),意大利文艺复兴时期著名诗人,代表作为长篇叙事诗《被解放的耶路撒冷》。——译者

在手段来满足，或许到处招摇撞骗，并且绝不缺少外在执法者——神甫或教士。超验的现象学过程通过象征脱离象征性观念和情感来展开，直至象征以其被感觉和被想象事物的性质，自身具有价值并拥有分量，因此这一过程也是从最初唯灵论冲动向唯物主义崇拜转化。这种信仰转变和反常的情况不应放逐到通常称作宗教的领地，而要扩展到自由宗教本身的领地，有时自由宗教也机械化和物质化，虽然比其他宗教程度低得多，因为它比它们开放——勇于批判和自我批判；从而它的再生和恢复青春更为必要，往往以经受严峻考验和承受巨大痛苦作为代价。民主主义、激进主义、共济主义提供自由概念沦为物质东西、僵硬死板教条、教派和党派工具的例证，这样的货色无助于思想和道德生活崇高，也无益于自由本身的发展。然而，其他宗教提供的例证更丰富更可观，因为神秘要素所占比重更大；在这方面天主教十分典型，在这一特殊含义上，黑格尔对基督教的称谓——“绝对宗教”对它完全适用，因为作为古罗马精神的继承者，它把大部分古代文明和文化转为自己目的服务，它首先要把宗教性系统转变为信仰和法律的机械整体；因此，它屡次被指责犯唯物主义和无神论错误不是没有根据。天主教过去和现在提供结构雄伟装配精致的机械模型，其他压迫政权正在尝试这些机械，它们向它学习制度和方法：从用希望和恐惧的手段统治人们，从用教士仇恨进行严酷迫害，从折磨灵魂并让其温顺、丧失思维和造反能力，直到耶稣会士——高超艺术家的诡计多端。因此，我们今天看见作为天主教真正对手出现的宗教，没有并且不能保持改革基督教的面貌，相反我们有充分根据地说，是民族的、种族的、共产主义的宗教，这里不适于讨论这类宗教，因为我们每

人每天被迫听到对它们的赞美诗，看到它们的崇拜行为、违犯人道的行为。

但是，自由过程性质本身、即全部在内在性中实现其宗教过程，使得不可能历史地区分特定行为是自由的还是专制的、是道德的还是唯物主义的，由于人类活动通常遵循近似和外在的区分。只有敏锐感觉和道德、历史的微妙直觉，才让我们一次次地认出面前行为的性质：千万不要忘记这一点（这是历史学对我们的教诲之一），以避免陷入那种党派的恐怖之中，那句著名格言“你们把所有人都杀死，因为上帝会辨别他的选民”准确表达这种恐怖。如果历史按名称和标签的指示运行，那么撰写历史将易如反掌；如果是唯物主义的道德生活，那么撰写道德生活也并不困难，首先我们要控告他人的道德生活，千万不要控告我们自己，对我们自己不要没完没了地认真考察和监督。有时，最露骨的超验词语、信仰和崇拜包含具有巨大道德价值的自由有效行动；有时，最坚定的自由公式包含相反的东西；正像对自己不信任是道德生活中的必要环节，同样在历史学中，怀疑表象和无偏见地研究思维的及完成活动的实在是必要环节。

为进行相同考察，因教会与国家关系（历史的重要部分）呈现出错综复杂情况，特别需要常言所说的注意力和洞察力。教会和国家可以在观念上被理解，根据上文已指出的看法，它们成为道德和政治的同义词，并伴随二词间连带和反对的关系；但历史研究的教会不是宗教或道德；国家也不是纯粹的政治。国家与教会是两种制度，从此角度看，它们是两个政治事实或两个国家；正像所有国家一样，首要地服从保存自身的法律，正像所有国家一样，一次次地被宗教的和道德的意识引导并且被迫适用于道德的和宗教的行为。把国家视为血肉和魔鬼的产物，像中世纪神权政治所为，或者相反陷入厌恶神甫形象的狂热，正像18世纪喜欢做得那样，在18世纪曾实施某种报复和同等报复法，这是两种片面性，在历史和道德方面都是粗劣的，它们不分伯仲。存在这样的历史时代或时刻，教会扮演反对国家的道德意识的角色，而在其他历史时代或时刻，国家扮演着道德意识的角色。历史学家应当根据情况，有时在教皇们的言行中，有时在其世俗敌手的言行中，向自由致敬。正是基于这些，人们更应该坚持认为：在近代天主教会通常同一切专制和压迫政权结盟；它用煽动民众反对它不喜欢的政府这种手段污辱自由概念，并从自由政权吸取对自己利益有用的东西，当这样对它有益时；只有当形势特别有利时，它才抬起头来反对专制和压迫政权并同它们的敌人结盟。然而，即使在近代教会人士或教会本身仍会拥有自由的言行，因为那种被称作神圣的制度，说到底不能不是人类的制度，并广泛地分担人类贫困与过失，今天它仍未完全丧失其崇高性的表现。

十　历史与乌托邦

自由观作为发展和历史的宗教，用名词“乌托邦”摒弃并批判最终完美国家或休憩国家的观念，此观念具有人们提出或能够提出的形态，从伊甸园、黄金时代或安乐乡的天堂式形态，到“一个羊圈和一个牧人”、被理性或计算理性唤醒的人类、没有内外斗争的平等的共产主义社会等政治形态；从平民天真头脑想象的形态到康德等哲学家构想的其他形态。乌托邦本身属于神话的一部分，它把充分满足我们不断产生愿望的饥渴，把解决困扰我们的一切困难都转化为映像；若乌托邦未把梦想换成实现的或可实现的东西，则只能是这种情感冲动的纯粹象征，或更为糟糕，它不准备为实现梦想而付出危险、徒劳的艰辛，正像有时发生那样，如康帕内拉在 16 世纪末在其卡拉布里亚的太阳城曾经尝试，19 世纪初欧文和傅立叶的信徒在新世界殖民地曾经实施其理性和和谐的生活准则。然而，乌托邦还有许多其他梦想，并不具有上述梦想的广度，而是同日常生活交织在一起，仿佛逻辑上可以成立，但仍然是梦想，譬如，消灭任何战争和战争威胁，消灭形形色色的迷信，教会的或世俗的暴政的最终消逝，一劳永逸地发现宇宙奥秘，解决所谓“社会问题”，诸如此类，不一而足。

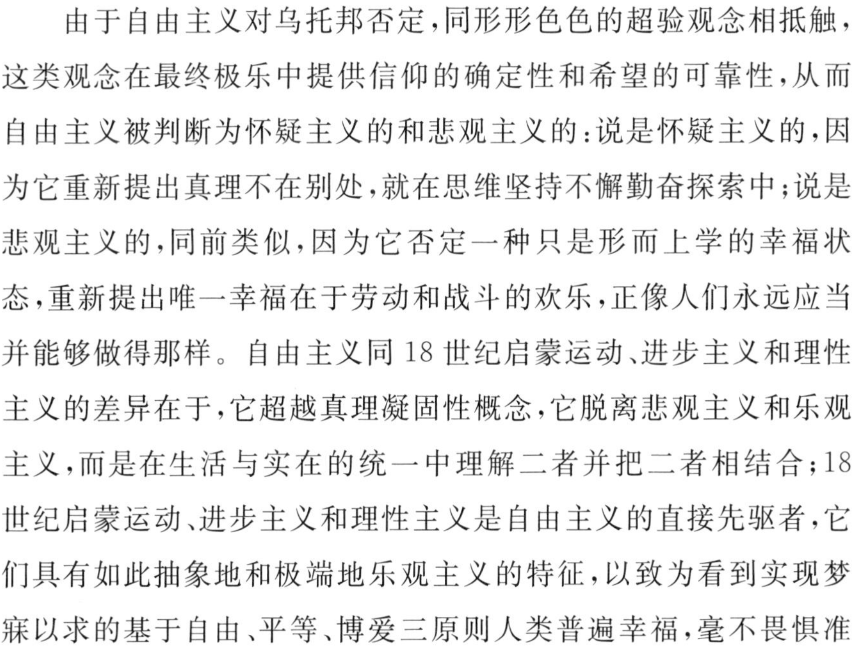

由于自由主义对乌托邦否定，同形形色色的超验观念相抵触，这类观念在最终极乐中提供信仰的确定性和希望的可靠性，从而自由主义被判断为怀疑主义的和悲观主义的：说是怀疑主义的，因为它重新提出真理不在别处，就在思维坚持不懈勤奋探索中；说是悲观主义的，同前类似，因为它否定一种只是形而上学的幸福状态，重新提出唯一幸福在于劳动和战斗的欢乐，正像人们永远应当并能够做得那样。自由主义同 18 世纪启蒙运动、进步主义和理性主义的差异在于，它超越真理凝固性概念，它脱离悲观主义和乐观主义，而是在生活与实在的统一中理解二者并把二者相结合；18 世纪启蒙运动、进步主义和理性主义是自由主义的直接先驱者，它们具有如此抽象地和极端地乐观主义的特征，以致为看到实现梦寐以求的基于自由、平等、博爱三原则人类普遍幸福，毫不畏惧准

备巨大无比的血腥战场。自由主义的进步概念也不同于 18 世纪的，它不在于想象的增长和逐步实现福利和幸福、直至达到完美状态，而简单地在于后来的东西包含在此之前的东西，只有在此含义上，历史上没有任何事物徒劳地毫无结果地匆匆走过、未提升更高一级并实现进步。自由主义批驳能言善辩的断言，包括那些大受欢迎的想象断言，诸如世界不可能再次陷入野蛮状态之类，相反极有可能文明在于为反对这种危险保持不懈警惕和进行武装斗争；或像另一令人欣慰的保证，无论一个民族遇到多大灾难和犯有多少错误，它都不会灭亡，而事实真相是一个民族死亡，当它仿佛重新崛起时已不是那个民族，而是世界精神创造的新民族。这一观点可能使那些人不悦，他们认为我们现代意大利人就是古代意大利人、古罗马人、文艺复兴时期意大利人和民族复兴运动时期意大利人，实际上我们已不是这样的人，而是一个新民族，具有自己的善恶、利害，同我们历史环节的整个世界紧紧相连，一个民族同生活在同一（大致同一）土地上的其他人民重新联系只限于观念上，当它在文明生活中完成的伟大事业，如同那些人民完成的伟大事业一样。

于是，由于去掉人们对最终获得并稳定拥有真理、美德和幸福的幻觉，自由学说本身缺少两个相当有效的手段以召唤任何社会秩序的平民；这使得人们将另一特征归于它，此特征成了令人羡慕的新头衔和遭人指控软弱的新理由——贵族性，从而自由观和自由方法都打上贵族的烙印，（人们说）自由学说只被少数人理解并接受而没有打动群众的原因就在于此。

人们建议自由精神欢迎它曾拒绝和批驳的幻想（作为“王朝材

料”)以克服其假设的弱点，肯定是徒劳无益的，因为如果幻想使世俗和教会的政权更易于统治浑浑噩噩的群氓，并让后者沦为它们预先确定的符号，从而它们用其他武器进行说谎和欺骗，那么自由精神禁止并阻止幻想，自由精神致力于实现自由，应当在智力上和道德上进行教育，从而今天称作“群众的成功”的那些成就对它毫无意义。然而，相信一切严肃、勤劳和艰辛的事物在世界上不起作用，或者远不如那些轻松愉快和易如反掌的事物作用大，不是过于轻率和盲目糊涂吗？后者作用只从表面看巨大，而且是短暂的；而前者作用实际巨大，并且是持续的，正像诗歌和科学天才的创造所证实，它们并没有伴随同代人参与或者参与很糟，却迫使人们数世纪勤奋地参与。

另一方面，社会参与不应理解为近乎一种观念的共鸣，它毫无差别地向四面八方传播，又从四面八方获得相同回答：那里还能感觉到蜕变为乌托邦的精致寓意之一。文艺复兴文化在文明阶级与不文明阶级之间造成的分离具有相对特殊的意义，因为在它之前的时代——中世纪（为了进行对比）也没有假设的统一，当教士阶级面对无文化阶级时，不仅有农民，而且有贵族和骑士等上层阶级。真相是：在任何时代都找不到那种统一性——定性和定量的一致性；然而，没有那种一致性，社会生活的统一仍能实现。以美和真的作品的方式得以实现，它们（作为纯粹存在物）被极少数人创造，但他人也对它们顶礼膜拜，即使没有深刻理解，另一些人不知道并否定它们；然而所有人都或多或少受到它们直接或间接的益处。同样，少数人生来是政治家，极少数人是情愿并善于统治的统治者，实际上多数人不是政治家而是政治或统治的材料：或许他们被其他爱好或工作所吸引，信任他人并让他人搞政治，因为他们不会干预也不擅长搞自己的政治；或许他们交头接耳、大声疾呼并激动不已，想象着这样在搞政治。自由方法并不奢望把所有人等量齐观，呼唤一切人都搞政治、参与公共事务管理，这是民主乌托邦，当人们认为实施它时，它已沦为蛊惑人心和暴政。由此可见，萨沃纳罗拉[①]有理，在他的某些格言诗中，他警告佛罗伦萨人民不要满足于(其成员有限的)"委员会"或议会，不要被所谓"议会式代表大会"的幻象所迷惑，或被全体人民在广场集会的海市蜃楼所欺骗，因为(他说)"谁要想搞议会"，就想"从手中夺权"。自由方法也不能使所有人都变为政治家，这违背他们的本性和事物的本性——不允许所有人都做政治家，正如不允许一切人都做诗人、哲学家和英雄，为了编织实在的布匹，需要千差万别、相似与相反、积极与消极。然而，自由方法把所有人从臣民变为公民，并将参政方法给予一切人或尽可能多的人，即凭借言论、新闻、结社自由和选举权、被选举权及类似种种自由制度，通过批评、建议、反抗，直接或间接地执政和管理。谁要想使用这些自由，就请使用，他受文明教育鼓舞致力于此目的，并请参加比赛和政治斗争，政治斗争结果的大小取决于较量中的力量、参与斗争并使用那种方法的人们的素质的优劣。正像对任何其他国家形态一样，一个政治阶级对自由国家不可或缺，或一个目标明确的领导少数不可缺少；其余就顺

① 萨沃纳罗拉(G. Savonarola，1452—1498)，意大利宗教改革家。1491 年任圣马可隐修院院长，开始推行修会的改革。1494 年率领佛罗伦萨人民起义，恢复当地共和国。1498 年教皇联合佛罗伦萨旧贵族颠覆共和国，占领圣马可隐修院。同年 5 月被教皇以异端罪名处死。——译者

理成章。当人们断言:自由主义意志消沉或日薄西山或寿终正寝,无人再信仰自由主义的制度和理想,并且自由理想已丧失塑造力量,作为抽象观念已消耗殆尽,以往强大的贵族已沦为家谱式和沙龙式的贵族;但没有断言:那个日暮途穷和销声匿迹的领导阶级(少数人、少数派)应当精神振奋并东山再起,如果它不能革新并重新适应新事件和变化的社会条件,新一代就应接替它;对于新一代来说,自由理想将不是抽象观念而是实践观念,而自由制度将重新获得自己的内容,重新赢得信任,于是,他们将构成年轻有为、朝气蓬勃的新贵族,就像以往那个贵族一样。然而,正当应老实地承认自己的过失或不足,醒悟并坚定地履行自己职责时,它似乎更喜欢(这样既少艰辛也少危险)对新时代带来的新理想想入非非,目前一次次地适应已形成的偶然历史形势,并把这种新形势作为新理想来接受。但是,这样说和做,一种隐约的内疚刺痛良心,产生固有真理的征兆:自由观念不可超越,因为被超越的不是道德理想,而自由观念实质上同道德观念相吻合。

历史学前景

一 不可重复及不能保持完整无损的历史

对全部在公式(标志从意识向自我意识、直觉向反思、意象向概念的过渡)S是P、I是U中表达的判断、认识行为、历史思想,补充上一个分类行为,并让它贴近判断、认识行为、历史思想,正如我们所知,旨在把握判断过程,或使判断更易于我们和他人对它的回忆和传播。人们清晰地感觉到两个时刻的差异与区别:在前一环节真理闪闪发光(真理之光总是闪光);在后一环节人们凝视真理之光,凭借外在关系、一般规定、类比及诸如此类的东西而投入工作:这种差别被多次理论化,似乎是思维与述说的差别,但不确切,因为思维的最初行为已是述说并赋予述说(从思维开始)生命,而随后伴随它的不仅是述说,而且恰恰是分类述说。另一方面,显然探究真理的人们倾向于用分类代替基本思维行为,由于他们能成功地这样做,并在成功的限度内既不思维也不分类,但在他们枯竭的头脑中,强行把泾渭分明的两个进程并成一个,正如人们所说,他们就失去同实在的接触。由此可见,必须呼唤鲜活的直觉和全神贯注,只有这样才能追随真理。

同样,如果未能透视那些分类(尽管作为媒介使用过那些分类），未能在自身革新判断的原初行为（即直觉转化为思维），同时未能把对生活经验的回忆（促进直觉和判断）同判断原初行为融为一体，就不能接受并理解历史叙述。

当人们忘记历史学中确定分类的局限作用时，就产生虚假看法：历史是相同行为和事件的连续不断重复，只是名称和时空安排改变。最后陈述的改变，无论显得多么微小和表面，对自身足矣，另外对主要命题产生怀疑，因为怎么能改变名称，而不改变事物，即精神部署呢？而精神部署怎么能在时空安排改变导致的不同关系中保持相同？然而，真相是：在这种情况下，主要是幻想的把戏，由分类概念，尤其由因指派变成抽象、僵化、静止的理念起源概念玩弄的把戏。当人们听到艺术史家述说民间艺术和精英艺术、浪漫主义和巴罗克主义、古典主义和浪漫主义、理想主义和现实主义，适用所有时代和一切民族；听到哲学史家述说唯灵论、唯物论、一元论、二元论、经验论和辩证论；听到政治史家述说自由和暴政、民主和煽动民众及恺撒主义；人们最终想象并相信历史是单调的循环交替：自由之后就是暴政，暴政之后重新是自由，诸如此类，不一而足。然而，历史的本质点不是为所有事件贴的标签，尽管每一事件面貌独特不可混淆，但人们总在标签中接受过去的一切事件、构想未来的所有事件。那些幻想家可以到恋人学校学习，恋人们总确信自己的心上人和自己的爱情是世界上绝无仅有、史无前例；就这种确信而言，他们比幻想家更接近真实。

不仅历史不重复，而且历史产物也不完整无损地被运输，不像东西或工具从这人传到那人、被某人掌握并为某人服务。归根结底，第二种幻想也源于分类需要，一次次地把事件区分为大与小、

主要与次要、朝气蓬勃和死气沉沉，这种区分导致积极作品与消极作品、积极精神与消极精神等虚假观念的产生。这方面正确的理论是，所有作品和所有精神都是积极的，只有那些想要否定它们存在或改变其存在方式的人们才称呼它们消极。

这方面最好的例证莫过于艺术或哲学中的所谓“流派”或“学派”，它们似乎由一个原创天才人物和在作品中追随其形式与观念的次要人物构成。现在，这些次要人物或者具有自己的艺术和哲学个性，这样他们内在地有别于所谓学派创始人，遇到自己的困难并自己解决；或者沦为学派创始人言论和观念的简单应声虫和传声筒，作为这样的角色，在艺术和哲学上毫无价值，其价值在艺术和哲学之外，即艺术与思想作品的传播者——吟诵者、印刷者、拍卖商。由此可见，无论真正的诗歌史还是哲学史，都没有“流派”（“学派”）在活动，相反唯一是人物在活动，被人们不恰当地称作或大或小的人物（因为在考察质时，再谈论多些少些没有意义），实际上他们不同在于每人都靠自己的诗歌或哲学作品在自己的范围内创造，其后这个范围成为自己的自由领地。人们通常放到那些所谓诗歌或哲学流派中的非诗人和非哲学家，在社会倾向和习俗、政党、警世格言、时尚等历史中找到自己的位置。

再不能说，凭借学派和其他类似分类可以理解艺术观念和艺术作品的不同演变，因为一些作品同另一些作品重新连接，并形成众多悬垂的链条，每条都有第一环。也有源于分类的幻想，这种幻想恰恰在于在一般关系中思考置于全景透视的东西。谁要把荷马、但丁、莎士比亚的伟大诗歌，或把索福克勒斯、拉辛、阿尔菲艾里的伟大诗歌等量齐观，并不意味着莎士比亚与但丁、但丁与荷马、或者拉辛与索福克勒斯、阿尔菲艾里与拉辛相连于同一诗歌演变过程或同一起源。于是，上述每位大诗人就像每位活动家，再不同以往历史中任何特殊事实类型相连，而同全部历史相连。这样，正如一个事件不是一个个体、社会阶级或政党的产物，而是一切个体、阶级和政党的产物，它们被积极地或消极地视为合作者，它们在对立中绝不比在联盟中差些。

只要没有这种接受者活动，就不会获得一种哲学的智慧和一部诗作的回忆；由于接受者改变它们，才使它们保持纯真实在状态，由于他把它们融入自己生活（已不再是产生它们，并在它们面前止步的人们的生活，而是另一种生活——发现自身环节的生活），才使它们生机勃勃。如果没有这种在反思的哲学和反思此哲学者的哲学，在回忆的诗歌和回忆此诗歌者的灵魂之间的碰撞和冲突，就会回响起阵阵话语，但没有重新激起思维（不是回声事实）的力量；在外在重复中，一切本质的东西都丧失了。

这里出现的劝说具有特殊意义，它旨在用词语的相似感觉事物的不同。我们用哲学史和本书常用概念举例说明，譬如：哲学只是精神的哲学，而作为外在性理解的自然哲学，虽然提供了一种科学，但不再是哲学。这一学说似乎是对苏格拉底教诲的翻版：哲学的任务应在于并限于探索什么是美、什么是丑，什么是正义、什么是非正义，什么是虔诚、什么是渎神，诸如此类，不一而足；把自然事物留给诸神，那些事物总外在于人类。然而，引导苏格拉底教诲的思想简单地只是深情怜悯、宗教崇拜，加上对政治与道德的正确行为的关注：这种远离现代陈述的相当一般、完全人文主义的先河，导致对自然科学的批判。同样，这一学说可同维科的学说视同一律:必须把对自然事物的真正认识留给创造它们的上帝,人类认识必须限于历史,因为历史是人类本身创造并因此能理解;如果没有看到维科理论同苏格拉底理论相比的重要性和独特性,完全在于其理论中陈述的关于认识(事实向真理的转化)的新概念,虽然此种认识尚未能深入所谓自然界。然而,我们的命题既没有把认识自然的任务留给诸神,也没有留给唯一上帝,并且否定作为本体(因为把它界定为抽象)和作为人类精神抽象作品的自然实在,因为这样安排自然,它就会脱离自身而成为上帝或具有上帝的外观。新命题不仅涉及苏格拉底和维科,而且牵连直至它之前的整个思维与精神的进程,恰恰还有自己的思维;当它乐于将苏格拉底和维科的话变为自己的话时,在这些话里补充上在两位先哲那儿所没有的内容,即让此内容内在于他们曾考察的事物。

对黑格尔的哲学与历史同一论和我们采用的类似公式的考察,会导致相同结果;因为黑格尔旨在哲学中化解历史,通过赋予历史一个在时间中发展和完成的体系进程;而我们致力于在历史中解决哲学,把哲学视为历史思想本身的抽象环节,把哲学体系视为任何历史行为,是对永恒价值历史地暂时整理和历史地辩护。这种理论称作“黑格尔”理论,以前理论称作“苏格拉底”和“维科”理论,这种做法不仅无助于理解新理论,也无益于理解苏格拉底、维科和黑格尔的理论,后种理论只有同新思维相连时才突然崛起,由于它们的独特性,新思维既肯定又否定、既欢迎又充实它们。然而,无论哲学史还是哲学批判都仍处于根据学派和体系判断的十分可怜的条件下,只有诗歌史在最优秀最富经验的文化人那里已经或正在摆脱这样的条件。在探索遇到困扰并感到焦虑时,美妙亲密的情感肯定通常促使我们的思维追寻过去的伟人，在他们的作品中阅读他们，情不自禁地把他们融入作品，还用他们名字的权威确证他们，用他们理想人物的崇高把他们崇高化。而当关系更为紧密时，我们感觉拥抱了那些伟人，后突然感到他们是雕像，我们是行尸走肉，他们的话语是最终的，我们的话语在形成中，我们赞赏他们，但他们不能满足我们个人的新问题。于是，无论你多么热爱和崇拜一位过去的诗人，实际上诗人的灵魂是脱离诗人的，它为诗人从未唱过的歌定调。

消除因分类概念误解造成的对历史中重复及其产物僵硬持续性的幻象，从而清晰地认识到在历史中一切皆继续，仅因一切皆变，还益于避免因反对分类概念误入歧途——拒绝判断的构成性精神范畴，判断被贬低为缺乏认识性的、野性生命力的行为，任何价值标准都在非理性的黑暗中丧失。软弱的意识和无知的头脑共谋上述蜕化，前者不能反击假恶丑，后者不能发现纯粹概念和经验主义概念、判断和分类之间的深刻差异。

二　不可知论、神秘主义、怀疑论的阴影与历史真理的光明

人们普遍地、姑且不说庸俗地确信：我们对历史认识得极少，并且很不完美；我们若将历史同它理应认识的对象相比，数量无限小。即使公认的博学之士也只从广阔无垠的历史海洋中汲取几滴不够纯净的水。

上述确信同如下确信如出一辙：哲学家不能认识最终实在、真正实在，只能把握某些映像并感觉到周围令他关注的神秘。抱怨伴随两种确信：在有限生命中，人渴望的无限幸福不能实现；令人心碎的不幸福感适应禁锢其头脑的愚昧。这种诡辩论、唯一三重形式的诡辩论，从有限之外的无限、脱离不幸的幸福、终极认识及完整全面知识的前后矛盾的概念中获取力量：前后矛盾，因为当它肯定关系术语中的一个时，否定另一个，从而否定和消灭它本想肯定和赞扬的那个。实际上，没有不幸的幸福，没有局限的思维和认识，这是对生命的扼杀，只能完全地抵达死亡。

正如幸福存在于瞬间并从不脱离瞬间，同样历史真理以及全部真理，存在于对个别的认识中（一切在个别中一次次地出现），而不是存在于对一切的认识中（所有个别都被一劳永逸地包括和穷尽），这可能同认识——生命行动和新生活促进者——的概念相矛盾。然而，即使对生活和认识的能动性了解的人们，面对不可能认识的静态整体性，也被不可知论和悲观主义搞得郁郁寡欢。德罗伊森是因深入历史认识论问题而真正感到困惑的极少数人之一，1883年就这个论题举办的讲座结束时，他抱怨历史学不像自然科学那样拥有实验手段，它近似于调查，于是“即使深入调查，也只能获得对过去的支离破碎的印象，而历史和我们对历史的认识是截然不同的两码事”。（他补充说）“想象技能也于事无补，比如希腊人运用这种技能描绘自己奇迹般美好、和谐的图画，但他们过去实际保留的纯正东西很少符合这样的图画”。但随后德罗伊森说道：“这使我们灰心丧气，否则我们当然能在历史中跟随思维进程，即使材料残缺不全。于是我们获得非自在发生的映像，而是我们观念和我们精神建构的映像。这是我们的代用品。获得它并不容

易、历史研究也不像初看时显现得那样惬意。”这种奇特的双重看法很少被如此清晰明确地表达，由于这种看法，在我们每时每刻从事并拥有的认识（这是唯一真正引导我们并对我们有益的认识）之外，人们探寻一种脱离认识条件的认识，这种认识若不是本身就不可能，也将毫无用处；这种认识却仿佛成为真正认识，而前种认识似乎是权宜之计或“替代品”。

所谓“普遍史”观念就源于这种对不可能东西的要求，“普遍史”恰恰想把全部历史囊括，在其结论性和逻辑的形态（即使是神话形态）中，在以往类似著作中，还包含未来，用提前叙述世界末日来结尾：这是“观念”而非事实，因为在写作时，“普遍史”或沦为讲义课本和索引，或在普遍史的名义下，却是特殊史（普遍—特殊史），正如任何真正历史一样。当人们甚至看到“普遍史”（正如在某些当代著作中）采用地理的、空间的安排时，贯穿始终的整体观的机械性和它实际沦为不连贯的讲义就一目了然了。

史学不可知论和悲观主义，不仅由有待认识的机械整体性这个绝望幽灵引起，而且由有待获得的“事物起源”那个同样绝望和沮丧的幽灵引起；其后，若认真考察，后一幽灵可沦为前一幽灵，它是前一幽灵的一种表现。实际上，起源问题（世界的、人的、文明的、诗歌的、国家的起源，或特殊的古希腊的、中世纪的或封建时代的起源，或更特殊的一个确定事件或一部确定作品、宗教改革或《浮士德》的起源）靠事实整体性观念滋养，在此种整体性中可确定第一个事实，或它乐于在系列事实中分辨出第一个事实。“整体性”的幽灵消逝，“原初”事实的幽灵也就消逝。哲学把事物起源的想象概念转化为其观念起源的概念，即其质的概念，因此不问如何产生思维或语言、道德或宗教，却问它们如何永恒地产生，即问它们永恒的本性是什么；与此相对应，历史学并不探寻事实起源，只对事实进行判断，由于它这样做，就在人类精神中发现事实的观念起源。对历史学来说，起源的神秘继续存在，只在于认真判断出现在意识中的事实的艰难困苦本身：因为，若这件事也完成，就无事可做了。被称作“起源的黑暗”的外观是什么？不是别的，只是尚未出现在目前意识中的事实，因此这些事实尚未被区分和判断，是环绕我们光明的黑暗半球，若没有那半球，光明就不成其为光明，由于它们一再变成在我们意识中出现的事实，而其他事实从我们意识中消逝，那个半球将一次次地位移。我们了解某些被认为最古老的意大利语诗歌；我们指出这之前是一片空白，因此我们说对意大利诗歌的起源不甚了了，或了解并不充分。然而，我们若发现年代更悠远的其他诗歌，仍为达到想象的“起源”，只是了解那些诗歌。

从徒劳探寻起源产生的沮丧感，同样从对“原因”、对这一或那一事件、这一或那一作品或整个历史进程的原因的探寻产生；因为，说到底，两种探寻相互解决，它们都取决于整体性的机械观。从而，引起关于罗马帝国衰落“原因”永无休止的争论，这些争论毫无成效，或有时有成效但不在争论的焦点上；也引起关于中世纪世界、文艺复兴、法国大革命或任何其他事件的原因的论战。再没有比历史学内在哲学性更好的经验和证明了，以致这种不可抗拒的性质拒绝不断向它介绍并劝说的任何个别原因。

当不是延伸整体性的两难推理，而正如人们可能说的是强化整体性、即同一和差异的统一的两难推理时，它阻碍历史研究和历史认识的产生，历史被另一种黑暗笼罩。在哲学中，表面上这种统一论毫不妥协，但实质上是抽象的，即数学的；一方面是尚未完全消化的上帝个人的某种剩余物或映像，因此在以差异作为前提或偷偷摸摸地接受它们时，徒劳无益地尝试在统一中消灭差异；另一方面，更为简单，正如能做得那样，在无逻辑的神秘主义中平静下来。与此相应地，历史在神秘主义者眼中消逝，他只在自身发现一种经久不变生命的难以表达的冲动；或历史被叙述时运用适度区分并幼稚地饰以统一图景，正如当说到艺术是思维、政治是作为政治的思维时，提出思维（即逻辑）是统一原则，或当说到是逻辑的物质运动、是正义和道德的物质运动时，提出物质是统一原则，诸如此类，不一而足。

对这种抽象统一论及随之产生的哲学、历史诡辩论的公开批驳，是由我们多次澄清和描述的思想进程进行的，正如已经证明那样，思想进程总被生活需要推动。现在，这种需要总有区别；不再因为不能想让无限事物包括在我们意志的一个行为中，正如谚语所说"鱼和熊掌"不可同时兼得，而是因为不能同时进行两种"行为"：若进行思维，就中止决定并远离想象；若做诗，就中止逻辑和意志；若实际行动，思维就不再是思维，因为它凝结为前提、即信仰。结果，在任何历史研究的基础，总有一个"根据什么"、道德或逻辑、审美或其他确定性质的问题，因此从未有一种一般历史，而总是一种特殊历史——艺术史、政治史、道德史、哲学史，每门历史自在具有精神统一性；而抽象地理解为外在或超越那些特殊史的自为精神，很少成为历史的对象，正如很少（正像黑格尔说到一个类似情况）能够吃到一个一般水果，它既不是梨、李子、杏，也不是其他特殊水果。

在历史研究者的头脑中，同样悲观主义的怀疑主义阴影同不可知论及神秘主义阴影交替出现；因为他看到自己和他人用最公正最严肃态度撰写的历史，甚至包括大历史学家的著作，在完成之后并不令人满意，或同样未充分令人满意，驱使并迫使他进行新探索和新建构，但同样的命运在等待他。然而，若他对此感到悲哀和恐惧，意味着他尚未清晰认识生命与死亡的性质、思维同生活的关系、历史和历史学的共同成长、为将来过去在现在中的永恒运动，从而未使自己心灵适应这一切。

三　残缺的人类与完整的人类

另一虚假看法，是把历史进程设想为系列的行为和人物，每个行为和人物只代表人类的一部分或一小部分，即使把系列想象为进步的，以致在此系列中相继的部分或小部分总比之前的更宽泛更丰富。人类的条件如此不幸，以致不仅不能说半个人、百分之一人、千分之一人或百万分之一人，而且不可分成无限部分并悲惨地沦为粉末。人们自然产生疑问：若人类之所以为人类，只在于其整体、机体和灵魂，那一部分或一小部分有权自称人类吗？

这样的历史描述和历史观是常用的；在哲学史中可以看到一个接一个：苏格拉底以举例的方式发现定义和概念，柏拉图提出其形而上学实在，亚里士多德竭力在地球上呼唤它，笛卡儿使它内在化，康德把它解释成先天综合，黑格尔发现综合和理念是一切，离开理念只有不可认识的实在，诸如此类，不一而足；每人都从事自己部分并在那部分或可能偏好中结束一生。这并不意味他们每人幻想在自己独特学说中把握一切，因为关键不是幻想完整，而是事实上不完整。同样，在文明史中通常把中世纪介绍成以超验形式思考精神的时代，因此是超俗和禁欲的时代；文艺复兴是把基督教价值转化为尘世价值的起点；启蒙运动被说成在理性或合理性形式中热情洋溢地肯定尘世价值，这种论断反对异于自己的历史实在，因为它异于理性；辩证唯心主义凭借深化的理性概念成为对历史实在的拯救；自由主义是对前一时代原子自由意志论的纠正；诸如此类，不一而足。在这样的看法中，每个时代都被偏爱所禁锢，无论偏爱多么高超，总是偏爱并不会变成公正全面。

对这种看法的批判，已经伴随对“向限定目标前进”和“向非限定目标前进”的双重片面性的进步观念的批判开始，因为在前种形式中进步开始否定自己——静止，在后种形式中进步沦为一小部分的艰难聚集，这一小部分不可能实现创造性行为的统一。我们批判的看法涉及上述两种片面性，但更多地涉及前种片面性，因为在那种情况下，在历史学家的头脑中，存在对一种终极形态的信仰和期望，人类为实现这一最终形态而不懈努力，并且可能已经实现或将要实现。然而，只有通过重新结合不幸被分开的东西、无限和有限的统一，真理才能恢复。

然而，这样的批驳和与之相连的断言远远不够，或至少未做到完全清晰和富有说服力，若未能更个别地更精确地理解不变与变化的统一，人类在其完整与划分（即分类）的统一。两个命题“人类在其历史中产生”和“人类历史的前提是人类”，通常被说成截然不同、甚至相互对立；但它们应该形成一个命题，实际上成为一个命题。

在任何时代、任何个体的人类，总是整体的，因为想象人类缺乏其任何一个阶层，等于扰乱并摧毁所有阶层；设想人类对自己浑然不知，则不自觉地导致人类降低为自然（即冠以那一名称的非实在和抽象）；渴望人类一劳永逸地摆脱其对立、斗争和辩证法，那是混乱的梦想，而不是可以思维的观念。俗语“人总是人”就基于这种明显共识，并解释反对那种信仰和谬论的良知的功效，它们在过去发现或设想在将来有一个本质上截然不同的人类——必然异质的、超人的和非人的人类。

然而，这种人类恒定性不能同人类活动或人类历史发展割裂并区分，否则将二元论地提出一个永恒不变的人类和变化不定的人类，后种紧贴前种、伴随前种，但能同前种分开并离开。这样的分离导致一种“永恒哲学”幻想的产生，这种哲学就在哲学家们苦思冥想和激烈争论的那些哲学背后或里面；“永恒宗教”或“自然宗教”的幻想的产生：当人们摆脱具体的或“实证的”（正如哲学家们所称谓那样）宗教时，人人皆相同。我们说是幻想，因为若要证明形成那种超历史的永恒的自然的宗教或哲学，立即进入具有千差万别确定的特殊性的历史领域。

正确的思想是：人类的完整性不是自在的，而是存在于实践中，实践从来不是一般地实践，而是一个确定的历史任务；于是，当那一任务完成时，全人类欢庆胜利，当其他任务突至时，仍将是全人类一次次地欢庆它们的完成。要警惕对现时活动同以前及以后活动联系的人格化和主体化，即用那些任务的链条代替一次次地构想并实施那些任务的活生生的人类。人们在每一个体、每一时代和活动中发现的局限，不是它们本身具有的局限——残缺与不幸（无论它们是否意识到，都受冲击），而只是涉及历史学家研究的过程，历史学家为了澄清现在条件的起源，理解、确定并限制汇集到现在条件，并被它改观后重新出现的过去事实，这些事实是“部分”，但仅限于同现在条件相连。

四 指导行动的历史学与不指导行动的历史学

当头脑准备从事历史考察和历史研究时，就发生如诗人所说的事情：“数世纪登上山顶”，它们挣脱特殊事物的情欲羁绊，不再被行动迷雾所笼罩，只渴望认识真理的实体性。诗人或同诗人有关并且用其作品大部分促进的政治、道德倾向，同我们——诗歌史家有什么关系？当在另一部分，即置于称作偶然性部分（因此在它对面）之间、唯一值得我们考察性质的部分中，诗人创作一首诗——纯美的创造物，我们研究的历史的唯一主题，仿佛从天而降面对我们。当我们现在用哲学史家的眼光审视一种学说，在其中发现不再是错误而是真理，不是禁锢它的局限和所遇到的障碍，而是其最初和基本的理性；它履行职责，为驱逐更大错误，把问题移到更高领域，正如在正确进行并带至极端的逻辑实验中发生那样，引起同它截然不同和针锋相对的东西的产生，我们以前曾经批判和摒弃的这一学说的错误有什么关系？当历史学家从那些战役中发现凸现的政治、社会和道德的新形态方向，现实孕育并只有通过艰难困苦的过程才能在世上实现的新制度方向，给予和接受的打

击、大喊大叫、相互指责的侮辱，对历史学家又有什么关系？无论如何，所有人——正直的与邪恶的、聪慧的与愚笨的，都积极地或消极地（归根结底，总是积极地）参与那一过程，历史学家承认他们都不可或缺，并靠所有人实现历史上和解，因为“只有火刑才能激活敌人的愤怒”和历史总在“火刑之外”。那种称作“历史公正”的东西同历史地思考和叙述历史的决心融为一体；于是，坚持自然并生动“历史公正”的历史学家，有时甚至不得不警惕某种同情以避免夸大他反对过或可能反对过的人们的价值，他有时用一种罪恶的宽宏大量（由于它本身缺乏历史性）对待他们，因为这是实际斗争本身的反应，尽管其方向偏离正轨。

当然，历史学家的上述决心要自己下定，一个意图，一个真诚并善良的意图，要成为实际意志时会遇到巨大困难，在开始实施其确定目标就遭到反对；困难与反对是压抑其思想与心灵的先入之见，在进一步发展中不能充实的错误旧观念，这样的观念静止不动，或具有确定判断的外观，但实质上是凝固的情感和情欲：一言以蔽之，所有使精神沉沦的东西、精神的惰性。从而产生大量历史，无论一般地还是特殊地看，它们都缺乏本性的东西：历史被宗教神话、贫乏的哲学概念、党派的偶像搞得浑浊不清，我们要以怀疑态度阅读它们，千万不要以它们作为向导，仅限于使那些历史学家头脑摆脱或不自觉地抛弃自己假设的几点上赞同它们，注意它们为我们所用，主要作为一种在矛盾对立中的考察，从而使我们的观念更清晰，我们的笔锋更犀利。历史学的辩论大多围绕那些“估价”问题、正如通常称作标准和哲学的问题展开，其他问题称作“事实”的问题，即文献的真实性问题，就其范围看远比前类问题小得多，在任何情况下都从属于前类问题；然而，若并非如此，若这些困难没有反对并阻止克服它们，历史学的工作不仅过于容易，甚至不成其为工作，若如此甚至连打开的门都未通过，实际上并未这样发生，正如关于那些观念的与事实的真理没有如此发生一样：人们没有围绕这些真理展开辩论，这些真理涉及人人接受的共同遗产、无人怀疑的信仰。不要想象、期待和祝福：这种多重、紧张的智力劳动的过程立即通向哲学、历史上的普遍、和平的共识，或一种近似状态；因为冲突和相关劳作伴随其艰难困苦总以新方式出现，因此人类只能靠自己成长。在精神进程中没有其他方式和脱离此种方式的节奏，精神进程总先在个别的、孤独的思想家那里，或在类似头脑及合作者的小圈子内展开，直至作为结果而不是过程，灌输到一般文化中，随后以神秘形态或作为充斥宗教神秘主义的语言，最终转向述说它们的平民和群众中。

然而，在其他情况下，人们仿佛看到历史公正甚至被其对立面——顽固不化的偏爱代替；不在由于陷入罪恶和谬误的泥潭，反而因为意识到放纵情欲和犯下罪行并为此痛心疾首，甚至出于干一番事业、维护自己权利、履行职责的自信。于是，重新兴起对历史从这种冲突移至理想城市——“上帝之城”的事实和人物的赞颂、厌恶、钟爱、憎恨；人们不再倾听有人呼唤判断公正和真实，而是嘟嘟囔囔。如何解释并如何辩护这两种截然不同的立场？如何协调在两种立场中表现的两种截然不同的职责？

人们惯于解决这种对立，解决就是区分过去与现在或悠远过去与最近现在，就是历史应当谴责过去或悠远过去，而不是现在或最近过去；现在和最近过去，人们走在还在闪着鬼火的骗人的骨灰上；无疑，这样的解决站不住脚，由于不能把一种逻辑区分建立在年代学远近基础之上，这种区分立即同实在严重冲突。因为，一方面，若一个事实是一个事实，正如古老的意大利谚语所说，必有头，若能把它变为或已变为历史，其起源在其特性中，即使它属于刚刚过去的瞬间；另一方面，热爱与憎恨、赞颂与贬斥，在我们考察的情况下，已不限于我们这代或以前那代或最近50年或最近100年的历史中显现出，而是正如众人所知所见，上溯到整个历史进程，比如疯狂攻击一切，包括大加图反对恺撒、苏格拉底反对雅典，甚至扫罗①反对撒母耳②，或者相反：反对前几年健在或今天仍健在的人物。此外，那种在其逻辑公式中不精确的解决，当解释成悠远过去和最近过去或现在的暂时区分，作为历史学时间与行动时间之间、即认识立场与实践立场之间观念、概念区分的隐喻时，则向真理靠近，这两种立场因一种必然联系而相继发生，但并未相混。

在行动时间中插入历史学时间，摆出历史思想家的姿态，当真正采取实际行动时，若不是其行为方式，即激励自己、竭力让对手丧失斗志并临阵脱逃，将是徒劳无益的努力；在其行动方式中并不使用历史，历史不能被“使用”，只能被思维，但竭力准备并产生形形色色的情感，这些情感源于善恶观、胜败观、安危观、拯救与堕落观，为此目的它求助于对发生事实或认为已发生事实的追忆。这

---

① 扫罗，《圣经》人物，古代以色列民族首位国王，约在公元前1030年登位。——译者

② 撒母耳，《圣经》人物，以色列最早先知之一。曾辅佐扫罗为王，后扫罗居功自傲，并违背撒母耳指示，贪图财利，撒母耳愤然离去，按上帝之命，秘密膏立大卫，以日后取代扫罗。——译者

种实际过程，正如自发地出现在无文化的头脑和未受教育及纪律约束的心灵中，同样被即兴雄辩术人为地培养，当其他手段尚未被时代、地域和想要增长行动力量者赞同时，它不可或缺。但因过程本身原因，显然哲学家和历史学家不应也不能同它合作：不应，因注意到它披上伪装，那件伪装令人生厌；不能，因反对不寻常行为，无论如何那种行为既冷漠又无说服力。另一方面，哲学家和历史学家以及接受哲学、历史教育及指导的人们，肯定注意到并区分开哪是认识时间，哪是行动时间；同其他所有人一样，知道作为注重实际的人，当轮到自己亲自付出时，拒绝在实际斗争中伪造历史学，同时拒绝在历史学中伪造实际斗争，那样做的人们竭力为自己和他人找到怯懦的道德托词。凭借历史清晰性与道德软弱性（或奴性）的互换，诡辩术应运而生，它如此悲惨，以致不值一驳，对它嗤之以鼻足矣。

历史学是过去—现在的、现在的行动；将来的想象：想象——希望和恐惧之母，历史研究者让它远离自己，而活动家摒弃它，它只能在沉思与行动的间歇和劳累时聊以自娱。当想象编织一个童话并勾勒出童话投射在将来的轮廓，所谓布道或预言就应运而生；“对未诞生时代的回忆”，未来的历史，其实体是想象本身，缺乏任何逻辑根据。当历史预见仿佛具有逻辑真理趋势或被件件事件证实时，请近距离地观察，将会发现它们既不是预见，也不是历史的，而只是经济、道德或其他什么概念的演绎和推理，是前提的必然结论而不是结果和事实，仅仅由于界定的自由意志的作用，结果和事实才来到世上，仅仅因为这一意志曾如此希望并实现它们，它们才是不可或缺的。

五　历史学与自然主义

人们可能感到惊奇:在我们谈论历史学时,竟然未讨论也未批驳19世纪后半叶那些杰出概念,诸如(仅限于杂乱无章地提及某些)"环境"、"影响"、"种族",甚至无需勉强地偶然地提及它们。理由是:鉴于我们已把"原因"概念排除在哲学与历史思维之外,并远离任何形式的自然主义,则摒弃源于自然主义的特殊概念就不言自明,于是证明也可省略。

让我们以"环境"概念为例,这一概念在当时非常重要,不仅在泰纳对文学的形象化描写中所向无敌,而且他还认为它同种族一起塑造全部历史——政治史、社会史、艺术史、哲学史。

恰恰因它是自然主义的和决定论的概念,鉴于这种性质,我们认为它无丝毫用处,这里我们应按黑格尔的激进方式行事,他认为环境在动物生活中产生最大影响,在人类生活中影响最小。他说:"动物同其环境友好相处:这是其特殊性,正如其独特发展取决于环境,在许多动物那里完全如此,在所有动物那里或多或少如此。在人那里,人越有文化,从而其生命的全部创造性越以自由、精神为基础,这样的从属联系越丧失意义。人类的历史不取决于太阳系的革命,个体的盛衰也不取决于星球的位置。"* 真理是:环境对人类如对动物总具有其实在性和影响,但以全部过去、全部以前历史具有的方式,因此只同新行动及其创造的新生活相联系,同新生

---

* 《哲学全书》第397小节,说明。——原注

活处于不可分割的统一，脱离这种关系就是非实在的、幻想的、一种软弱无力的抽象，人们错误地把决定生活和行动的力量归于此种抽象。

若这种批判仿佛顺理成章，但进而承认自然主义概念对历史学渗透并警惕它们则相当困难；仍以“环境”为例，一个不断重复的格言（当不是表现价值的简单想象句）也趋向它：天才哲学家解决当代社会交给他的问题，而此前许多人为此问题不辞辛劳。类似格言还有：天才诗人在其诗歌中解释当时社会感受，或许多类似心灵曾尝试赋予它诗歌形式。在此种情况下，“社会”代表环境，哲学家或诗人作为环境的受权机构在活动。现在，诗人的诗歌同推动诗人的激情完全吻合，其形式同其内容一样总是新的：正如哲学家的问题和解决在有效统一中吻合。能够像生动讲述童话那样说，对那首诗歌和那个理论的需求，就像是对已广泛传播东西的需求；但若近距离地观察已断言普遍、一般需求的面貌，就会发现需求消逝并转化为问题和解决的实在，问题和解决从来不是那理论；转化为表达的实在，表达不是那首新诗；转化为事实、行动、激情的实在，它们是自身而不是别的或被断言为最终圆满形态的东西。于是人们发现：所有这些事物若都具有向思维提议的问题的面貌，其后这些问题依靠哲学家得到答复；具有提供给想象的图样或材料的面貌，而想象将完善图样、接受并构建材料；具有进一步完美行动的不完美企图的面貌。这一切都因为新思维在行动本身中已让那些消逝的问题和解决各就其位，因此仿佛它们跑在新思维前面并形成新思维；由于新诗歌在以前表达和诗歌上腾飞，并让它们在自身回响，从而产生幻想：新诗歌在它们之中早以需求形态存在。

而新事件自身包括过去事件，同时准备未来事件。

于是，我们还摆脱被一位聪慧英国作家称作“消防队员链条”的历史观：那些列队的消防队员，用手飞速地传递灭火的水桶，那里手多桶少——一个水桶，虽然它越来越接近交给它的职责。针对涉及艺术和诗歌的这种学说，列夫·托尔斯泰表示抗议，当他记起巴尔扎克—福楼拜—左拉的家谱学系列或其他类似货色，他说任何天才都从头重新开始并由自身产生。* 针对涉及历史与哲学的这种学说，抗议声开始此起彼伏：“没有任何一种情况（我阅读一篇关于黑格尔的近作），比在历史心理从属关系上提出所谓康德—费希特—谢林—黑格尔的血统，对哲学史的践踏更残暴。在任何其他情况下，个性的相对独创性和独立发展如此惨烈地献祭给表面上简单清晰的逻辑建构公式。”** 费希特的问题不是康德的问题，谢林的问题也不是费希特的问题，诸如此类，不一而足；若仿佛一些问题源于另一些问题，那是因为后来思想更丰富、包含以前思想。

关于环境的自然主义概念，就其僵化性与抽象性来说，还有待引述全部虚假的诗歌与艺术的历史学，这样的历史学忙忙碌碌地从新古典主义、巴罗克、浪漫主义和类似东西推演艺术作品，即从环境和传统推演艺术作品；艺术中的环境和传统只存在于各个作品、即存在于各个心灵，其后在艺术中不再是传统，而是各个心灵

---

* 请参阅我的《美学新论文集》，第168页。——原注

** 海林，《黑格尔：意愿与著作》（莱比锡—柏林，1929年）第1卷，第56—57页。然而，这种排序的随意性早在1890年就被发现并遭到拒绝，见卢其恩·黑尔为《大百科全书》撰写的“黑格尔”条目中，现在请阅黑尔《文选》（巴黎，1932年）第1卷，第117—119页。——原注

和作品，心灵和作品若是诗的，传统是诗的，心灵和作品若是非诗的，传统是非诗的；说脱离传统就不存在各个作品，若它们只像其他艺术作品或者只像其他确定的认识、实践、道德、习俗等行为。

六　自然，作为人们书写的没有历史的历史

无论在普通思想中还是在学说中，人们通常乐于摒弃自然的历史性，而自然被理解为低于人类的全部存在物：只有作为宗教观念的反映，无论是并非方济各对自然物的轻蔑[①]，还是认为自然物是机械的和毫无生气的虚假信仰或类似动因，这种摒弃才能解释，但在逻辑上，这种摒弃是不能辩护的，因为不能设想（假设实在是生成的精神和历史）实在的一部分不是历史；另一方面，当把历史性给予自然，同样不能设想自然史机械地而不是精神地发展。

出于同样考虑，不能接受人们通常在人类史和自然史之间所作的区分，这里缺少任何可信区分标准，无论人类还是自然都同质地属于精神性和唯一历史。

所谓自然若是精神性和历史，就必须赞同（因此断言表达得如此荒谬）：它不能不以自己的方式具有自己行为的意识、即其历史的意识。它怎么能变化、不断变化，却无感受和思维、希望和意志，无困惑和满足、欢乐和痛苦，无渴望和无记忆？当然，面对这一断言，可引起愚蠢傲慢者的愤怒和轻蔑讥笑；但同样的傲慢者沿着自

① 方济各（1181—1126年），为天主教托钵修会方济各会创始人，其代表诗作《受造之物颂歌》赞美万能上帝创造万物的荣耀，称太阳、月亮、星辰、水、火、土等自然物是上帝的兄弟姐妹。——译者

己路线走，则否定(虽未公开承认)原始人有人的意识，逐渐地否定下层阶级和外域民族有人的意识，甚至否定同一社会集团的其他分子有人的意识，他执意相信只有傲慢者才拥有人的意识，这仿佛是自己的特权。

然而，被称作自然的存在物，一次次地认识这种没有书写的历史学，这种存在于其生命本身的历史意识。这可能充实并修正维科的格言：它们认识历史，因为它们过去和现在创造历史(不是上帝，像维科所说那样，而是自然存在物本身，动物或植物或其他东西)；但人们不认识这一历史，因为人们过去和现在没有创造这一历史。

人们不认识、不想并不能认识这种历史，对他们而言它是一本闭合的书，由于一个明显原因：人们抛弃作为脱离自己的实在的消极标记的史学观念，而接受作为从行动需要产生并同行动需要相连的理论问题的真正史学观念。人类不重构、不思考、不撰写自然存在物的历史，因为它们的行动需要不是人类的；即使在人类历史本身中，人类对距离自己现在活利益悠远的部分不感兴趣，正如当在其确定性上研究一个这样的利益，暂时地对其他利益不感兴趣，因此目前不能构建其相关的历史学。

不断被提出但从未解决(因为相当糟糕地提出)的众多问题之一，涉及人类史的起点，时而在撰写的虚构中，时而在国家的形成中，时而在个体的出现中或以其他方式，它被标出；人们从未思考过：每当出现为行动而理解形势的需要时，人类史就开始。确定其他开端都是随意的，因为它们都是在外在事物或外在效能中探寻并确定。

若我们的认识、我们全部充分有效的认识基于这点，那些称作自然物的知识，就恰恰不是知识，而是对世界活实在所作的抽象，作为抽象——一个实际活动的产物，从而事物被固定并标明记号以便需要时再找到并使用它们，而不再为理解它们；因为甚至抽象的活动本身就使它们变得愚蠢，使它们沦为外在事物、无灵魂的对象、无精神（推动它们）的盲目力量，这样的外在事物被排序并分类、被彼此联系、被比较和计算，但一点未被认识。

所谓自然科学就这样被使用，根据界定其方法和功能，并未冤屈它们，正如我们已界定的那样，还如它们的研究者同样界定那样，他们断言自然科学把握外观和现象，忽视本质和本体，断言在自然科学之外只剩不可知物和神秘之物。实际上，在它们之外或之下是历史，这种历史已被有的人认识，当他应当认识它时，却未被我们认识和记住，因为对我们来说认识它并不重要。

不重要是暂时的，正如如下情况：提出并解决关于我们生活特殊形势的历史问题，与此同时其他形势沦落为无关紧要的东西，抽象作用于它们，使它们物质化、外在化，对它们分类、度量并计算，但这并未妨碍它们一次又一次地重新变为历史问题与历史思维的对象；或对我们不重要是持续的，正如在另一种情况下，在我们的问题及解决中，它们被我们拉开距离并被超越，它们现在不再现，可推测将来也不会复活。前种情况的例证可由精神事实的所谓实证科学或自然科学提供，诸如心理学、语言学、语法学、道德美德、司法及政治形态的分类，这些分类一次次地解体并让位给具体的、个体的、历史的东西。后种情况的例证由所谓自然科学提供，比如动物学或植物学在其深层有一种历史性，在可预见的限度内，人们对这种历史性从不会感受也不会思考，因为为感受和思考它，人们应当降低到人之下；正如人们有时在被视为反常条件下自贬，从而赢得同情并同自然存在物或自然物交融，而在健康正常状态下并非如此，或一旦恢复这种状态立即丧失同情及同自然物的交融。

任何非历史地认识的尝试，即非内在地认识自然物的尝试，不能不用形形色色的想象过程代替认识过程：或幻想简单地赋予自然物灵魂，正如在动物寓言和其他寓言中它们都有感觉和生命；或梦想靠一种想象艺术和神奇力量同自然物发生亲密关系；或正如在浪漫时代的某些哲学中，最终把自然物转化为形而上学性质的范畴。

这最后一种想象变形特殊方式，因其表面上独立于宗教信仰，在实证主义时代特别受到欢迎，这种独立性在于自然科学对自然物进行分类，并将这些分类在从最简单到最复杂的系列中排序（就像上帝创世的几天），还赋予这种系列历史色彩，由于使用同语反复的公式，诸如“进化”、“从模糊到分明的过渡”、“生存斗争”、“弱肉强食”或“适者生存”，就形成了伪历史；这种伪历史推断出已发现动物-人类的起源，并同人类史结合于唯一系列，从开天辟地的混沌到 19 世纪欧洲社会、政治形态。

正如这种自然进化观继承并代替浪漫主义时代的自然哲学一样，作为自然进化观继续的人类史继承并代替历史哲学；一种实证主义和自然主义的新历史学确立，它是任何真正纯正历史感和任何生机勃勃及确实有效的历史思维的破坏者。

对这种历史学（在德国主要以兰普雷茨[①]代表）的批判，最早发生在 1903 年。在那年召开的德国历史学家代表大会上，经济

① 兰普雷茨（1856—1915 年），德国历史学家，代表作为《德意志史》。——译者

学家戈特尔-奥蒂里连费尔德的发言，有力否定历史学家和地质学家的同质性和相似性：前者以事件(发生事实)作为对象，后者以地层(岩层)作为对象，因此他摒弃断言自然进化史与人类史的连续性；他坚决要求“把历史思想从自然主义思想中解放出来”；他用形而上学历史为所谓自然史命名施洗，这种由进化论构成的自然史，被历史学家惊愕地接受并竭力让它延伸(通过把人类史同它衔接)，从而他认为自然史同旧“形而上学”具有相似形态。*

当时，戈特尔-奥蒂里连费尔德的批判未给人以深刻印象，其后也未在德国历史学家**中走运，所有人都被自然主义概念的迷雾笼罩；但同时这支箭没有射中靶心，更没有牢固地钉在靶心。***

* 现在可以看到再版的1903年代表大会上的报告，带有导言和说明与讨论的很长附录，见其《作为生活的经济学》，收在《认识论文集》(耶拿，菲舍尔出版社，1925年)。——原注

** 作者在《认识论文集》(第20页)序言中也这样说：“这个报告后来在我们这里只引起很少关注，相反在国外却引人注目，有克罗齐提到。”实际，请阅《历史学的理论和历史》(第8版，巴里，1963年)——原注

*** 在黑格尔那里可发现戈特尔—奥蒂里连费尔德批判的前兆，黑格尔说：“把一种自然形式和领域向一种更高的自然形式和领域的发展和转化看作外在现实的创造，是古代和近代自然哲学的一种笨拙的观念，可是为了使人更明白这种创造，有人还把这种创造推回到过去的晦暗状态……思维的考察必须放弃那类模糊不清的、根本上是感性的观念，例如，特别是所谓动植物产生于水，尔后较发达的动物组织产生于较低级的动物组织等等的观念”(见《自然哲学》，《哲学全书》第2部，第249小节，译文从梁志学等的译本)但请注意摒弃自然的历史性，并根据自然哲学方法、遵循作为“一级必从另一级产生、而其真理性恰由此证明的等级体系”的自然哲学观，这种自然哲学观同理念辩证法一致：于是，不仅自然历史性概念外在于他，而且他在这方面的批判不能具有戈特尔—奥蒂里费尔德在截然不同条件下所作批判的意义与价值，回忆将受益匪浅：从自然到人类史进化的连续性，是赫尔德在《人类历史哲学》中的论点，另外他是用情感和想象而不是用批判处理，正如他的同代人康德对那本书的评论中所表明那样(请阅康德著作集，普鲁士学院出版社，第8卷，第43—66页)。——原注

在此次批判之后，那种伪历史不得不向总监们显现出两种含义的伪历史(若我的看法正确的话)：作为一般伪历史和伪自然史。伪自然史肯定具有其真正的、并非虚假的历史，即内在的而非超验的非“形而上学历史”：只是这种历史通常在人的头脑中未显现为历史学，由于缺乏这样做的动力和实际现实性，因此仍为死历史，并接受实证科学或自然科学提供的机械论和决定论的处理。

七　史前史与历史

关于自然历史性和“形而上学史”或“自然史”(即丝毫不表现历史性的东西，由于它是根据从最大到最小等级所作自然主义分类，这样的等级让种类系列带上历史发展的虚假印记)已作的说明，益于就“史前史”展开论战的理解和解决。

当冠以此名的研究开始扩展和重要时，人们注意到历史学家那里的不信任感、外在感甚至轻蔑感(蒙森[①]就“文盲”科学说的诙谐语众所周知)；人们听到要求把史前史从真正意义的历史中清除的呼声。然而另一些人回答说，历史若是作为社会存在物的人类在其活动进程的科学，从而同精神物理学的因果性原则一致，则无任何理由把史前史从历史中清除出去，因为在史前史中人的社会性和人的活动已经显现出。* 人们做出让步：对原始的或下等的民族的事实，的确适用一种“平均和象征的认识”；有益的分工建议

① 蒙森(T. Mommsen，1817—1903)，德国历史学家，主要著作为《罗马史》。——译者

* 譬如，请阅捍卫这一论点的伯恩海姆的《历史方法教程》。——原注

把史前史交给一门特殊科学——人种志或人种学，因为职业历史学家对这门科学要求的认识和方法没有亲切感。* 这种让步导致发现：史前史恰恰被设想为某种附加历史的或形而上学历史描绘的自然科学；于是，回答沦为断言自然科学和因果性原则可扩展到所有时代、所有地域的所有事实，当这样令人愉快时：显然，这样做并未使问题解决向前移动一步，因为未洞见历史学家对史前史厌烦的原因。

另一方面，那些受到相同自然主义历史概念迷惑的历史学家，未能推翻那种回答，因为他们没有能力给自己情感提供成立理由，从而约束情感，阻止其后情感变得过激和无常。他们厌恶之情的隐秘动因在于史前史提供的那些事实，他们在那些事实中没有隐约看到同人类生活现实问题的任何联系，相反这些问题显现出同希腊罗马史、至少同东方与埃及史的某些部分的紧密联系。史前史向历史学家展现为消息汇集或简介，往往是关于外在的、未确定的、无灵魂的事物的想象材料，因为它们未在我们心灵中产生回响；从而他们背朝史前史，就像对待另一种自然科学或哲学—自然主义科学——社会学那样，他们发现史前史同社会学十分和谐或甚至有时同一。

然而，这里需要指出他们否定的局限性和他们厌恶应在哪点让位给相反立场。因为当同那些史前史领域发生关系，立即出现一个纯粹历史性质的要求：史前史变为历史，正如要求任何其他暂时死气沉沉事实整体变为历史一样。当维科脱离通常肤浅的观念

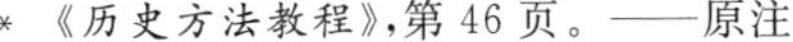

* 《历史方法教程》，第46页。——原注

去探究语言、诗歌、国家和宗教的性质时，那些精神形态在原始时代应具有的性质，在他面前一闪而过，正如在隐约所见和预感中那样，它们有活力、粗糙并蛮横，其后减弱或混杂截然不同的东西，因此变得更隐蔽和模糊。这样，他不得不竭尽全力，正如他所说，“从我们优雅的人类本性降至完全残酷恐怖的”、原始及史前本性，“它们不允许我们想象，只痛苦地允许我们理解”：允许理解，因为虽然在我们存在的深层具有悠远时代的那些倾向，但毕竟处在我们“优雅本性”之下；于是，维科为了达到这一目的，成为使用某种方法的先驱者之一，这种方法后来被命名为比较法，他使用此方法帮助在其精神中发现和头脑应解释的东西。然而，将史前史转化为历史肯定不是经常发生的事情，也不是每个人都应做的工作；若我们通过提及维科曾想说明这种转化真正所在，曾为清除幻想足矣，正如在教科书和大学历史中，把“史前史”部分放到东方史前面，甚至在它前面放上“自然”史或“地球”史。现在人们在许多此类著作中看到的序言，不仅不会激活智慧，反而扼杀心灵，因为心灵向历史要求人类斗争的崇高视角和道德热忱的新滋养，相反却接受人类动物式、机械性的想象起源映像，伴随此种映像，我们这些先祖的后裔、本质上的同类，对先祖油然而生沮丧感和抑郁感甚至耻辱感，尽管文明的幻想和虚伪同他们一样残酷。维科没有指派我们这样对待先祖，虽然他称他们为“畜类”，但他们心灵深处闪烁神圣火花，他们敬畏上帝，为上帝献上圣歌，由于上帝感到羞耻心被唤醒，男婚女嫁建立家庭，埋葬死者尸体；由于那种神圣火花，他们创造了语言、诗歌和最初的科学——神话。以这样的方式，史前史才提高到历史的高度，才支撑人类并阻止我们坠入自然主义和唯物主义的深渊。

八　年代学时代与历史时代

被一个概念或一个一般表现或一个人物形象或一个象征在年代学上限定并标明的“历史时代”，是用于回忆的分类，它们为这一目的无可厚非，正如它们自发出现，人们通常需要的事实本身所证明不可或缺。然而，当人们忘却它们的起源和功能时，当它们在哲学概念或范畴中变得僵化时，它们就不再帮助回忆历史，而主要是压制、歪曲和割裂历史，从而实际上促使忘记历史的真理。

只在混杂抽象哲学和隐晦史学的所谓“历史哲学”这种极端情况下得以避免，但在许多历史学家表现出的倾向中可观察到，这种倾向以人们所说的“时代”方式形成，它把政治的、道德的、宗教的、文学的或其他实际历史解释为实施赋予时代名称内在的纲领，各个人物和各个行为及作品都对此时代做出姿态，前者似乎作为时代的职员，后者作为交给前者并由前者履行的职责。那些公开抗拒把自己存在沦为被纳入的时代，反对给予“迟到者”、“不合时宜”、“反常”、“孤立”等通常轻蔑定性的人物和作品，使这种倾向十分尴尬，甚至当人们不值得忽视它们时，因为它们生活并且活动过，但没有准备按将来历史学家安排的格子生活和活动，从而这种无远见付出代价，即使它们在历史中存在过，也被历史学排除在外。

与此相类似，关于这一或那一时代，诸如“中世纪”、“人文主义”、“巴罗克”、“浪漫主义”时代特征的永无休止的论战，就源于对年代学时代分类实际渊源及经验用法缺乏意识；人们徒劳无益地要给这些时代下定义，让这样的定义囊括年代学分类中的所有事实，然而在那些情况下，真正的问题是界定那些名称提及的精神的普遍形态和方式，它们未受年代学局限的禁锢，甚至它们本性就是超越时间的，其后人们运用得到的定义，旨在理解置于相应年代学时代框架的事实的某些特征，那些特征正是历史学家现时兴趣所关注的。甚至促使"各世纪"人格化(通过数字标示)，促使充实其特征及活动方式的确定性与推演，促使这方面争论；有时此种情况被推至可笑地步，正如在 19 世纪末形成并传播的"世纪末"分类，它被当作名词和形容词使用，涉及理想和道德的假设内容，似乎变成行为和习俗的准则。

另一方面，历史学家通常感觉到年代学时代的概念化分类的僵化和无能，它们不能把握和解释有待理解、判断(即分类)的事实；然而，与其一开始就摒弃概念化的错误进程，不如学习纠正、扩展和适应这一进程；譬如，当说到"过渡时代"时，从而几乎任何时代、甚至任何时刻都不是过渡的，而是常新生活的创造者；或者还把时代分为"有机的"和"批判的"，对这样的分类同样应持保留态度，因为任何时代都是有机和批判一体的。有时造反动机正确，但作为造反结果的公式不正确：正如兰克所为，他抗议在历史哲学中惯用一个时代简单过渡到后一时代的概括(作为概括，一切被这种渴望扰乱并因连带意识到片面、不完美、缺陷而痛苦)，他强调每个时代的积极性和自给自足性 ；但这样做，可以说用一种神话驱逐另一种神话，即用心满意足的神话代替焦躁不安的神话，用在每个时代都发表见解的上帝的超验理念粉碎历史进程的内在连续性。

真相是:在实在与具体中思考历史的行为中,人们总要摆脱时代的年代学分类,这种分类现在不能用以思考历史,将来也不能用以让它们接受的纠正、改变和适应 ,上文已说过它们的用处,滥用也不合法。必须从查看目录(其本性是骨架式和图解的)过渡到审读文本;从演出通告和海报进入对演出本身的静观,演出不是为了海报,而海报是为了演出。

在对实在的、具体的、非年代学的、内在的精神进程(即历史)的直接思维直觉中,可很好地区分“诸时代”,没有它们就不能思维进程,或不能以任何方式思维;因为进程的统一性在于其确定性的差异性,其无限性在于其连续不断实现的不完美性,其普遍性在于不断被超越又不断更新的个性化。因此,它的时代就是自身,即它的活动(一切同其活动完全吻合并存在于其活动),每一时代包含其他时代并向其他时代开放。“时代天才”(有时这样称谓以抗议人格化的神话)“只是其天才的人群”;这句格言比结论更深刻更丰富(此结论不是伴随格言的意识)。年代学的时代,被智慧之光照耀,置于批判之下就消逝了,曾被其迷雾笼罩的无数实在时代来临,这种迷雾在其起源和简单用途中变得稀薄,但头脑的怠惰及麻木往往使迷雾更浓重、变为密不透光的大雾。

历史思维认识这些实在时代(这些个别活动)、而不是其他抽象的非实在的时代,这是真正的而不是假的时代。在意大利人们正是这样辛勤工作,在那里诗歌和艺术感相当强烈并有悠久传统(以致到今天——敌对时期,仍能坚持),在构思并撰写文学和艺术史学时,它不再如同那种形而上学唯心主义和实证主义(以往曾竞相奴役和折磨它),时代的、学派的或超审美或伪审美倾向的一连

串枯燥无味、骗人的辩证法,而是如同一种大合唱,人们洗耳恭听并思索探求,这是和谐混声大合唱,其中每个声音都具有不可重复的个人印记,所有声音在永恒诗歌的恒定性和统一性中交融。现在若仍有人发问:但丁是否表现14世纪或公社时代或中世纪时代,阿里奥斯托是否表现人文主义和文艺复兴,塔索是否表现反宗教改革,福斯科洛是否表现拿破仑时代及类似时代,或许荷马表现希腊城邦的统一,索福克勒斯表现雅典的宗教性,维吉尔表现罗马的帝国意识,那么他就远离诗歌史和一般史的真正焦点;还不说这样解释,诗歌天才沦为实际的或实际理解的特殊利益的支持者、广告员和发言人,他们变得贫乏、狭隘并完全丧失诗性,还证明对此满意者没有或缺乏诗歌情感。文学艺术史新观念遇到或可能遇到愚昧反对,但它最终会获胜或(对我们一样)已获胜,在我们这里居统治地位并实际制约我们的判断。

所有其他历史都应像诗歌史一样,摆脱年代学时代的机械桎梏,自由自在地活动并展示其个性化的完整性与丰富性;这种进程(部分刚开始,部分已前行),在作为政治、文明、道德史的哲学史研究中可见,这种研究符合现代精神的历史主义及其逻辑(即具体东西的逻辑)。被错当成真理的普遍化和抽象,逐渐让位给个别、即普遍本身(活上帝)的真理。

然而,人们听到反对哲学—历史个性观的意见:这样完成的著作,一部一部地被解释、定性和描写的著作,缺乏以前将它们结合的统一联系,应该以新形态恢复此联系。反对意见注定让人惊奇,因为在其他单独作品中解释和判断一部单独作品,必然导致在所有作品构成的进程中把握它,因此它同一切相连并同它以前及以后所有其他作品有着确定关系；因此没有进一步联系的空间，因为不可能连接已牢固地、不可分离地连接于自身的东西。但当人们发现，归根结底，这里期望并要求的是便利聚集、方便年代学分类及其貌似范畴带来的快乐，就不再感到惊奇了；相反人们害怕缺少这种对回忆及想象的支持与帮助。我们丝毫不想缺少它们，只想让人警惕——年代学时代同实际时代混淆、错误判断和由此产生的虚假问题(因无法解决而令人生厌)，只想强调基本真理：思维若是历史化，则思维永远只是个性化。

九　自然物种与历史形态

在争吵时可以说，“种族”概念在“种族历史学家”那里并未走运。这里，他们愤怒或他们冷漠并用沉默摒弃的动因让人回想起个性化的，即历史真理的特征(正如我们已证明，是任何真正真理的特征)：这次我们乐于让它用马基雅维利的格言武装——“在历史中再没有比特别描述的东西更让人心旷神怡和受益匪浅”。

在人类社会及其不同时刻、时期或人们称作的时代中，历史学家认真观察并认识到感觉、思维和实践的共同方式的形成；并同其他时刻、时期和时代的感觉、思维和实践的共同方式相区分。譬如，城市公社时代的意大利人，同反宗教改革时期和西班牙统治时期的意大利人截然不同；无论是城市公社时代的还是反宗教改革和西班牙统治时期的意大利人，同民族复兴运动的意大利人也截然不同。以致三个社会同质体的外观、气质、面貌，在表现它们的人们留给我们的肖像中，完全迥异地展现在我们面前。然而，在这样的情况下，无论历史学家还是普通叙事者（除非某些比喻和夸大的表述，譬如说“仿佛出现一个新种族”及类似说法），都不会使用词汇“种族”；因为那些同质体是历史地个性化的，因此它们产生、改变并解体或消逝，但种族仿佛同历史进程相区分，种族在历史进程之上，或作为一种自然本体和力量对历史进程进行干预。

实际上当人们去探究种族并确定它为一种自然力量时，仿佛在实在世界中从来没有把握它。在实在中，“种族”不能同所谓“环境”分离，即不能同历史的条件分开，种族不能被固定，不能把恒定性给予种族，因为种族随着变化的世界而变化；也不能根本区分假定的不同种族，因为它们从来都相互混合，从而那些看似具有想象纯粹性的种族，全部显现出不纯性和混合性。于是，种族的超历史概念的基础，不是如人们认为那样，不是“形而下的”，而是“形而上的”，甚至是“神话的”，这让人记起一位上帝，他相信人类种族同其他生物物种一样固定，然而在 19 世纪历史化的自然科学却认为那些物种在变化。

当然，被批判所否定、历史所不知的固定不变的种族，在政治斗争中被偏袒地肯定、支持、攻击和捍卫；然而，这直截了当地证明：它们的实在是由激情和想象而不是由真理构成的，它们存在于幻象中而不存在于概念中。作为激情的偶像，只以一种方式使种族真实：证明它们通过哪种理念过程不断地产生，同时历史地研究它们，即展现单个活动及其参与事件的历史。

它们理念起源首先在于分类实际需要，在这方面导致根据地域、家族、语言和诸如此类的经验主义联系，对人们进行分组，从最大到最小形成不同的集团，大至涵盖世界五大洲中的一洲或数洲，小到只限于一座城市或一个村镇的狭小范围。在以外在和表面特征进行的分类中，又引入规定性，虽然规定性仍为经验主义的，但带有心理特征，涉及各个集团的道德、智力、艺术、技术、实践等等。至此，没有丝毫要反对的；因为人们为了学习和记忆，一直在辛勤劳作；记忆从种类的划分中受益，我们假设区分法国人、德国人、英国人或印欧人、闪米特人[①]和突雷尼人[②]，正如从心理特征中获益一样，让我们大致地一般地说：法国人是擅长推理者并倾向于抽象，德国人既思辨又辩证并倾向于具体，英国人是观察家和实验家；或者更进一步：法国人易冲动，德国人有条理，而英国人谨慎而大胆，诸如此类，不一而足。毫无疑问，鉴于如此分类，它们不得不一次次地期望受到运动和发展的实在批驳从而变得陈旧，期望发现被迫改变以前特征标记以保留其任何用处。另一告诫不容忽视，虽然往往被忽视：鉴于它们是“为了谈世界”而不是“为了判断世界”而产生的分类，根本不能作为判断标准，因为在判断时需要在其个性（人类普遍性的人类个性化）中鉴定一部作品，因此根据虚构的普遍性、抽象、为自己方便制作的万宝格判断作品毫无意义，譬如说那部作品是理智主义的，因为是法国人的；或那部作品深刻而思辨，因为是德国人的；或那部作品是现实主义的，因为是英国人的。当我们界定但丁是意大利人时，既不能给他荣誉，也不能给他正义；当界定莎士比亚是英国人、苏格拉底是雅典人、康德是德国人时，也是如此；因为，这些定义若有实在内容（幸好不具

① 古代称巴比伦人、亚述人、希伯来人和腓尼基人等。——译者

② 古代土耳其人及其后裔。——译者

有),将一并去除他们的个性和普遍人性(他们是普遍人性的英雄)。

正是由于这些保留和告诫,在谦逊的记忆功能中,种族概念和民族、国家、地区、城市等其他特征保持纯洁性。然而,当那些特征规定性容纳同我们行动目的有关的褒贬形容词(好和坏、有益和有害)时,它们就丧失纯洁性并变得热衷争吵和满怀恶意。说实话,为观察这种激情转化的实现,没有必要把目光投向所有民族的伟大爱憎,这种爱憎往往长达几百年,甚至长达上千年,颂扬他们是“选民”、是比其他的或所有其他的民族或种族“优秀”的民族或种族,指定一个民族为他们永恒对立面或“世代敌人”,提防(单独或结盟)另一民族,因为判定它“不可同化”,其思维和心灵同他们迥异,其追求利益同他们相反或无关。我曾说过没有必要,因为在微小爱憎中也可清晰并充分地观察到相同进程,此种情况频繁发生:相邻的两个乡镇满怀着自己的优越感和自豪感,把另一个乡镇视为“不共戴天的世仇”和“不可同化”的异类。这样,由于被理解为善与恶的力量,种族分类性概念再次同种族自然主义想象观念相结合,并像后者一样,还获得某种实在性,但仅仅是形而上学的和神话的。

作为无数事实中的一个事实,被历史思考并表现的这种激情和想象过程,对政治家来说,是为了达到自己的目的而操纵并使用的材料,正如在最近一次战争中所见,在战后并非平静的和平中继续所见。然而,对道德家和宗教人士来说,需要行使截然不同的职责——永远对付通常称作“种族偏见”的东西,坚持不懈地同它斗争并进而恢复唯一人类的意识,根据种族划分人类,就将分类性划

分转化为实际划分,凭借不可治愈的分裂和相互排斥将扰乱唯一人类意识,若有可能,还会破坏唯一的人类意识。

犹太人以斯拉[①]若把自己民族“同世人的民族”分开,而犹太人耶稣因提高到共同、普遍人性,在撒马利亚人[②]中认出“那行善之人”,如何以前大祭司及同族祭司长却不知道这样做。在道德生活中,导师是耶稣而不是以斯拉。

十　诗歌与历史学

诗歌与历史学的相似与相异关系,早在亚里士多德《诗学》一个著名地方——第9章提出并界定。亚里士多德的立场和定义让人们能够度量从希腊到近代和当代的精神生活观的伟大进程。

在亚里士多德那里,最高、完美的认识是哲学,因为它是对普遍、永恒和必然的认识;而诗歌显现更接近哲学,诗歌根据近似和必然表现,更倾向于普遍;历史学同诗歌截然不同,它倾向于个别(根据亚里士多德的例证,是指亚西比德[③]所做和遭遇的事情),因此显现出比诗歌更少哲学性和严肃性。

然而,近代真理以自己的方式不断摆脱希腊和中世纪超验的羁绊,近代逻辑理论把哲学从天空中或山峰上解放出来,以前哲学

① 以斯拉,《圣经》人物,公元前5世纪以色列祭司,他被释回国后宣讲摩西律法,劝诫娶外族女子者离婚以赎罪。——译者

② 撒马利亚在耶路撒冷以北60公里处。公元前722年北部以色列国灭亡,亚述将其居民3万余人掠走,并将一些异族人迁入定居。这些不同民族通婚,所生后代被后来犹太人称作“撒马利亚人”。——译者

③ 亚西比德(约公元前450年—前404年),雅典政治家和军事家。——译者

正是在天空中或山峰上进行不结果实观念的沉思，近代逻辑理论还邀请并强迫哲学脚踏实地，这一行动本身，同时也把历史从轶事收集者和事件编年史家的初级功能中解放出来，把历史提高到观念的天空和顶峰的高度，再通过漫长路程，让历史同哲学相会，让它们相互拥抱并在新精神中融为一体。与此同时，近代美学首先破坏诗歌的传统学说，后者认为诗歌是比哲学更高级的或更广泛普及的形态，诗歌同哲学一样基于普遍或观念；而前者把诗歌同哲学和历史截然区分，将一个领域赋予诗歌——想象领域，当然是理论的领域，但不是人们所说的逻辑的或历史的领域。

这是缓慢而艰辛地实现的剧变的终点，这种剧变在古人辩论的相同困难方面当然有前例也有后例，但当考察我们已指出的最终终点时，并不因此显得是一种根本转变。应当牢记其深刻意义，因为至今习惯性地和不自觉地同古代观念相连的判断观念和方法仍在坚持，那一古代观念的确幸免于难，但在活人的世界里不再活着。

为在深层次上理解诗歌和历史学的新关系，无论对历史学还是对诗歌，都需要从实际的、道德的生活，从行为和激情的辩证法开始。行为，作为正在实现的新生活，在自身中是死亡和激情，涌现的生活和死亡的生活。渴望、努力以及生与死、喜悦与忧虑、快乐与痛苦永恒联系的艰辛，靠对休息的叹息宣泄，即不是对中止真正生活的叹息，而是对活着休息这种生活的叹息，对未受激情烦扰的行为这种行为的叹息：不能说这件事矛盾和荒谬，恰恰因为它不是逻辑断言，而是一声叹息，因此是行为力求获得的瞬间轻松。但那声叹息还可获得持续性和坚实性，扩大为人们期待的理想，因其矛盾和荒谬，不是真正的理想，而是（正如人们通常称呼的）梦想：极乐的梦想。

这是一种以不同形态表现的梦想，有时梦想纯朴民风、恬静劳动、天伦之乐、乡间和平，这类梦想通常根据古老而美好或因其古老而美好的时代的图景重新塑造；有时梦想令人陶醉或让人入迷的甜蜜爱情；有时梦想伊甸园般的国家、超凡入圣和天国和平：有时这些形态相互结合，以致爱情具有宗教色彩，而宗教具有色情味道，田园牧歌也大致如此，诸如此类，不一而足。所有人不是以相同方式梦想的，因为有人作为信徒甚至作为狂热者梦想，仿佛它是一种可以实现的理想，并且锲而不舍地尝试落实（注定失败）；有人自觉地梦想，认为确实是梦想，而在懒散、松懈和空虚时刻，因一时糊涂而放松警惕，但并未沉迷于梦想，随时准备迷途知返并回归唯一实在。然而，除非在偶然轻信和狂热的瞬间，人人知道并承认，那种梦想大约对所有人都一样，属于人类的脆弱性，并且是某种疾病；由于梦想不属于教育方式，即作为人类活动的积极方式，因此从来无人想过提供梦想教育；因为相反教育事业反对并制止梦想，并尽可能把梦想驱逐得越远越好。我们梦想中抹不掉的疾病污点，在耻辱心中找到确证，从而我们的梦想通常被否定，或者被容忍者隐藏或掩饰，同时责怪具有把我们梦想通告他人这种恶习的人们，他们不仅通告我们激情骚动的消息，而且通告我们在社会活动中的合作立场。此外，在那些梦想的深处，在超世俗的愿望中，同样在田园牧歌或色情愿望中，利己主义和罪恶被发现并被控告。伴随罪恶，伴随其绝望的扭曲，因探寻不可实现的满足，一种忧郁感和解体愿望渗透到梦想之中。

在现实生活中被视为疯狂和疾病并因此受到惩罚的东西，其后当在诗歌中被表现，怎么变成美和纯，构成欣赏的对象，并使心灵升华、净化呢？诗歌作品总在怀疑论精神中引起猜想或迟疑，甚至厌恶或丑闻，这样的精神在诗歌作品中看到或隐约看到世界、魔鬼和肉体。我记起斯宾塞（在我青年时代他被称作哲学家）谴责所有作品或几乎所有作品：心灵史诗和悲剧、中世纪小说、莎士比亚戏剧和近代艺术作品，因为它们充斥厮杀、流血和低下情感。然而，靠这样一种感受和判断方式，因缺乏诗人的感悟，滞留或重返诗歌的原材料，当然在那里找不到其他东西，因为没有其他东西，只能发现不能实现的极乐梦想，这种梦想是焦躁、痛苦、困扰和迷失的；只能发现爱情—痛苦——诗歌的永恒启示者，这种爱—痛在广义上是天堂与地狱、欢乐与痛苦的结合。行为本身，即使英勇无畏的行为，若不作为行为激情、忧郁与行为悲剧，也不适合做诗歌的材料。尽管存在诗歌、绘画、音乐的作者，但他们并未完全摆脱诗歌材料，因此不再歌唱他们的梦想，而是以某种程度体验他们的梦想；真正、完整的诗歌能使不纯洁变纯洁、使混浊变清澈，恰恰因为它不是“梦想”，正如人们通常提及其材料所说那样，而是对梦想的超越，这是心明眼亮的梦想，被真理之光照耀的激情，它以无限为背景并同一切和谐。

摆脱激情的疯狂折磨及表现激情的认识形式（完全直觉的形式），不足以构成行动，尽管这是行动的必要前提和第一步。还需继续前进，仅仅制止激情干扰和准备接受生活及其准则是不够的，那是勤奋的准则、道德的准则；而需要准备确定的特殊的勤奋准则、准备确定的特殊的责任，因此需要认识我们所处的形势、世界历史达到的那点，即我们每一个人在每个瞬间的历史。这是获得一种认识形式的内在活动，不再是直觉的而是逻辑的认识形式、即判断；正如我们所知，无论就其性质还是范围而言，判断和历史学同一。

因此，诗歌和历史学是呼吸的同一器官的两翼，是认识精神的两个相互联系的环节。在它们的这种关系中，可能比两翼都强大的第三翼并不存在，因为它毫无用处，而毫无用处因为不存在：哲学是历史思维的同一环节，正如概念是判断的同一环节一样，脱离历史思维，哲学没有生命，在学校论文中冠以哲学名称的大量抽象不能视为有活力。要求某物凌驾于二者之上，并竭力摆脱历史认识的普遍性-特殊性，重返历史地无差别、纯粹观念、超历史的纯粹普遍性时，就具有生命的外观；但这种努力导致从思维到想象、从历史学到诗歌。因此，在思想史上，当回答如何可以达到绝对这一问题时，人们不止一次地指出诗歌，并把艺术变成奇异的思辨工具。在这种解决中，再次繁荣古代的亚里士多德的观念：诗歌比历史更具哲学性，更具哲学性，恰恰因为哲学被设想为非历史的，而历史被设想为非哲学的。

十一　历史主义与人文主义

历史主义从过去的现在意识开始，是对自己行动、思维和诗歌的创造；历史文化是获得如此思维和行动的习惯与能力；历史教育是对这种习惯的培训。

当历史主义这一词汇（起源于现在并具有形形色色、摇摆不定的含义)接近另一相当古老、使用几百年、现仍流行但含义也不同(正如所有词汇一样)的词汇“人文主义”时,将使历史主义的特征更加清晰。这种接近有助于理解两个概念,公式——历史主义是真正人文主义,即人文主义的真理——中两概念同一化,能促使接近。

实际上,人文主义的普遍原则,无论是古代人文主义(西塞罗是其伟大范例),还是 14 至 16 世纪间在意大利繁荣的新人文主义,或是其后所有产生或人为地尝试的人文主义,都在于提及过去,以便从过去中为自己的事业和行动汲取智慧。

或多或少有缺陷的概念,或大或小但永远随意的历史限制,被不断结合到这一原则,此事并未触及原则本身;只用以证明历史主义逐渐纠正那些错误与过失的必要性。于是,从一种最严重或最典型的情况开始:人文主义被指责为守旧主义和奴隶主义,由于它采用模仿概念并把过去(它所钟爱的特殊过去)提高到模式高度,从而引发反对它的造反与革命。

然而,实际上奴隶主义的作者和犯错的模仿者、“奴颜婢膝的牲畜”,不是人文主义,也不是其模仿概念,此概念是最初尝试(当然很不充分)及最初接近断言过去与现在、历史与行为的联系。在这样的关系中,人文主义含义上的模仿,不是简单的复制或重复,而是一种在改变、竞争和超越时的模仿,或如常言所说,不是模仿事物而是模仿事物的方法:若认真考察,这能对模式和模仿的概念进行实质性的修正,因为想标新立异、竞争和超越的人,其头脑的作品就不遵循或(同样)不恰恰遵循某种模式,而遵循在此模式中被举例说明的法则,因此到达精神的永恒源泉边、精神的永恒范畴边。被如此隐约发现的问题，却未能很好提出，并且不像其后历史主义那样很好解决：历史主义阐明现在对过去、新作品对构成人类历史的作品的既从属又独立的关系。

人文主义只有逐渐拓宽其对过去的视野，才能用以启蒙和充当向导：西塞罗和其他罗马人把希腊视为向导，另外只在文化关系中考察；新意大利人把古希腊和罗马作为向导，18 世纪末德国人把真实面貌或自己认为的希腊作为向导，通过颂扬希腊精神或反对罗马精神（然而有时又把此种向导扩展到雅利安人性或印欧人性）；在我们已提及的造反中，“摆脱希腊人和罗马人”，以近代伟人为典范或拒绝任何模式的意图及呼声同上述立场针锋相对。无论如何，这种意图及呼声逐渐获得赞同：新时代的诗人、作家和艺术家被放置在希腊人和罗马人旁边，而近代语言文学也进入人文主义教育的范围。然而，不管人文主义被允许多么宽泛，从未得出历史主义宣告的结论：用以澄清我们决定和行动的过去，是全部人类历史，全部人类历史一次次地在我们现在中重现。头脑关注的过去被设想为一种模式，妨碍得出上述结论：结果导致选择某些时代、某些民族，排除某些时代、某些民族；在前种选择中，根据个人的需要和偏好，进而选择某些特殊作品。

通常对人文主义的第三个指责也不正确：由于人文主义主要在诗歌、文学、造型艺术和建筑艺术方面取得成功，没有注意同其余的科学史、宗教史、政治史与道德史的关系。说实话，类似文学人文主义的人文主义在近代出现，通过对希腊史、尤其罗马史的伟业和伟人的赞赏和刻意模仿，一般说来古代史著作，诸如普鲁塔克的《传记》，成为这种人文主义的教材和工具。东方史、中世纪史和近代史,同对应的诗歌、文学和艺术一样,只是缓慢地接近古代水平;相反,沿着另一方向,有时产生介于浪漫和野蛮之间的古怪要求,至今仍发生对罗马史的拒绝、厌恶和鄙视,并把想象的远古日耳曼人历史抬高到罗马史高度,凭借大胆想象力,把远古日耳曼人同希腊文明相连,吹嘘他们是希腊文明的创造者,而希腊文明仅仅是最为人道的人们慷慨地施舍给世界的许多丰功伟绩之一,世界若让他们按自己方式创造并接受他们的统治,其他丰功伟绩还将施舍给世界。某些著名人文主义者是纯粹文学家,他们对政治或哲学是封闭的或很少开放,这一事实不足以把在历史上表现出的人文主义放逐到文学艺术史。在意大利文艺复兴和法国大革命时期都可看到,既有仰慕荷马的狂热者,同样也有崇拜布鲁图的追随者。否定时空限制的历史主义,似乎也否定定性特征的限制;它理解一切历史都是行动与思想的历史,更不必说文学艺术史了。

历史主义进行的这些纠正,若去除人文主义的文学起源渣滓,并使人文主义的根本真理大放异彩,另一方面,人们可以发现在其发展的形态中,它如何恢复主要在其伟大的前期(中世纪衰落,文艺复兴繁荣)发挥的作用。那时的人文主义是一场面向尘世世俗生活、反对超验及怀疑论观念的运动,它拥抱希腊罗马文化具有这种内在的意味深长的意义。由天主教的或天主教化的著作家和天堂宣告者构建的当今矫揉造作的理论,竭力把人文主义介绍成是为天主教和罗马教会服务才产生的,人文主义几乎成了新教父学[①],

① 教父学,对早期基督教教父活动及学说作历史的、语文学的和神学的研究。——译者

因一再诡辩造假，最终甚至不能很好理解他们使用的词汇，因为恰恰教父学是指基督教以前的世俗诗歌和文学，它们是作为世俗东西而不是基督教东西存在，同样天主教会让靠新世俗主义，即人文主义而享誉的文学形态为自己所用：起初真正虔诚的著作家以某种直率天真态度去做，后来耶稣会士玩弄堕落的政治阴谋去做。当人文主义出现时，只显现为因厌恶而反对经院哲学和颂扬古代美的运动，并且主要在艺术领域活动；随后发生文化和思想的急剧进步，从而革新哲学、一切道德规范、伦理学、政治、艺术理论和科学方法论；这一伟大精神工作的继承者是历史主义，它包含摆脱任何形式的超验，肯定道德、政治和经济的生活，强调激情和诗歌，激活智力和道德生活，作为新逻辑工具的辩证法：没有这些条件和内涵就不能真正思考历史。

最终，人们注意到人文主义（早在古代人文主义中，但在近代人文主义中更突出）对自然科学、物理学和数学的冷漠或反感，那类一次次地在人文主义者和科学主义者之间，一般地还在精神科学学者和自然科学学者之间爆发的战争，那类在人文主义学派和实在论或技术学派之间展开关于教育学的论战，都在历史主义中获得自己的辩护词，同时使自身净化，因为那种冷漠或反感并未真正旨在对手（数学、物理学和自然科学）声名狼藉和彻底失败，而一直只是保卫自身、免受决定论和唯物论欺压的方式，因为通常它们围绕那些学科构建并使自己声名大振。实在是历史，并且只有历史地才能认识实在；而各门科学度量实在并给实在分类，尽管这也不可或缺，但不是对实在的真正认识，而且它们的功能也不是内在地认识实在。对“实在”作“符合人性的研究”的自豪感只意味这点;同样,历史主义自身所确证的并未超过这点。

由于在历史主义中解决人文主义,人们不仅洞见人文主义的本质动因,理解人文主义在欧洲精神史上所占地位,而且制止通常对它的拙劣用法,当把它限制在某些特殊倾向或空想的文学、道德和宗教倾向时。以往所谓希腊化的德国人文主义不具有也不可能具有终结中世纪、开创近代的那种人文主义的活力和丰富性,因为温克尔曼和沃尔夫[①]的德国人文主义出现时,正值对希腊罗马事物作更直接深入认识成为可能之际,由于焕然一新的解释,它们恢复了精神的功效,但不再建立“对人的专制”,这种专制很久以前就曾建立,并且曾神奇地得到加强和扩展。人文主义的当代问题显现出含糊不清、错综复杂和犹豫不决,恰恰由于同纯粹古典语文学相连的那种观念,因为其代表人物缺乏意识,尽管那种观念被思考并严肃地实施,若不与历史主义同一,就不能成为意识,历史主义是新时代的、适应新时代的人文主义。其后,在某些学派、教派、唯美派及颓废派小圈子内断言并吹嘘的所谓“人文主义”中,很难发现“人”和“男人”,在目前的论述中,忽略这种人文主义不会造成任何损害。[*]

① 沃尔夫(1759—1824年),德国古典学者,现代语文学奠基人。——译者

* 这里记起一个从人文主义过渡到历史主义的典型情况将受益匪浅,因为它未被注意或其独特意义未被领会;即人们在黑格尔青年时代的成长中观察到的情况,被他那个时期的著作证实,现在已发表并被研究:从把希腊视为理想并厌恶基督教的完全世俗的早期形态,逐渐过渡到历史上接受基督教,过渡到承认基督教给予希腊精神更新更高级的东西,并且视基督教为近代的基础:即从人文主义过渡到世界史。——原注

最终考察

正如研究这些问题业已年迈的学者，清楚地记得50年前历史学理论很少被考察并且被浮浅地研究，在随后的时代也曾促使其进步并且了解全部或几乎所有相关文献，这里，我想最后精明扼要地指出，近期研究围绕某些主要之点得出的观念，我还想简约地（按我的观点）指出应当进行的修正和深化，此外这些观念在本书的各个部分都被论述过。显而易见，我只关注在准备充分、机敏聪慧头脑中达到高水平的历史学理论，而忽略那些低级和粗俗的东西，诸如心理学与社会学的幸存理论、所谓历史唯物主义或由张伯伦[①]们和施本格勒[②]们及其同伙的惊人建构。[*]

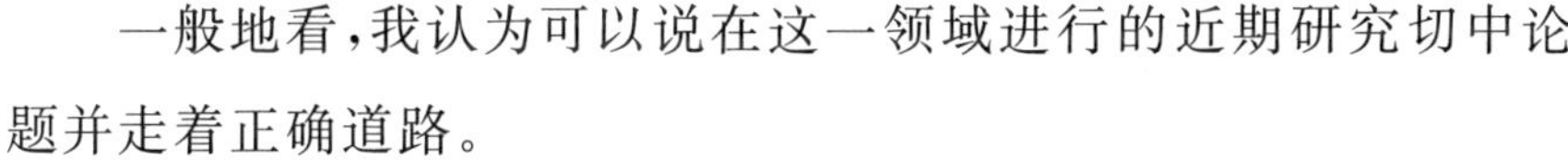

一般地看，我认为可以说在这一领域进行的近期研究切中论题并走着正确道路。

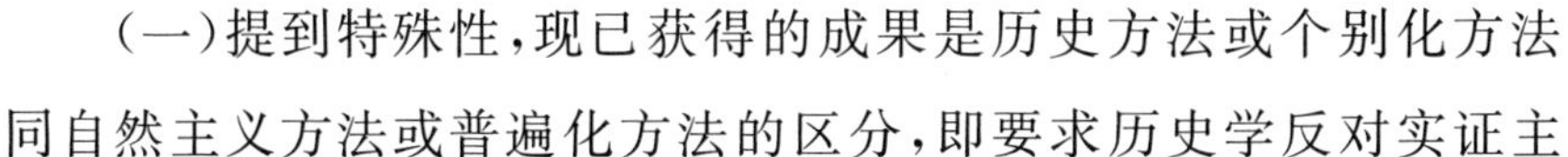

（一）提到特殊性，现已获得的成果是历史方法或个别化方法同自然主义方法或普遍化方法的区分，即要求历史学反对实证主

① 张伯伦（1855—1927年），英裔德国学者，鼓吹在西方由日耳曼民族代表的雅利安人精神可以保障欧洲的未来。——译者

② 施本格勒（1880—1936年），德国哲学家，在代表作《西方的没落》中论述普遍史形态学。——译者

* 关于独特证明，我不得不提及我的《逻辑学》（1909年）第1部分第3篇第1章、第2部分第1篇第4章。——原注

义或任何其他自然主义的形而上学，这种要求是德国和意大利思想家的独特成果，并在1900年达到顶峰。然而，这种区分通常表现为在文德尔班和李凯尔特那里的两种认识方法的区分，并未上升到——只有唯一认识方法，才有真正纯粹认识方法——的思维高度，因此两种方法中的另一种，将可能甚至确实合法，因为具有自己的功能，但不再是认识的纯粹形态。换言之，并未清晰发现：认识方法和真理方法只是历史方法；相反，自然主义方法不是认识方法而是概括及分类方法，因此它是抽象的，正如历史方法是具体的一样。这种不清晰导致从不间断地要求一种特殊逻辑或历史方法论，正如人们所说，一种"批判"、历史学"工具论"、"历史论"*，但历史学逻辑只存在于唯一逻辑中（毫无疑义，这是思辨逻辑，而不是形式逻辑和空谈逻辑），恰恰因为真理方法是唯一的。还有当自然主义方法的抽象性和约定性被认识和界定（譬如被柏格森），其后真理并未置于历史认识和理性认识，而是置于"直觉"，即放在美学沉思和神秘陶醉间波动的某种东西中。

* 无疑，这种同一性会发现自己面对否定者，他们反对内在性并再次肯定"超验"，哲学与历史学的同一性正是源于并归结于内在性；因此他们乐于指出内在性思维遇到的困难、继续修正和深化的永不停息的艰难进程，同超验观念推动的风平浪静的进程形成鲜明对照，它在历经7个世纪的灾难性错误后，无疑允许（仅说一个）可以同托马斯·阿奎那清晰准确的学说重聚。但所有这一切都是那么自然，因为内在性思维是思维，因此是批评性的、吞灭一切的和永不满足的；而超验因其附带启示，则是想象的产物，只要它继续存在，就会免受思维的巨大痛苦，就会继续愉快地休憩。然而，由于根据果实判断树木，在"超验"果园里成熟的果实（即对生活的方方面面——政治、文明、文学、哲学——的解释及历史），同栽种在"内在性"田园里的果树的果实同时出现，这里的果实既味美又有营养，受到每个活着的人（每个学者）的欢迎，而那里的果实淡而无味、缺乏果肉，人人拒绝。——原注

也不能说已清晰地发现和毫不犹豫地断言：鉴于历史认识的非自然主义性，需要从历史学中清除原因概念和任何因果性研究，需要抛弃一长串不能解决的历史学问题，因为它们围绕这一或那一事件的“原因”而难以成立。

（二）当赋予历史方法真理性而摒弃自然主义方法真理性时，就提出历史学与哲学的关系的深层问题，这一问题在二元论理论中未被研究，甚至未被提出，在那种理论中哲学凌驾于“自然”之上，而历史学作为第三种形态、无所事事的中介物，置于“自然科学”和“精神科学”之上。摆脱这种二元论，初看历史学和哲学仿佛是面对面的对手、背靠背的陌生人。然而（其后不断考察）历史学能够认识事实的个别性，而不思考它们，即不在判断中同普遍性统一并进行哲学思维吗？另一方面，哲学真正能够思考普遍性，而无需提及被表现或省略的个别性，即无需那种集特性化（因使实在个体化）和历史化于一身的思维吗？从这两种不可能性中产生（富有说服力地*证明）哲学与历史学的同一。

现在，当代历史理论家或缺乏这种意识或这种意识极不完善；若在某些历史理论家那里听到此种论调，千万要小心，因为相似的词汇可以掩盖截然不同或针锋相对的东西。可以掩盖：1. 旧经验主义的复活，它在正确地断言只存在经验的认识的同时，想让体验本身（“悟性本身”）回归经验，并在经验中吞灭及否定一切概念，就是说不仅否定（似乎正确地）那些经验主义的和抽象的概念，而且

* 论文集《哲学与历史》对认识称作“最高水平”的东西相当有用，此论文集由卡西尔推荐、克里潘斯基和帕顿编辑（牛津，克莱尔顿出版社，1936 年）。尽管，很自然，此论文集收集的所有论文并不具有相同价值。——原注

否定经验赖以形成、赋予任何严肃判断和推理活力的范畴价值。[*] 2.一种类似于糟踏范畴的神秘化混乱倾向,将范畴与经验的抽象的概念视同一律,一无所获地满足于享用可随意称作思想、意志、宗教性、情感、生命力等的东西,而实际上只是些混沌的未知物。

哲学与历史的统一并未把哲学淹没在经验主义或神秘主义中,但由于把哲学从天外召回,确定其根据为历史学,同时把历史学提高到哲学高度,提高到具体哲学思维(这是一切哲学思维、在判断时进行的哲学思维,即根据范畴进行断言和区分的哲学思维)的高度。一方面二元论、另一方面经验主义和神秘主义的顽固,证明从17世纪至19世纪初欧洲伟大哲学——逻辑意识在当代并非十分有效。

结果,在方法论方面,人们若期待建构的新“工具论”是业已存在和不断革新或可以革新的逻辑学,则在整体上、即在具体历史学方面,那种工具论同全部哲学吻合;这里再要求一种特殊工具论,将表明没有理解或怀疑哲学与历史学的统一。[**]

(三)请注意人们厌恶一度颇受推崇的关于历史学的非实践性、反实践性和纯沉思性的格言是毫无争议的进步,由于人们发现相反历史学产生于激情并为了人类激情、产生于他们的利益并为了他们的利益,历史学同生活及其需要紧密相连。然而,这里也存在危险:通常是非理性主义、不关心论和颓废主义对历史学严肃性

---

* 在《哲学与历史》第329页:“《历史理性批判》最重要的前提,……是想象批判”(顺便提一下,后种批判已存在几百年并称作美学)。——原注

** 《哲学与历史》中的一篇论文(《事物的历史性》)就是按经验主义含义写的,第11—26页。——原注

的渗透，“已完成事实”同“应完成事实”、历史学及认识的环节同实践环节的持续地糟糕地混淆。若历史学确实不是死气沉沉的沉思，同样历史学确实不是实践行为而是认识行为，从而很好地为实践服务，因为它是作为纯粹认识实现的，这种纯粹认识同莱布尼茨所说的“更思辨更具实践性”的科学一致。为了采取行动，历史学“探寻理性”、给予激情“理性”，与此同时激情转化为决心与行动。不仅在哲学史中*发生此种情况：对他人和过去的思想的最好认识，同时是对自身和现在的最好确定；而且在任何历史上都是如此：譬如在艺术史中，疑问的解决，即涉及一部艺术作品的模糊性得以澄清，同时也是对艺术作品的完整再造和鉴赏，还如在政治和道德史中，对事实形势的清晰认识，同时也是确立坚定意志及随后产生的行动进程。

（四）对记得“科学家”，即自然主义者和数学家对“历史学家”傲慢态度的人来说，现在参与反向扭转将惊叹不已：在 19 世纪后半叶，这种傲慢态度表现为轻蔑地规劝历史学家改掉文学与哲学的恶习，并像他们那样开始运用观察、归纳、计算、实验室、天文台、统计局，以便把历史提高到“科学”高度。对物理—数学科学和自然科学进行理论化的理论家或科学家，现在执意让人们确信自然科学也是历史，因此不再把带有强烈个别性与具体性的历史同具有模糊普遍性及抽象性的科学对立起来。** 在这种呼吁中有某种

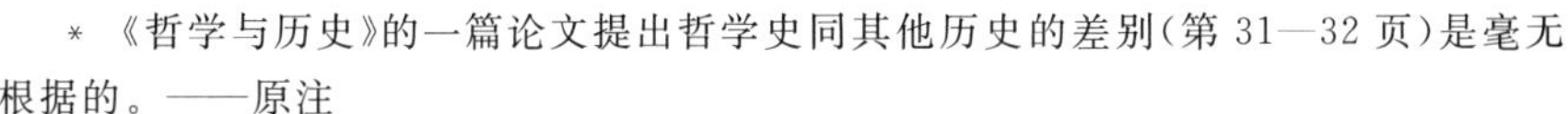

* 《哲学与历史》的一篇论文提出哲学史同其他历史的差别（第 31—32 页）是毫无根据的。——原注

** 《哲学与历史》第 32 页写道：“20 世纪科学本身具有历史形态”；对照第 11 页：“彻底的历史观念的应用，不仅是在人类事务方面的应用，而且包括在自然科学本身的应用，我猜想这主要归功于达尔文”。——原注

误会，因为泾渭分明并不涉及对所谓“自然事实”和截然不同的所谓“精神事实”的认识，而涉及（正如我们已说过那样）两种方法——认识方法和分类方法，辩证方法和抽象化方法，这两种方法永远不可能统一，一种方法不能取代另一种方法，因为每种方法都有自己独特的不可替代的作用；根据所谓“精神事实”确实形成自然主义的和数学的学科（语法学、格律学、心理学、社会学、经济科学等）；从而在此种含义上，泾渭分明永远存在。然而，确信物理—数学科学和自然科学实质上具有历史性，是人类精神的最精湛最深邃智慧的成果，这种确信已获得成功；在以经验名义反对亚里士多德主义和经院哲学的战役中，人们可以发现这种进步的最早的悠远的起源，可以感觉到历史思想在19世纪对自然主义者产生巨大影响，此外历史思想向自然主义者提供了进化、生存斗争和适者生存等概念，以致今天进步用逻辑术语表示。然而，这部分必须勇往直前，因为，正如人们已承认那样，自然事实若是历史事实，并且实质上自然科学是一种“历史”（不仅在老普林尼的含义上，而且在近代含义上），历史若不是其形式辩证法中的精神历史（它不是作为抽象的物质历史），就不成其为历史，则顺理成章地是：所谓“自然事实”是精神活动，唯一彻底的实在观是绝对唯灵论。

（五）然而，在新研究中，当然远比在实证主义时代进行的研究聪明得多，在远比纯历史学认识更开阔的认识中，应当指出一个缺陷或（如人们所说）一个根本弱点。因为在今日学说中，不仅不强调历史学真理得以成立的原则的根本重要性，甚至几乎只字未提这种原则并非基于可信性或可信证据的标准（像语文学家天真地认为那样），而是基于截然不同的标准、从人的内心产生的标准：人是历史产物[*]，而人作为历史产物，也是历史本身，历史又通过探索性头脑上升到历史学。由历史哲学及其先天抽象引起的恐惧，致使历史学家和哲学家战战兢兢地紧抓理解为外在证据的证据和文件，致使他们没有发现实际历史学进程，这种进程若不是先天抽象演绎（正如在声名狼藉的历史哲学中那样），肯定是从深层产生，是对在我们行动中对我们所作所为的回忆、在人类的行为中对人类（存在于我们之中并且我们是其构成部分）所作所为的回忆的理顺头绪、澄清和限定；若没有这种进程，也就没有历史学。事实向真理转化的维科原则，因为人只认识自己所作所为，尚未展开其全部丰富性，仍处于混乱或误解状态。以证据批判建构的贫乏史学观，不仅对哲学与历史统一论设置最大障碍，而且危害并导致否定在近代不断归于历史学的价值，因为把历史学驱逐到认识的最低层次，甚至逐出认识领域，以致历史学不得不声明自己不是非认识、不是某种“讲述记录”，尽管是某种区分的“记录”，但这仍不足以去除人们所断言的“讲述”性。当我发现今天很少关注历史学的真正基础时，令我惊愕不已的是：通过观察语文学批判的频繁进行和屡遭败绩（尽管因其卓越方法而趾高气扬），18 世纪历史怀疑主义的出现从未如此猛烈，它竟然声称历史是“约定的故事”；其后我又进行反思：若没有如此发生，原因则是，由自然提出并由 19 世纪生机勃勃的历史主义所巩固的真正基础，在那些或多或少自觉的头脑中扎下根；而理论家对这种真正基础的轻视，是缺乏研究和未

* 在《哲学与历史》（第 307—316 页）中可读到论述每人都具有历史性的精彩篇章。——原注

掌握逻辑科学(我是指伟大思辨逻辑学,在上文讨论其他问题时曾提过)的结果,是连带徒劳无益地确信——无需考虑一般实在观或作为整体性和体系的哲学,就能深入理解历史和历史学——的结果。

附录　关于意大利历史"统一性"的最新辩论

两年前，在某些意大利的历史著作家之间就意大利历史是否具有"统一性"展开激烈辩论。关于这一论题，出版了专著，报刊上发表了文章。人们还能听到某种声音（在我们生活的时代很容易发生），它把理论问题变为公共秩序问题，从而变为警察局权限问题，妄图从上面强行解决此问题甚至决定此问题，宣判意大利历史是"统一的"，对此持异议者不是品行不端就是"卖国贼"。

然而，争论的喧闹很快平息，没有回声；意大利历史认识未因此次辩论获得丝毫成果。一切恢复原状。

确实，当过去人们面对此问题时，早就有人提出此问题的解决办法：即意大利历史的统一性始于1860年，始于意大利国家的建立，这个国家包括地理边界内的所有居民或几乎所有居民。但这样解决如此简单和明确，以致带有嘲讽意味，可能实际上包含嘲讽因素。为什么？人们想说，一直被承认并无数次被重复：意大利晚几个世纪才形成统一国家，因此其历史叙述不具有法国史、西班牙史或英国史的进程，很久以前它们在同一民族和地域范围内克服了分散主义政治形态多样性和对立。人们不断指出在上千年中出现统一的愿望、呼吁、规划，但实际上根本不存在，说得更精确些，

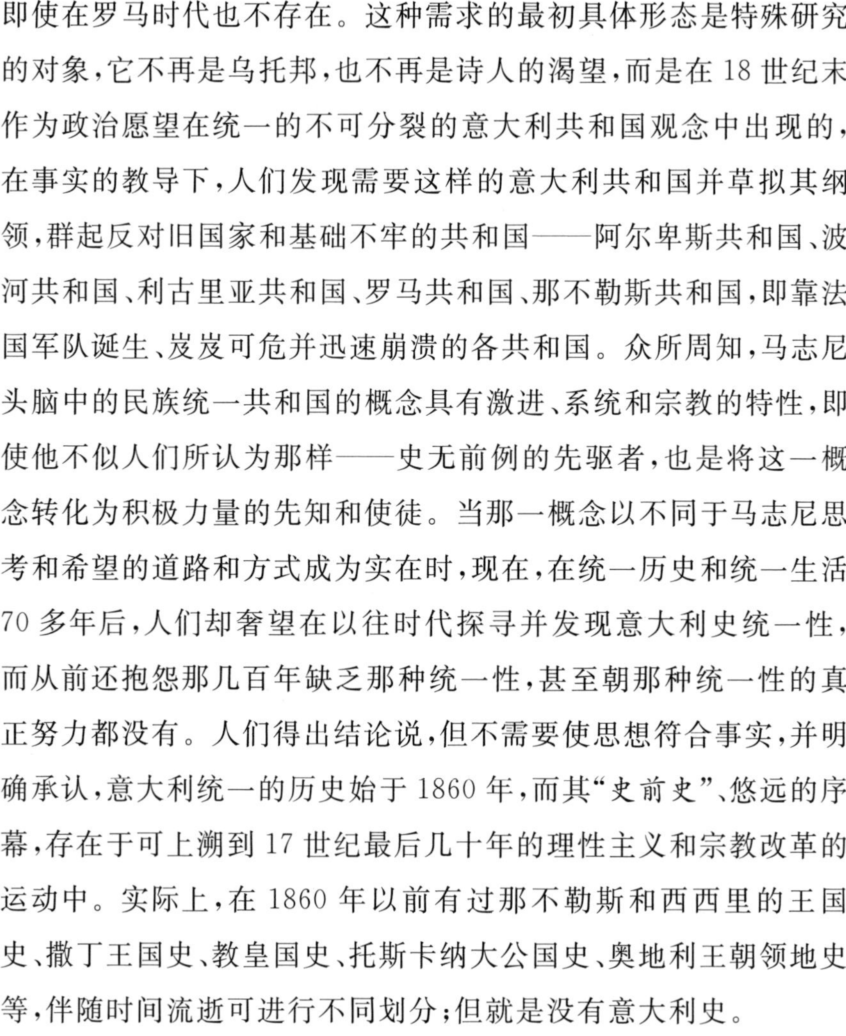

即使在罗马时代也不存在。这种需求的最初具体形态是特殊研究的对象，它不再是乌托邦，也不再是诗人的渴望，而是在18世纪末作为政治愿望在统一的不可分裂的意大利共和国观念中出现的，在事实的教导下，人们发现需要这样的意大利共和国并草拟其纲领，群起反对旧国家和基础不牢的共和国——阿尔卑斯共和国、波河共和国、利古里亚共和国、罗马共和国、那不勒斯共和国，即靠法国军队诞生、岌岌可危并迅速崩溃的各共和国。众所周知，马志尼头脑中的民族统一共和国的概念具有激进、系统和宗教的特性，即使他不似人们所认为那样——史无前例的先驱者，也是将这一概念转化为积极力量的先知和使徒。当那一概念以不同于马志尼思考和希望的道路和方式成为实在时，现在，在统一历史和统一生活70多年后，人们却奢望在以往时代探寻并发现意大利史统一性，而从前还抱怨那几百年缺乏那种统一性，甚至朝那种统一性的真正努力都没有。人们得出结论说，但不需要使思想符合事实，并明确承认，意大利统一的历史始于1860年，而其“史前史”、悠远的序幕，存在于可上溯到17世纪最后几十年的理性主义和宗教改革的运动中。实际上，在1860年以前有过那不勒斯和西西里的王国史、撒丁王国史、教皇国史、托斯卡纳大公国史、奥地利王朝领地史等，伴随时间流逝可进行不同划分；但就是没有意大利史。

自然，当宣示这一明确和无可辩驳的命题时，提及只引起此问题的政治史，由于“意大利”（正如“法国”、“英国”、“德国”等）当未理解为外在地理限定时，是个政治概念，而不能是其他概念。我们没有提及（提及也不合法）其他历史——“道德史”、“宗教史”、“哲学史”、“科学史”、“诗歌史”、“艺术史”，尽管现在它们十分流行，极易发现它们是不合法的或缺少意义。谁若未被纯粹出于文献或图书馆分类的实际原因而使用的名称所欺骗(从不同民族摘取名称,再提及那些历史),就会发现并承认,那些其他历史不再涉及民族问题,而是关系到人类普遍问题,其主角或作者可以是意大利人、法国人、英国人和德国人,但不是意大利人、法国人、英国人和德国人,而是作为纯粹的人,他们超越边界、民族利益和严格意义上的政治利益活动,他们创造艺术、哲学和宗教。于是,在意大利民族的宗教史中,交织着超验信仰和内在论观念的动因,正如在其他民族的宗教史中一样;“基督徒”、“天主教徒”、“理性主义者”肯定不是“意大利人”的同义词。同样,在意大利哲学史中,相继出现客观主义和主观主义、自然主义和唯灵论、逻辑主义和直觉主义等等,都从自己的对立面中汲取力量并完成进步;在意大利诗歌史和艺术史中,存在个人风格的无限差异性,但所有人都消融在唯一美中,诗人和艺术家并不仅仅或永远在自己同胞中拥有同类或类似心灵,但丁同荷马及莎士比亚的联系胜过同彼特拉克的联系,阿里奥斯托同歌德的联系胜过同塔索的联系,莱奥帕尔迪同维尼的联系胜过同曼佐尼的联系。若人们所说的意大利统一性,不得不到国家政治统一之外寻找,就必须通过 1860 年以后的意大利精神生活来肯定这种统一性,正如众所周知,在意大利精神生活中也活跃着欧洲和世界精神生活的相同思潮——自由主义和社会主义和行动主义、民主主义和专制主义、理性主义和信仰主义、实证主义和唯心主义,在这里正如处处、人人可以遇到艺术家,诗人、演说家和作家,他们竭力不使自己丧失知性和心灵,还可以遇到江湖骗子和颓废派四分五裂的灵魂。由于这些原因,断言意大利文化史或精

神史的统一性不在意大利而在全人类，不能认为有效地反驳意大利历史统一性始于1860年的论点。

然而，人们最终被类似异议和要求催促后，确信(已说过的反对这些异议的)一个明显真理，即不满足的情感使他们发现的真理：问题并未因这一切而消逝；没有深入、准确表达的另一问题仍然存在，它是前一问题的真正渊源；看来一个表面错误掩盖了一个更内在更广泛的问题，此问题超越意大利历史的特殊情况，对此问题的考察就从这里开始。

在意大利历史中要求的统一性，若不是“事实”的统一性又是什么呢？这种统一性本身就可能是一个事实，因此一个特殊事实(由于其他事实若不是特殊的就不存在)也可能产生其他事实，并自身提供对其他事实的解释。若一个给予其他事实统一性并产生其他事实的特殊事实，代替由共同精神、理念原则产生的所有存在物，它就会是某种自相矛盾的东西，那种已误入歧途的需求难道不会导致荒谬的徒劳无益的努力吗？那么满足这种需求的正常和合法的途径是什么呢？

所有人通常都在系统收集事实材料和撰写事实历史之间加以区分；人人常说前种工作只是后种工作的准备。但并非人人懂得后种工作不再是前种工作在同一层面上的继续和深加工、相同方法的强化，而是心灵与头脑的彻底改变、某种内在的发展和适应，两者之间的差异就像士兵列队接受检阅同士兵投入战斗并赢得胜利的差别，或说得更确切些，好像在词典中排列词汇和创作诗歌之间的差别。收集文献或收集根据文献确证的事实是文献学家和博学者的工作；而历史学家的工作要求拥有在博学者(作为博学者)

那里没有的条件和天赋。

实际上，没有道德的、政治的、哲学的、宗教的、艺术的激情，可以很好地（通常精心地完美地）产生文献和事实的研究者、收集者、修订者和确证者的工作；但不会撰写出哪怕一页伦理的、政治的、哲学的、宗教的、艺术的历史。只有那种激情，在产生一种需求时，才促进思维，而思维又把那种需求转化为理论问题，在同一行动中做出历史断言、撰写历史，也就解决了问题。任何真正的历史著作的热忱和活力都源于此，从而同博学作品具有或不得不具有的编目般的冷漠大相径庭。博学者为事实探寻事实，而历史学家探寻事实，因为事实为他澄清内心情势、平息心灵的苦闷。历史学的持续更新也源于此，根据表面看似相同的材料撰写常新的历史，实际上那些材料被常新的情感和思维转化为不同的材料，新情感和新思维让那些材料重新沸腾并让它们呈现出新形态。

在历史的此种永恒起源（其材料存在于激情的阵痛，其形态存在于道德问题的提出与解决）中，存在唯一统一性，即思维本身统一性：思维既区分又统一，它把特殊事实带至普遍，又在普遍的特殊表现中沉思普遍。根据道德需要和随后产生的问题，看似非常陌生和遥远的事实被那个问题联系起来、发生关系；那些看似非常接近和相似的事实被不同问题或不同性质问题区分和分开。要求存在于特殊事实的事实统一性、“在事实中”的统一性，不仅不能提出，甚至不能不怀疑其可能性，因为统一性意识完全靠不断发展的思维进程的逻辑性和连贯性满足，即靠其统一性满足。

然而，这种要求和对相关研究的焦虑却在文献学家和博学家的精神中出现并被反复思考，当他们面对一系列有待收集的事实时，他们想入非非地要浓缩、塑造那些事实并使它们生气勃勃，同时把历史具体工作的辩证性和悲剧性的过程印在其著作的目录上。但这符合我们给文献学、博学及其作用所下的定义，由于文献学家和博学家缺乏政治的、道德的、哲学的、宗教的、艺术的或任何其他的激情的催促，比如解决问题的分析与综合及思维建构，相反他们通常天真地相信：事实的实在性存在于那种外在性和物质性中，似乎那种外在性和物质性是事实的客观性与实证性。然而，实证性与客观性、即外在性与物质性，还应是在统一关系中把事实紧密结合的另一种联系，正是事实促使探寻那种联系：真正历史学家只在自身探寻的那种联系，因为在其行动本身，在其历史学家的思维中就拥有那种联系。而博学者要探寻不合逻辑的东西何等艰难！其意图何等可怜！其成果多么微小！围绕虚无的争吵多么乏味！

纯粹文人和诗人的关系同上述情况完全吻合：纯粹文人同诗人相比，对词汇和其他述说形式既有认识又有实践；当然诗人也是文人，也拥有艺术传统的经验和实践，但作为诗人，只因独特才华使他产生诗歌创作动因，并将传统的词汇和联系重构，从中提炼出新词汇和新形式。对诗人无需提出赋予那些词汇和形式的统一性问题，因为对他来说，统一性就是那种动因本身，动因是统一的，恰恰为此他才诞生、生活并表现其世界。而文人由于已说过的那种认识和实践，没有灵感、没有想象力、没有活跃的上帝，在写诗前预先确定内容，促使他探寻某些东西，围绕它可以聚集那些拥有的形式，他不是在自己的心灵中、而是在外在于活诗歌的形式中、在他（正如常言所说，根据实际目的并基于特定要素冷漠地或机械地）建构的表现中，重新发现那种东西；他以这种方式揭示死东西的死统一性。同文人一样，对诗歌鉴赏力和理解力均不佳的批评家致力于令人失望的研究，并就史诗统一性展开永无休止的争论，比如争论《埃涅阿斯纪》、《疯狂的罗兰》、《被解放的耶路撒冷》的统一性，是在这一或那一行动中、是在这一或那一人物中、是在这一或那一概念中、是在这一或那一目的中。为使相反理念强大而必须发奋努力（还需要做出其他努力）：在诗歌中只有诗人精神这种统一性、即诗歌的有效存在，若在作品中还残留未在那种精神中化解的东西，则是残缺不全部分或外在东西或结构性、约定性的简单要素。近代诗歌批判已经或正在摆脱关于史诗在"事实"或材料中的统一性的争论，而历史学及其理论和批判尚未发生此种情况。

我可以列举许多随意并勉强的历史联系的例证，都是被文献学家不幸发现的；但我仅限于开始的问题，只举一个例证，我从最近提供意大利古老历史统一性的建议性观念中拈来：一种联系，被欢呼雀跃地发现，"是解释意大利文明形成和历经艰险得以拯救的主线"，它"确定意大利历史的稳定性"，它就是"城市体系完全独特的结构，在意大利所有地区几乎同一"。现在（这荒谬的断言不堪一击，意大利各地区城市公社发展的差异性，尤其是西西里和那不勒斯的王国同托斯卡纳和伦巴第相比的差异性，以及同欧洲其他国家发展的相似性，都在批驳此断言），无须过多论证就可理解：司法制度的抽象形式，无论它多么稳定和持久，都不能"解释"人类精神所有力量活动其中、并在普遍史的丰富性中通过国际行动与反行动实现的进程。以致值得回顾过去时兴一时的解释，这种解释使一个民族的历史由国家的自然地形决定，那不勒斯历史由装饰其海湾的维苏威火山决定，或者伊比利亚半岛历史由频繁地震决定:仿佛(黑格尔在他那个时代说过)当柏拉图在进行哲学思维时,索福克勒斯在撰写其悲剧,伯里克利在搞政治,现在他们都不在了,土耳其人躺着吞云吐雾吧!

这些苦思冥想的货色至少被作者本人欣赏,仿佛它们是光明携带者去驱散一个民族历史的全部黑暗,还被对“真理猴子”(所谓天才)不反感厌烦者赞誉为杰作!但实际上,它们未使严肃的历史认识前进半步;正如它们确实未使对埃特鲁里亚人的政治和叙拉古暴君狄奥尼修斯的政治所做的意大利—民族的解释前进半步,在公元前4世纪狄奥尼修斯“驱使其战无不胜的军队直至安科纳、阿德里亚和伊利里亚海岸并统治那里”,“已经表现出统一半岛的强烈愿望”;其他类似解释也是如此。然而,即使我们不欢迎这些礼物——修辞鲜花,却可以对优秀语文学家持宽容态度,他们这样做旨在想象提高思想并幻想提高自己的尊严,他们不满足于(人们很少对自己职业感到满意,而不野心勃勃地尝试从事另一种职业)在低微但崇高的研究领域里拥有的尊严:这类似于对许多其他小虚荣和人类弱点所采取的宽容态度,还伴随某种不急不躁的冷漠态度。此外,当考察其他民族历史时,正如可用丰富例证证明,这方面已犯错,在特洛伊城墙内外、在意大利内和意大利外正在犯错,而且城外并不比城内好些,甚至比城内更甚。在博学者、文人和一般书写者中,很多人抵抗不住做本民族谄媚者,从而轻易获得认同与赞誉的诱惑。

然而,对待这种错误的“事实中”统一性的其他形式,应坚决采取更具战斗性的立场,那些其他形式具有历史、批判和科学的外观,实际上是伪装成理论和真理的实际政治立场和倾向。此外,区

分两种不同性质的伪装(伪装后面是利益真相)非常重要,根据伪装掩盖的利益进行区分:一些利益拥有自己权利并符合伦理要求,相反另一些利益危害社会而应该谴责。在前种情况下,只需捍卫批判性真理,反对同行动理想混淆以危害此真理;在后种情况下,还要反对虚假理想以捍卫理想本身,因此是双重批判。

意大利历史统一性问题也可提供前种情况的例证,虽然现在的辩论者因缺乏史学史的知识,认为这是全新的或几乎由他们提出的问题,然而却是相当陈旧的问题,早在一百多年前、在民族复兴运动时代,就欢庆过自己的走运。那时人们急不可耐地发问:意大利历史的统一性是什么?那时人们把意大利史同罗马史清晰地区分开,一方面上溯到被罗马战胜和压迫的前罗马民族,把前罗马民族史作为意大利史的起源,另一方面伴随日耳曼人和野蛮人的要素在本土人和平民中化解的过程,认为一个新民族和新历史从中世纪开始。对陈旧论战的迟到反响和无觉察的更新,有待考察在1860年后出现的某些理论,它们不想把罗马建立和罗马以前文明作为意大利史起点,而想把使格拉古兄弟成为代表和保民官并导致社会战争的需求作为起点;或许还要考察维拉莫维茨[①]最后一次或后期一次讲座中论述的观点,即把西库里人[②]、意大利奥蒂人[③]、马尔希人[④]、佩利尼人[⑤]的"古意大利史"同罗马史相对比,认

① 维拉莫维茨(1848—1931年),德国古典学者和教师。——译者

② 公元前8世纪西西里岛上的土著人。——译者

③ 约公元前8—前4世纪,希腊在意大利南部所建殖民地的居民。——译者

④ 居住在费齐诺湖畔的古意大利人。——译者

⑤ 居住在东亚平宁半岛的古意大利人。——译者

为“古意大利史”比罗马史少些普遍性，但更丰富多彩，并构成意大利民族的中世纪史和近代史的基础。然而，在这种人们强烈希望并实施的意大利史同罗马史的决裂中，罗马史当时面对的恶感和严肃态度（不承认它是“意大利母亲”）中，强调罗马精神传统的严酷性、探寻并记起罗马人可恶的贪婪本性和掠夺行径（而以前只看到他们披着英武的披风）中，实际存在什么呢？存在需要意大利社会崛起，让意大利民族获得自我意识，作为基督教民族和近代民族，同其他民族一起做近代文明的促进者和竞争者；需要靠吹嘘悠远外在的过去阻止近代文明，那些耶稣会士乐于让这类吹嘘回荡在他们学校，仿佛为脱离现实，在浮夸想象中欺骗心灵并让心灵呆滞。

同样，在紧随上一问题的更加特殊的问题、即决定未来的意大利史（非罗马史）关键问题中，主张关键在教皇国、颂扬城市公社反对帝国和吉伯林派[①]思想的运动的观点想说什么呢？那是称作“新归尔甫派[②]”、天主教自由派的政党和学派的观念，他们要求议会制度和如此革新的意大利小国的联邦，期待从意大利国土清除日益残酷的奥地利统治，希望紧紧围绕一个自由主义的民族的教会国积聚力量。相反，另一称作“吉伯林派”的历史学派，把意大利史主线从卢特普兰德[③]和伦巴族[④]后几位国王同教皇国的对抗扩

① 中世纪拥护世俗统治反对教皇的政治派别。——译者

② 归尔甫派是中世纪拥护教皇统治的政治派别。——译者

③ 卢特普兰德（？—744年），伦巴第国王，曾领兵攻占教皇国4座城市。——译者

④ 公元6—8世纪居住在北意大利的日耳曼民族。——译者

展到日耳曼皇帝、尤其意大利化的霍亨斯陶芬王朝的皇帝，逐渐扩展到马基雅维利、加诺内[1]和其他政治家的思想；此学派打着历史的招牌，展开世俗主义、理性主义和激进主义反对温和派妥协和空想的论战。这两个学派都未因历史批判而消逝，而是因加富尔和加里波第的行动、1859 年和 1860 年的事件才销声匿迹；在那些事件之后，他们的代表仍试图按那些观念推理，仿佛是终结时代的遗老，以致不得不沉默不语或改变话题。

然而，现在人们怀着“虔诚”情感注视那些不是真正历史的历史，因为在那类著作中，借助想象和暧昧，民族复兴运动的崇高斗争相互冲突，其自相矛盾令人信服，使调解、调和及克服它们成为可能。一个社会政治行为产生神话并使神话更神奇，把神话变成其工具；不能阻止这一完全自发的过程表现，中断或消灭此过程将徒劳无益。只要在思维领域勿将神话错当成历史足矣，思维没有令战士迷醉的功能，其功能是让真理意识清晰，而真理意识是一切价值行为的基础。

然而，在后种情况下，神话并未给形形色色确定理想披上人类文明外衣，相反却孕育非人道的最低本能、专横、暴力、破坏、野蛮和反历史；靠这些情感，神话把各民族历史统一在混乱的想象中。由于上述本能属于人的低级部分，未受高级部分制约和引导，仍处于凶残的动物性与兽性，不要大惊小怪：最终统一要素从历史事实移至自然事实，民族性（它是历史）变成“民族主义”（已是历史的僵

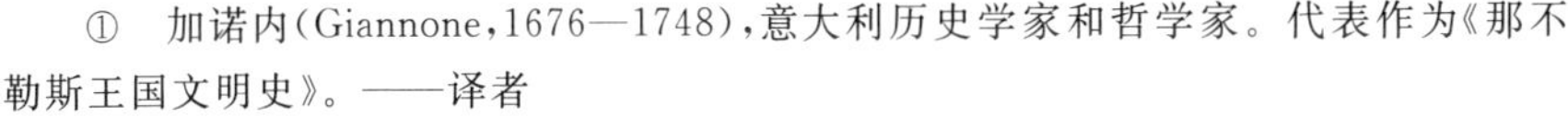

① 加诺内（Giannone，1676—1748），意大利历史学家和哲学家。代表作为《那不勒斯王国文明史》。——译者

化），并过渡到“种族主义”（终于走出历史，正如妙语所言，进入动物学）。这最后的过渡在意大利确实没有实现，还有现在称作极权主义、帝国主义或行动主义的暧昧理想更乐于恢复、修饰和表现被民族复兴运动推翻的罗马偶像：永远是人类文明的伟大行动和伟大传统的罗马；若没有包含充分人道、则高超地表现其称作法律与公正面貌的罗马。但在其他民族那里，这种过渡实现了；其他民族历史统一性、想象和不可思议的统一性，被露骨地置于“种族”，“种族”现在已成为历史学家、哲学家和生理学家坚持不懈研究的对象，其中多数人毛遂自荐用自己理论化货色为抓住暴力并执掌政权者效劳。关于这点，我不做其他补充；因为，今天种族主义若解释疯狂的迅猛异常，并非不具有力量，但绝非健康和巩固的力量，它到处遭到反抗和谴责。

在回顾由我陈述的目前意大利史学的问题时，我记起其他民族的民族史学，我一次次地在头脑中惊奇地对它们说：“流传着关于你的故事”；在头脑里，并未远离我已限定的论题范围。其他人若愿意，在法国、英国、德国的历史中，能够发现同一或类似的、更谨慎或更大胆的，甚至冒险和发狂的、关于（被错误探寻并被置于“事实”）统一性的论断。无论如何，对于一切历史，健康之路只有一条：不要相信其他统一性，只相信批判思维提出的问题本身同其解决（批判思维通过解决回答问题）的统一性。在诗歌中是这样，在历史中也是这样。

语义学札记

“历史”与“历史学”

词汇“历史”在意大利语和其他语言中用法混乱，含义有“历史思维”、*历史事实*，含义还有“行为”和“事实”，*史实*，（在希罗多德那里，是证明及其对象——*被创造物*），从而引起频繁争吵，甚至学说上的诡辩。本书尽可能严格区分学术术语，通过区分“历史学”和“历史”，避免上述混乱，但不是永远如此，为了不沾染咬文嚼字的学究气，有时更乐于信赖顿悟和读者的良好愿望。在意大利语中可发现一种倾向，即使含糊不清、摇摆不定，把“istoria”（叙事）同“storia”[①]（叙述的事实）加以区分；80 年前在托斯卡纳就此展开的讨论中，有人建议要接受、巩固并提高到固定标准用法（有关消息，请阅《批判》第 31 期第 480 页）。阿道尔弗·巴尔托利当时就提出异议：区别太小，因为“istoria”上的“i”具有纯粹语音原因；说实话，这对人们要达到的目的并不重要，此外也不精确，因为“istoria”、叙事，通过研究可认识到它涉及观念和形态的相同词根，正

① 意大利语词汇“storia”和“istoria”的基本含义都是历史；而词汇“storiografia”的含义是历史学。——译者

如所有语言学家所承认那样(请看利德尔—斯科特、博伊萨克等),尽管一种形式同其他形式之间的苦涩精神和甜蜜精神的对立,已被思考并做出形形色色的解释(请阅索默尔,《希腊语音调研究》,斯特拉斯堡,1905 年,第 119—121 页;还请对照米勒,《论历史词汇与概念》,见《记忆女神》,基督出版社,第 54 卷,第 234—257 页)。然而,虽然"istoria"和"storia"优雅地解决术语疑义,我供认:为这一语言学革新承担责任,我缺乏勇气。这种革新可以通过其他途径并靠其他保护人来实现。

人名对照表

Acton 阿克顿
Adams 阿达姆斯
Agostino 奥古斯丁
Albino 阿尔比诺
Alcibiade 亚西比德
Alessandro 亚历山大
Alessandro Ⅵ 亚历山大六世
Alfieri V. 阿尔菲艾里
Annunzio (d') G. 邓南遮
Ariosto 阿里奥斯托
Aristotele 亚里士多德
Attila 阿提拉

Bacone 培根
Baggesen 巴格森
Balbo C. 巴尔博
Balduino F. 巴杜伊诺
Balzac 巴尔扎克
Bartoli A. 巴尔托利
Bayle P. 培尔
Becque H. 贝克,亨利
Bentham 边沁
Bergson 柏格森
Bernheim 伯恩海姆
Bernini 贝尔尼尼
Bismark 俾斯麦
Blackwell 布莱克韦尔
Blanc L. 勃朗
Boiardo 博亚尔多
Boisacq 博伊萨克
Borgia G. 博尔贾,切萨雷
Bossuet 波舒哀
Bourget P. 布尔热
Bruno G. 布鲁诺
Bruto 布鲁图
Buckle 巴克尔
Burckhardt 布克哈特
Burke 伯克
Byron 拜伦

Campanella 康帕内拉
Capponi G. 卡波尼
Carducci 卡尔杜齐
Carlo 卡尔洛
Carlo Ⅳ 查理四世
Carlyle 卡莱尔

Cartesio 笛卡儿
Casanova 卡萨诺瓦
Cassirer E. 卡西勒
Catone 加图
Cavour 加富尔
Cervantes 塞万提斯
Cesare 恺撒
Chamberlain H. 张伯伦
Cicerone 西塞罗
Cola di Rienzo 科拉·迪·利恩佐
Colombo 哥伦布
Commodo 孔德茂
Comte 孔德
Condillac 孔狄亚克
Condorcet 孔多塞
Constant 贡斯当
Copernico 哥白尼
Cosimo de'Medici 科西莫·迪·梅迪奇
Courier P. L. 库里埃
Cousin 库辛
Cromwell 克伦威尔

Dahlmann 达尔曼
Dandin ,Giorgio 丹丁,乔治
Daniele 但以理
Dante 但丁
Danton 丹东
Darwin 达尔文
Dilthey 狄尔泰
Dionigi 狄奥尼修斯
Dove 多维
Droysen 德罗伊森
Dubarry 杜巴里夫人

Eduardo Ⅲ 爱德华三世
Erasmo 爱拉斯谟
Erodoto 希罗多德
Esdra 以斯拉

Falier M. 法列尔
Federico Ⅱ 腓特烈二世
Federico Guglielmo Ⅰ 威廉一世
Federico Guglielmo Ⅵ 威廉六世
Ferguson 弗格森
Ferruccio F. 费鲁齐奥
Fichte 费希特
Ficino 费契诺
Filippo 腓力(马其顿)
Filippo Ⅱ 腓力二世(西班牙)
Flaubert 福楼拜
Flavio Volpisco 弗拉维奥·沃彼斯科
Fonseca (de) P. Eleonora 冯塞卡,德·爱莱奥诺拉
Foccolo 福斯科洛
Fourier 傅立叶
Freeman 弗里曼
Froissar 傅华萨

Galeno 加林
Galiani 加里亚尼
Galileo 伽利略
Garibaldi 加里波第
Gervinus 格维努斯
Giannone 加诺内
Gibbon 吉本
Giesebrecht 吉泽布雷赫
Goethe 歌德
Gottl-Ottlilienferd 戈特尔—奥蒂里连费尔德
Gracchi 格拉古兄弟
Grote 格罗特
Guglia E. 古里亚
Guicciardini 奎恰迪尼
Guizot 基佐

Haering T. L. 海林
Haller 哈勒
Hartmann E. 哈特曼
Hazard P. 哈扎尔德
Hegel 黑格尔
Heine 海涅
Herbart 赫尔巴特
Herder 赫尔德
Herr L. 黑尔
Heussi 豪斯
Hirsch 希尔施
Humboldt 洪堡
Hume 休谟

Janssen 杨森
Jessop T. E. 杰索普
Jhering 杰赫林

Kaegi 卡艾吉
Kant 康德
Kierkegaard 克尔恺郭尔
Köpke 科普克

Lamprecht K. 兰普雷茨
Layard 莱亚德
Leibniz 莱布尼茨
Lemaître 勒梅特
Leo 列奥
Leone Ⅹ 列昂十世
Leopardi G. 莱奥帕尔迪
Lessing 莱辛
Liddell H. G. 利德尔
Linneo 林奈
Liutprando 卢特普兰德
Lorenz O. 洛伦兹
Löwith K. 勒维特
Lucrezia 卢克莱契亚
Lucrezio 卢克莱修
Luigi XIV 路易十四
Luigi XVI 路易十六
Lutero 路德

Macaulay 麦考利
Machiavelli 马基雅维利

Maistre J. 迈斯特尔
Manzoni 曼佐尼
Maramaldo 马拉马尔托
Marcel É. 马赛
Marco Aurelio 马可・奥勒留
Maria Antonietta 马利亚・安东涅塔
Maria Stuarda 玛丽・斯图亚特
Martin 马丁
Marx 马克思
Marx R. 马克斯
Max Ⅱ 马克西米连二世
Mazzini 马志尼
Meinecke F. 迈内克
Menger C. 门格尔
Mérimée P. 梅里美
Michelet 米什莱
Mignet 米涅
Mommsen 蒙森
Montaigne 蒙田
Montesquieu 孟德斯鸠
Möser 默泽尔
Müller F. 米勒
Muratori 穆拉托利
Muzio Scevola 穆齐奥・谢沃拉

Nabuccodonosor Ⅱ 尼布甲尼撒二世
Napoleone B. 拿破仑
Napoleone Ⅲ 拿破仑三世
Nicola Ⅰ 尼古拉一世
Niebuhr 尼布尔
Nietzsche 尼采

Oersted 奥斯忒
Oken 奥肯
Omero 荷马
Omodeo A. 奥莫德欧
Orazio 贺拉斯
Owen 欧文

Paolo 保罗
Percy 帕西
Pericle 伯里克利
Pertinace 佩提纳克斯
Petrarca 彼特拉克
Pico della Mirandola 彼科・德拉・米兰多拉
Pio Ⅴ 庇护五世
Platone 柏拉图
Plutarco 普鲁塔克
Polibio 波利比奥斯
Pompadour 蓬巴杜夫人
Pompeo 庞培
Pulci 浦尔契

Racine 拉辛
Raffaello 拉斐尔
Ranke 兰克
Rembrandt 伦伯朗
Renan 勒南

Renouvier 勒努维耶
Riccardo Ⅲ　理查三世
Rickert 李凯尔特
Riehl 里尔
Roberto d'Angiò　罗贝尔托
Robertson 罗伯逊
Robespierre 罗伯斯庇尔
Roland 罗兰夫人
Romolo 罗慕洛
Rotteck 罗泰克
Rousseau 卢梭

Samuele 撒母耳
Sanctis (de) F. 德·桑克蒂斯
Saul 扫罗
Savonarola 萨沃纳罗拉
Schaumann 沙乌曼
Schelling 谢林
Schlegel F. 施莱格尔
Schönfeld W. 舍菲尔德
Schopenhauer 叔本华
Schulenburg (von) W. 舒伦堡
Scott R. 斯科特
Segni B. 塞尼
Severo 塞维鲁
Shaftesbury 沙夫茨伯里
Shakespeare 莎士比亚
Sismondi 西斯蒙第
Socino 索齐尼
Socrate 苏格拉底
Sofocle 索福克勒斯
Sommer F. 索默尔
Spencer H. 斯宾塞
Spengler 施本格勒
Stendhal 司汤达
Stewart Dugald 斯图尔特
Sybel 济贝尔

Taine 泰纳
Talma 塔尔马
Tasso 塔索
Thiers 梯也尔
Tito Livio 李维
Tocqueville 托克维尔
Tolstoi 托尔斯泰
Tommaso d'Aquino 托马斯·阿奎那
Tosti L. 托斯蒂
Travaglini V. 特拉瓦里尼亚
Treitschke 特赖奇克
Troeltsch 特勒尔奇
Troya C. 特罗亚
Tucidide 修昔底德
Turgot 杜尔哥

Valla L. 瓦拉
Vertot 韦尔托
Vico 维科
Vigny A. 维尼
Virgilio 维吉尔

Voltaire 伏尔泰

Walser 瓦尔泽
Wilamowitz 维拉莫维茨
Wilmans 维尔曼斯
Winckelmann 温克尔曼
Windelband 文德尔班
Wolf 沃尔夫
Wood 伍德

Zola 左拉

克罗齐生平著作年表

1866 年

2 月 25 日，贝内德托·克罗齐(Benedetto Croce)出生在拉奎拉的贝斯卡塞罗里的名门望族。祖父贝内德托·克罗齐是那不勒斯大学法律系毕业生，后任波旁王朝大法官。父亲帕斯卡莱·克罗齐是个富有的资产者。母亲路易莎·希帕莉是个很有文化教养的妇女。克罗齐受家庭尤其是母亲的影响很大。后来他回忆道："我的家庭为我树立了和睦、井井有条和勤劳不懈的榜样：父亲整日关在书房里，处理着公文；母亲起得最早，天刚破晓就东奔西忙，帮女仆料理家务。"

1875—1883 年

入那不勒斯"上帝之爱"公学学习。在整个童年时代，表现出重视和酷爱历史和文学的倾向。在公学的最后三年，其宗教信仰发生动摇；像患了脏病，在家注意掩饰，对朋友耻于启口。上高中时，就到那不勒斯大学听堂叔贝尔特兰多·斯帕文塔讲授的黑格尔逻辑学。1882 年 9—11 月，撰写文学批评文章，发表在《意见》杂志文学副刊上。此时，反复阅读意大利文学批评家德·桑克蒂斯和诗人卡尔杜齐的作品。

1883 年 7 月 28 日，正值他同家人在伊斯基亚岛上度假，突发的地震夺去双亲和姐姐的生命。他被埋于瓦砾之中，受了重伤，使腿致残。这场灾难之后，移居罗马堂叔西尔维奥·斯帕文塔（著名自由派政治家）家，堂叔成了克罗齐及弟弟的监护人。

1883 年

罗马居住前期，是其一生最痛苦、灰暗的时期。失去亲人、前途未卜、郁郁寡欢，使他对生活失去信心，常常夜晚蒙头大睡，清晨不起，甚至萌生过自杀的念头。其后克服了精神危机，到罗马大学法律系学习。

1884 年

1—2 月，结识罗马大学教授安东尼奥·拉布里奥拉。他对拉布里奥拉讲授的赫尔巴特伦理学十分感兴趣："那些课程以理性形式恢复了我对生活的信心，对生活目的和责任的信仰"。他在罗马大学并不专注听课，也不参加考试，而是经常去图书馆博览群书，研究自己喜欢的题目。

1886 年

移居那不勒斯。开始出入文艺沙龙。

1887—1892 年

赴德、奥、法、荷、西、葡六国考察。开始从事历史研究。1892 年完成《1799 年的那不勒斯革命》、《那不勒斯的历史与传说》、《巴罗克时代的意大利》、《从文艺复兴至十八世纪末那不勒斯戏剧》等著作。

1892 年

4 月，在《那不勒斯邮报》编辑部结识诗人卡尔杜齐。首次也是唯一一次会见作家邓南遮。

1893 年

论文《艺术普遍概念下的历史》发表。

1895 年

论文《文学批评及其在意大利的条件》、《关于文学批评》发表。拉布里奥拉将《论〈共产党宣言〉》手稿寄给他,他自费出版该书。中止历史研究,致力于经济学研究。为索列尔主编的《社会变化》杂志撰写系列论文,阐述对马克思主义的理解。

1896 年

5 月 3 日,在彭塔亚纳学院宣读论文《论历史唯物主义的科学形式》。社会党机关报《前进报》创刊,在赞助者名单上列有克罗齐。在反实证主义的斗争中,结识比萨师范学院学生金蒂莱,并开始合作关系。

1897 年

发表论文《对一些马克思主义概念的解释与批判》。参加关于"马克思主义危机"的辩论,批判"马克思的历史概念与经济概念"。

1898 年

8 月,致函帕累托谴责米兰法庭对社会党领袖屠拉蒂及其他社会党人的起诉。其后,在复活节期间,给屠拉蒂寄贺卡,被当局扣押,为此在那不勒斯《晨报》上刊登抗议书。

1899 年

在佩鲁贾结识德国语文学家卡尔·沃斯勒。

1900 年

在彭塔亚纳学院学报上发表论文《作为表现科学和普通语言学的美学概念》。

1901 年

结识普利亚年轻的出版家拉泰尔扎。担任那不勒斯市政府公共教育专员。

1902 年

4 月,《作为表现科学和普通语言学的美学》(《精神哲学》第一卷)出版。

11 月,宣布创办文史哲杂志《批判》。

1903 年

1 月 20 日,《批判》杂志创刊。确定办刊宗旨,首先介绍意大利近代文化成果,由金蒂莱研究 1850 年以后的意大利哲学史,由克罗齐研究同期的文学史。在《批判》杂志编辑部的勤奋工作,使他心境平和、精神愉快。同时还积极从事政治活动,担任人民陪审员。他在致友人的信中说:"当你面对着贫困与人的腐败,当你因自己的言词而将人判以重刑,你就能理解托尔斯泰。而当你看到一个个证人登场亮相,倾听一个个律师慷慨激昂的辩护词时,就会像维科一样,不再相信历史的真实性。"

1905 年

4 月,在彭塔尼亚学院学报上发表《作为纯概念科学的逻辑学概要》。

1906 年

随着《批判》杂志的发行,克罗齐重视对欧洲哲学思潮的介绍和本国文化遗产的挖掘。先后编辑出版四套丛书:《现代文化书库》、《现代哲学经典》、《意大利作家丛书》和《外国作家丛书》。克罗齐的《黑格尔哲学中的活东西和死东西》出版。

1907 年

翻译并出版黑格尔的《哲学全书》。在彭塔尼亚学院学报发表《将法哲学复归经济哲学》。文德尔班邀请克罗齐参加哲学大会。

1908 年

参加在海德堡召开的哲学大会,宣读报告《艺术直觉的抒情性》。《作为表现科学和一般语言学的美学》修订版出版,删除自然主义和康德主义的残余影响。《实践哲学——经济学与伦理学》(《精神哲学》第二卷)出版。

1909 年

《作为纯概念科学的逻辑学》(《精神哲学》第三卷)出版,这是论文《作为纯概念科学的逻辑学概要》的扩展与深化。发表小册子《金蒂莱事件与意大利大学的耻辱》,抗议那不勒斯大学拒绝让金蒂莱任哲学史教授。

1910 年

1 月 26 日,任意大利王国参议员。

1911 年

专著《维科的哲学》和《美学论文集》出版。

1912 年

在彭塔亚纳学院学报上发表关于历史理论的首批论文。

1913 年

《美学纲要》出版。多年的生活伴侣安杰莉卡去世,克罗齐十分悲痛,他在致友人的信中说:“请允许我思念她,她是那么善良;思念她,在这痛苦的时刻:我肝肠寸断、寝食不安。我们不能仅靠对人与物的爱活着,我们应相爱并结合,但要准备好不因分离而跌倒。为了不跌倒，只有弘扬自身的人生责任感。否则还会有什么呢？可耻的自杀和卑劣的癫狂。”在《呼声》杂志上发表《哲学家朋友间的争论》，将同金蒂莱的分歧公开化。

1914 年

3 月 7 日，同罗希结婚。她是位都灵大学生，1913 年为准备毕业论文来那不勒斯请克罗齐指导。他们育有一男四女(男孩因患肺炎在襁褓中夭折)。

1914—1915 年

在关于第一次世界大战意大利是否参战的争论中，站在“中立主义者”一边，反对“干涉主义者”。

1915 年

《历史学的理论和历史》(《精神哲学》第四卷)用德文出版。长篇论文《自我评论》发表。《批判》杂志开始连载《伦理学拾零》。

1915—1918 年

在第一次世界大战期间撰写的文章，以《战争书稿》集册。

1916 年

《历史学的理论和历史》意大利文版印行。

1919 年

《爱国者家庭及其他》出版。

1920 年

《阿里奥斯托・ 莎士比亚・ 高乃依》出版。6 月，在第五届焦利蒂内阁中任教育大臣。他对这一任职“并未感到不悦”：“我仿佛在服迟到的兵役，部分弥补战争期间我过于舒适的条件，即使未享受”；“公共事务令人生畏，因为它不仅属于祖国，而且属于整个世界”。作为大臣，对教改方案持怀疑态度。

1921 年

5 月大选后，焦利蒂内阁倒台。克罗齐返回那不勒斯，重搞学术。

1922 年

《但丁的诗》和《伦理学拾零》出版。开始，对法西斯主义持观望态度，甚至抱有幻想：“当时仿佛有一股新的年轻的力量投入意大利政治生活，给被长期战争搞得贫乏衰竭的政治阶级注入新的血液。当时鲜为人知的墨索里尼，被描述成一个暴烈的平民，但又是一位大公无私的爱国志士”。法西斯掌权后，拒绝担任任何公职。

1923 年

最初几月，在那不勒斯《晨报》上声明“我的思想与伦理存在都源于民族复兴运动的自由传统”。

1924 年

社会党议员马泰奥蒂被暗杀，阿文蒂诺抵抗议会成立后，力劝反对派领袖阿门多拉重返议会。当墨索里尼声言“要恢复宪法准则”后，克罗齐在参议院对政府投信任票。主要是他误以为墨索里尼对暗杀马泰奥蒂不负责任，轻信法西斯党魁要恢复宪法权威的谎言。另外怕分裂激怒法西斯，造成对自由的危险。克罗齐加入自由党，参加党代表大会，会上呼吁立法自由。《政治概要》出版。

1925 年

1 月 3 日法西斯政变后，墨索里尼实行恐怖政策。5 月 1 日，应阿门多拉之邀，撰写《反法西斯知识分子宣言》，并征集数百知识界著名人士签名，在《世界报》和其他大报上发表。6 月 28 日，在自由党代表大会上发言："我们不应对斗争结果和可能尽快胜利抱有幻想，而应守住阵地并战斗不懈。"11 月 20 日，在参议院投票通过反共济会法时弃权。《那不勒斯王国史》出版。

1926 年

克罗齐被取消所任一切官方学术机构头衔。秘密警察监视克罗齐，官方媒体声讨克罗齐，11 月 1 日晚，法西斯匪徒闯入克罗齐住所捣乱。这一暴行遭到国际舆论一致谴责。

1927 年

《旧意大利的人与物》出版。

1928 年

《1871—1915 年意大利史》印行三版，大获成功，招致官方舆论的恶毒攻击。《美学精华》和《政治生活的道德性》出版。

1929 年

《意大利巴罗克时代的历史》和《理想的国家与教会及它们在历史上的持续斗争》出版。5 月 24 日，在参议院辩论时反对法西斯政权同梵蒂冈缔结拉特兰条约。墨索里尼辱骂克罗齐是"历史上的逃兵"。

1930 年

在法西斯统治年代到国外旅行，先后去柏林、巴黎、伦敦、比利时和瑞士等地，会见反法西斯文化名人。这年在牛津会见苏联美学家卢那察尔斯基。

1931 年

在德国旅行期间，同托马斯·曼和爱因斯坦建立友谊。游览意大利中北部文化名城。《伦理与政治》和《十七世纪意大利文学新论丛》出版。

1932 年

题献给托马斯·曼的《十九世纪欧洲史》出版。

1933 年

论文《民间诗与艺术诗》和专著《十四—十六世纪意大利诗歌研究》出版。

1935 年

《近期论文集》和《文明史和文学史的差异》出版。

1936 年

《诗歌》、《诗和文学的批评及历史的导言》、《冒险、信仰、激情的生活》出版。

1938 年

《作为思想和行动的历史》出版，这是继《历史学的理论和历史》之后又一部关于历史理论的力作。

1941 年

《现代哲学的特征》、《古代诗与现代诗》出版。

1942 年

《各种文学趣闻》出版。

1943 年

建议重建意大利自由党。9 月 22 日，向美军杜诺万将军建议组建意大利志愿军，协同英美联军作战。10 月 14 日，应杜诺万将军之邀，起草征集志愿军宣言。积极主张废黜国王，让王室成员流亡国外。

1944 年

1 月，参加在巴里召开的解放委员会第一次代表大会，并作《在世界自由中的意大利自由》的报告，宣扬自由高于一切，号召发扬马志尼、加富尔的自由主义传统，建立资产阶级共和国。在 4 月组成的首届民主内阁中任不管部部长。6 月 4 日，重建的自由党第一次代表大会召开，克罗齐致闭幕辞。

1945 年

《各种哲学讲演录》和《文艺复兴盛期和晚期的诗人和作家》（两卷）出版。

1945—1951 年

整理出版《批判笔记》，每年出三期。

1946—1947 年

《政治思想与政治现状》和《意大利一截两段》出版。反对三党（天民党、社会党、共产党）联合政府。

1947 年

2 月 16 日，在那不勒斯创建意大利历史研究所，并作报告《历史的近代概念》。为大学师生组织多次学术报告会，后这些报告汇编成《历史学和道德理想》。11 月 30 日，辞去自由党主席职务。

1948 年

由总统任命为终身参议员。《新拾零集》（两卷）、《意大利政治生活双年》出版。

1949 年

7 月 29 日，从那不勒斯抵罗马，在参议院投票支持意大利加入北约。《哲学与历史学》、《文明史和文学史的差异》第二卷、《十八世纪意大利文学》出版。

1950 年

2 月，右半边身子突然麻痹，但头脑清醒。《解读诗人和诗歌理论及历史的思考》出版。加紧整理未发表的文稿，并决定将自己的私人图书馆捐赠给意大利历史研究所。

1951 年

12 月 8 日，发贺信祝贺自由党代表大会在都灵召开。

1952 年

《文艺复兴盛期和晚期的诗人和作家》第三卷、《黑格尔研究与哲学解释》出版。另外，发表 70 张哲学卡片，这是生命的最后几个月写的。11 月 20 日清晨逝世，享年 86 岁。

初版译后记

伴着岁末之夜清脆的爆竹声，我在“电脑”上敲击完《人名对照表》最后一个人名“左拉”，这标志《作为思想和行动的历史》译稿完成。

说来凑巧，ZOLA（外文）和ZUOLA（汉语拼音）都令我从尾溯头（Z是意大利语字母表最后一个字母，A是第一个字母），回顾过去的一年：年初年迈母亲不慎跌倒骨折，我不时去远在西北郊的医院护理、探望；春季突发的“非典”，使我不得不关注形势的发展；初夏四川教育出版社盛情约稿，任务加重；初冬校对全部译稿时我因操作错误，致使“电脑”内存的译稿顺序大乱。

因上述不可预测的因素，使《作为思想和行动的历史》的完稿时间比原计划晚了一个多月。然而，Meglio tardi che mai，迟做胜过不做；况且在亲友的鼓励和支持下，我才能全身心地投入工作。我难以忘怀：小孙女出生，茁壮成长——咿呀学语、四处乱爬、迈出第一步、哼唱“侗族大歌”（她是侗族娃娃），使我生活充实、精神愉快，工作更有意义。望着她可爱的小脸，我深信他们（新世纪的孩子们）一定比我们更幸福。

需要提醒读者注意的是：克罗齐写毕和修订此书分别是在1938年和1939年。当时，他对共产主义政治制度的认识仅限于

20 世纪 30 年代斯大林的苏联模式。毋庸讳言:斯大林在列宁逝世后 10 年,大搞个人崇拜,实行个人专断,破坏民主集中制,发动“大清洗”运动,错杀大批党政军干部和无辜群众。如此严酷的社会现实不能不引起克罗齐对苏联政治制度的反感,从而加深对共产主义政治制度的误解。

同样在 20 世纪 30 年代,意大利共产党总书记、杰出马克思主义理论家葛兰西深刻洞察苏联政治制度的弊病,批判苏联中央集权制压制民主、扼杀人民群众积极性和创造性。他明确指出:苏联模式并不是社会主义政治制度的唯一模式和理想模式,而是“市民社会”不发达的俄国在一定历史阶段的特殊模式,因此是暂时的、可批判的。

然而,克罗齐和葛兰西根据苏联模式得出不同结论:克罗齐从自由主义立场出发,带着资产阶级局限性,否定一般共产主义政治制度,这是错误的和站不住脚的;而无产阶级革命家葛兰西坚信共产主义政治制度具有必然性、历史性和民族性。

在本书的翻译过程中,王焕生研究员在拉丁文,叶秀山研究员在希腊文,李理、张伯霖、鲁旭东三位副译审在德文、法文和英文方面给予了我巨大帮助。应当说,没有他们的劳动,这个译本不可能问世。为此,我对他们表示衷心感谢。

田时纲

2003 年 12 月 31 日

于北京南方庄田舍

修订版附记

2005 年 8 月，克罗齐的史学理论力作《作为思想和行动的历史》中译本出版，受到读者欢迎（现已告罄）。同年 10 月，我应邀携书赴那不勒斯（克罗齐故乡），参加在意大利哲学研究所举办的新书发布会；那不勒斯市市长出席，意大利总统钱皮发来贺信。

2009 年、2010 年，该书分别荣获中国社会科学院哲学研究所和中国社会科学院的优秀科研成果奖。

该书列入《汉译世界学术名著丛书》后，在交商务印书馆付梓前，我将全书校改一遍，修改译文若干处，纠正一些错别字和使用不当的标点符号，并增加若干注释。

田时纲

2011 年 12 月 25 日

图书在版编目(CIP)数据

作为思想和行动的历史/(意)贝内德托·克罗齐著；田时纲译.—北京：商务印书馆，2017
(汉译世界学术名著丛书：120年纪念版：珍藏本)
ISBN 978-7-100-14281-6

Ⅰ.①作… Ⅱ.①贝… ②田… Ⅲ.①史学理论—研究 Ⅳ.①K0

中国版本图书馆CIP数据核字(2017)第139434号

汉译世界学术名著丛书
(120年纪念版·珍藏本)
作为思想和行动的历史
〔意〕贝内德托·克罗齐 著
田时纲 译

商 务 印 书 馆 出 版
(北京王府井大街36号 邮政编码100710)
商 务 印 书 馆 发 行
北京中科印刷有限公司印刷
ISBN 978-7-100-14281-6

2017年12月第1版 开本710×1000 1/16
2017年12月北京第1次印刷 印张20¼
定价：98.00元